손금닷컴 제프님의

손금의 정석

손금의 정석 I

초판1쇄인쇄 2009년 05년 10일
초판6쇄발행 2015년 02월 15일

지은이 | 유종오
발행인 | 김갑선

발행처 | 여산서숙 如山書塾
주　소 | 서울시 종로구 숭인동 304 301호
전　화 | 928-2393
팩　스 | 928-8122
등록번호 | 제300-1999-192호(1999.12.17)

편집기획 | 내추럴라이프미디어(3676-0935)

ISBN 978-89-93513-01-1 04320
ISBN 978-89-93513-00-4 (세트)

값 20,000원

잘못된 책은 구입처에서 교환해 드립니다.

손금의 정석 I

손금닷컴 제프님(유종오) 지음

인생역전 !!
타고난 것인가? 개척할 것인가?

손금닷컴
nkum.com

손금닷컴
www.sonkum.com

○ 서울대 경영학과, 동 대학원 석사
○ 미국 피츠버그대 MBA
○ 2003년 국내 최초로 전문적 손금연구 사이트 개설
○ 국내 손금학 분야의 대가, 과학적 손금학 주창
○ 손금학의 불모지에서 신기원 개척
○ POSCO, 다수 벤처기업, 철강업체 근무
○ TV 손금강의, KBS "5천만의 일급비밀" 등 다수 출연

" 취미로 시작한 손금연구가 제 인생의 큰 연구테마가 되었습니다.
손금은 뇌신경 뿐만 아니라 신체오장육부의 신경들과 연결되어 있어
정신적, 육체적 상태와 재능, 성격, 사고방식 등이 잘 나타나게 되어
한순간에 쉽게 사람을 파악해낼수 있는 아주 큰 장점이 있습니다.
또한 손금은 스스로의 노력여하에 따라 더욱 좋게도 더욱 나쁘게도 변화해가기 때문에
자신의 인생길을 이해하고 희망찬 미래를 개척해가기 위한
운명개척의 동반자로 손색이 없다고 할 것입니다.
제가 많은 시간과 노력을 투자하여 얻은 손금학의 귀중한 지식과 경험을
인연닿는 많은 사람들과 함께 나누어 가고자 합니다. "

손금닷컴 제프님의 방송출연 모음

농어민TV 손금강의
인생의 축소판 손금여행 : 손금학 (전체 21시간 분량)

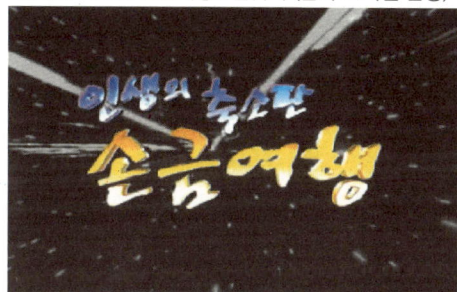

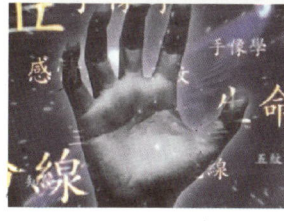
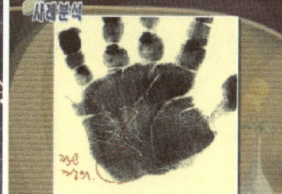
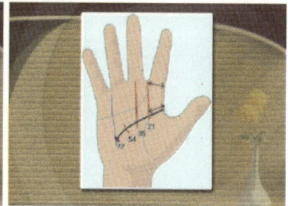

KBS1
일급비밀 – 부자손금의 비밀(KBS1, 제1회, 2006.11.24)

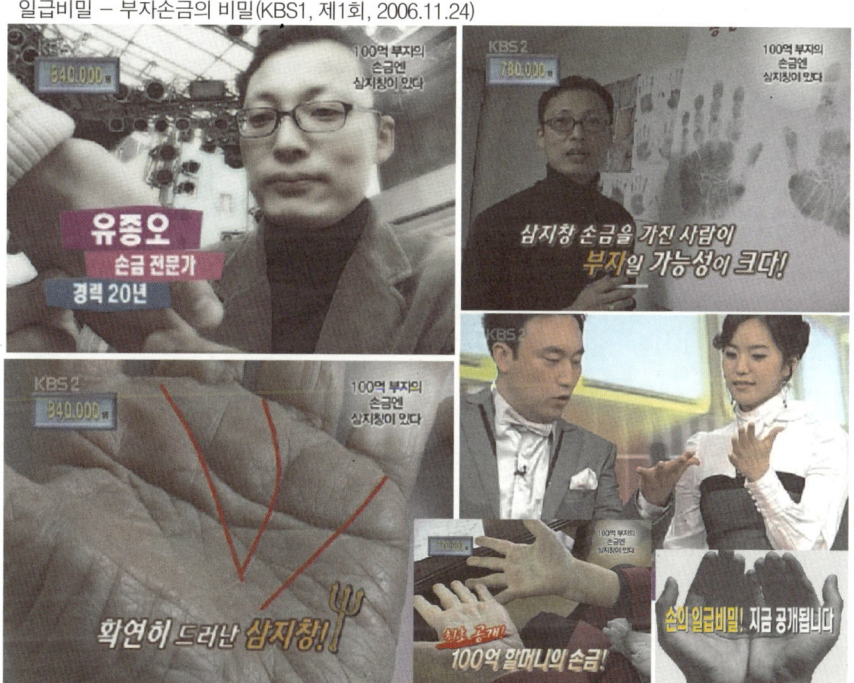

KBS1
일급비밀 - 신비십자손금(KBS1, 제24회, 2007.5.8일)

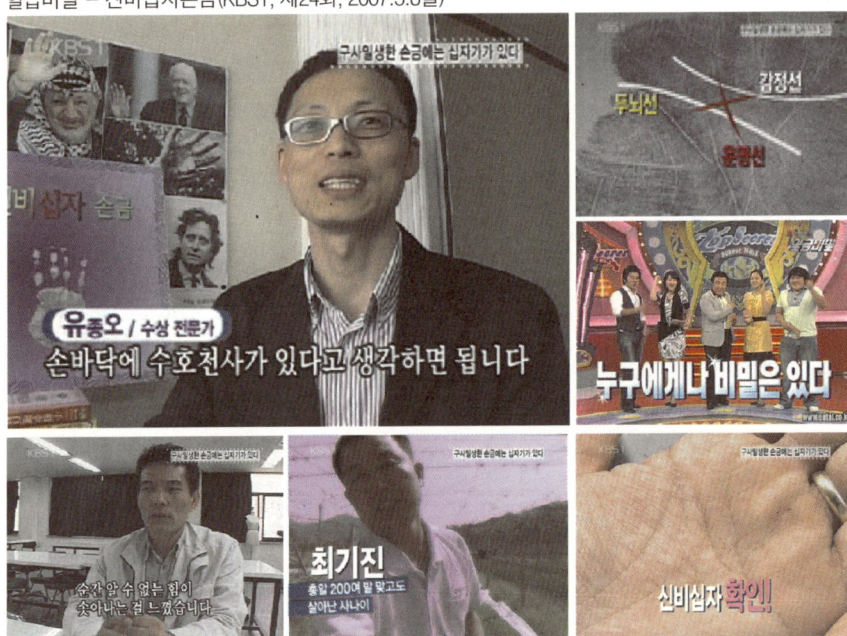

SBS
SBS Netv 클릭콕콕 지식팡팡 (2007.9.5)

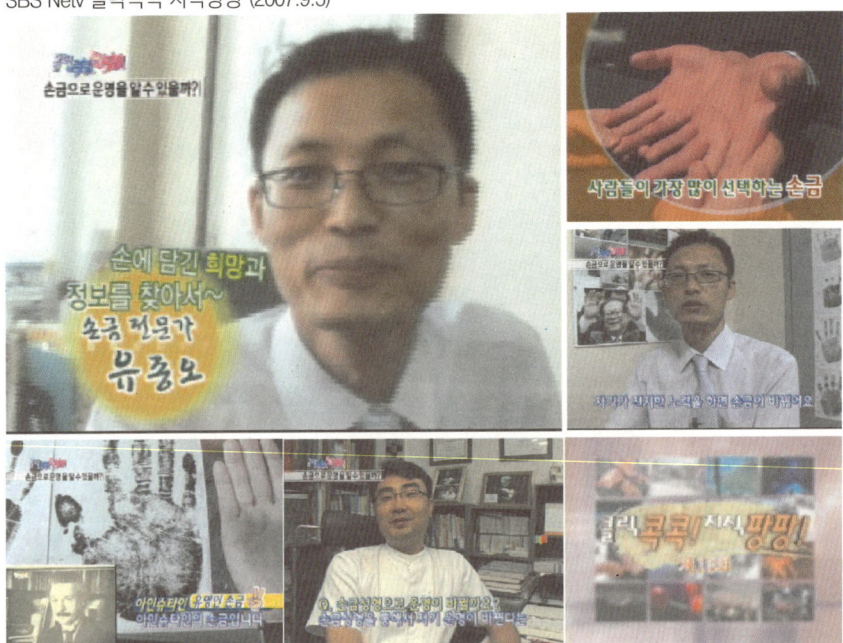

SBS
SBS 생방송 투데이 (2007.4)

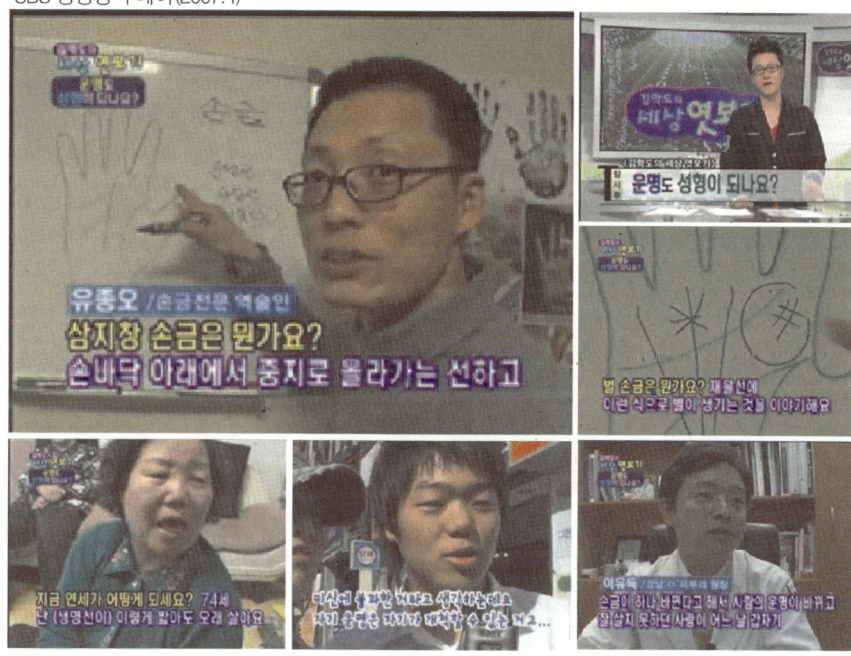

SBS
SBS 생방송 모닝와이드 (2006.11.11)

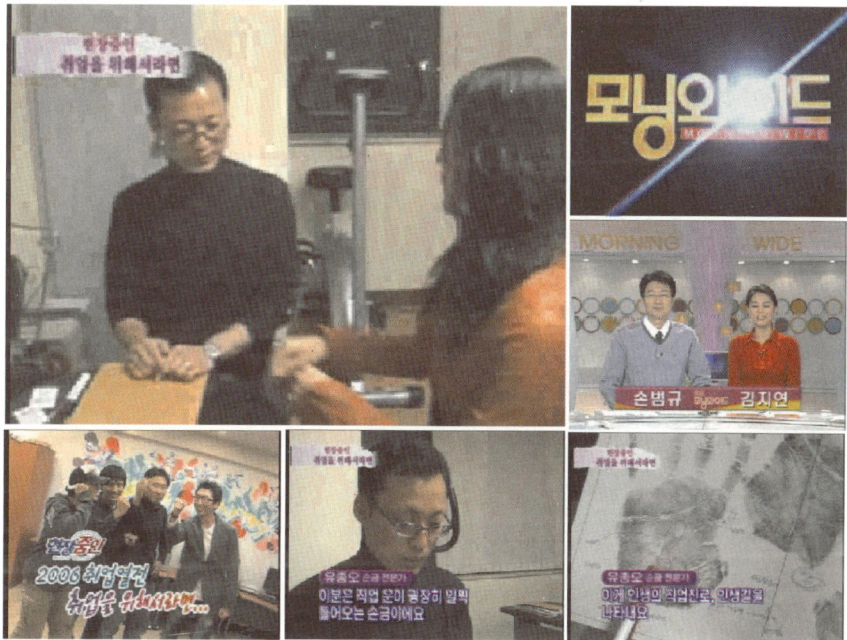

케이블방송
tvN 리얼스토리묘(2007.10.28)

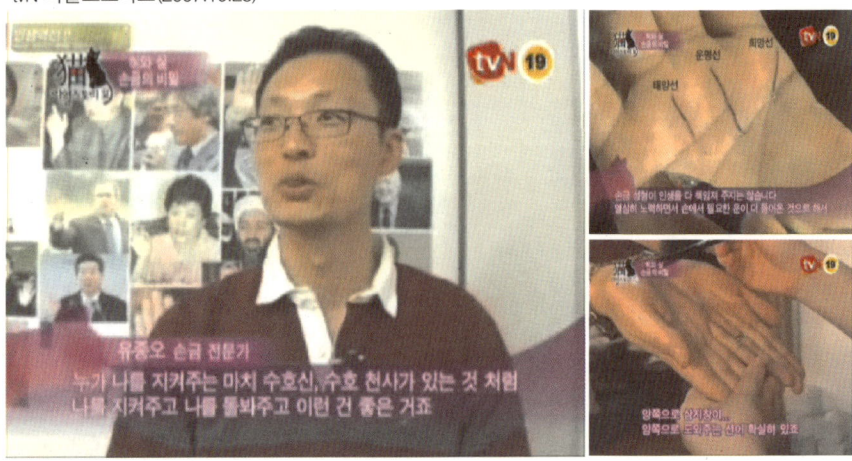

YTN Star
리얼스토리 레드아이 '손금X-파일' (4회, 2007.6.11)

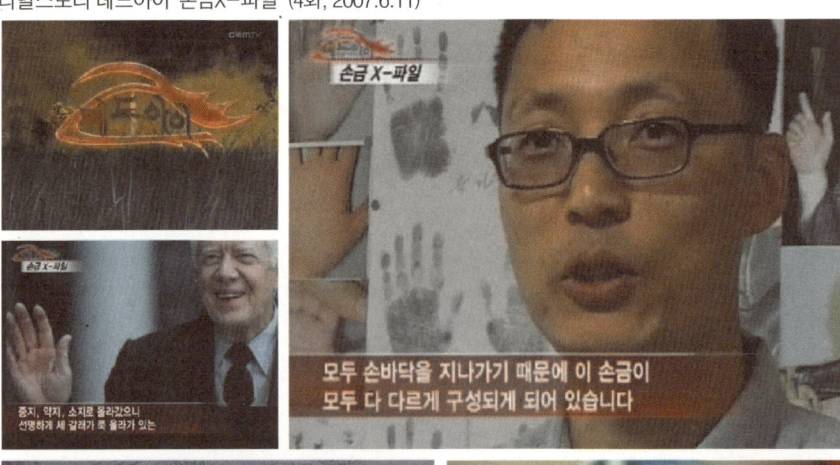

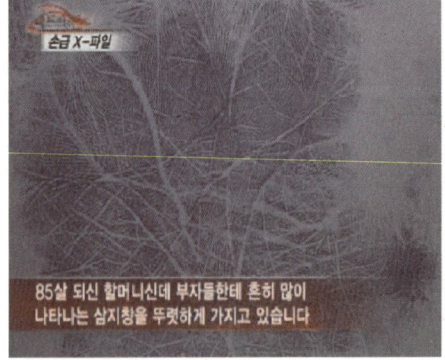

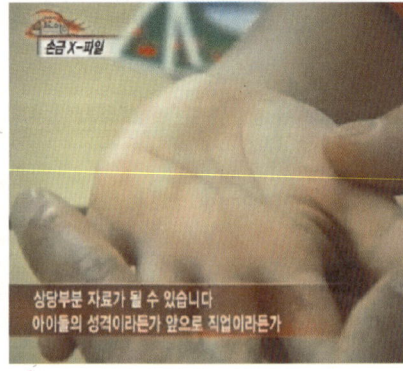

프롤로그
Prologue

　　사람의 손금은 단 한개의 선도 똑 같은 사람이 없다. 지문만 사람들마다 다른게 아니라 손금의 선들도 역시 사람마다 다른 것이다. 바로 이 점이 손금을 처음 접하는 사람들이 가장 어려워하는 부분이다. 시중에 나온 손금책을 다 사서 본다고 해도 정작 남의 손금을 보면 입에서 말 한마디도 나오지 않는 것이 현실이다.

　　손금학 연구에 있어 내게 가장 힘든 장애물은 바로 기존의 손금서적들이었다. 서양에서 나온 책들 중 100년 이상을 생존한 서적들 한 두권만 쓸만한 편이었는데, 그 나머지 서적들은 대부분 깊은 경지가 없이 손금에 대한 그릇된 인식을 가지게 만들거나, 손금을 잡치는 학문 정도로 혼돈하게 만드는 내용들로 도배되어 있었다. 이런 내용들을 여과해내고 검증하는데 숱한 시간이 소요되었다.

　　대다수의 책들이 손금을 이렇게 저렇게 그림으로 표현하고 있지만, 실제로는 해당 그림과 같거나 유사한 손금을 찾기란 정말 하늘의 별따기 만큼이나 어려운 일인 것이다. 또한 예를 들어 직선형 감정선을 가진 손금을 몇가지 찾았다고 해도, 정말 직선으로 이루어진 감정선이란 아예 없고, 선의 상태, 굵기, 곁가지 지선의 유무, 선이 흘러가는 모습 등에 있어 모두 다르니 도대체 각각 어떻게 분석을 해주어야 할지 난감하게 되고야 마는 것이다

프롤로그
Prologue

아마도 어떤 사람이 손금학을 스스로 터득하고자 작심한다면 이미 내가 거쳤던 시행착오들과 유사한 과정을 수년간 고스란히 반복해야 할지도 모른다.

나는 이번 '손금의 정석' 시리즈를 통해 손금연구의 새로운 지평을 열고, 누구라도 손금학을 쉽게 배우고 연구발전시켜 갈수 있는 튼튼한 기초를 닦을 수 있게 하고자 한다.

이것은 지난 6년간 손금학의 불모지대에서 손금이 가지는 장점과 신비로움을 부각시켜 세인의 주목을 이끌어내고 손금학에 대한 눈높이를 점차 높여온 장본인으로서 해결해야 할 숙명적 과업과도 같은 것이라 여긴다. 그래서 여기에 내가 가진 손금연구의 노하우를 모두 꺼내놓고 세상 사람들이 모두 배워 갈 수 있도록 하였다. 물론 아직 연구가 덜되었거나 세상에 발표하기엔 때가 좀 이른 것들은 일부 제외하였지만, 이 책의 내용들이 초보자는 물론 손금전문가에 있어서도 도움이 될 부분이 많을 것이라 믿는다.

나는 이 책을 통해 손금학을 가장 빨리 배울 수 있는 가장 쉽고 체계적인 학습방법을 제시하고자 노력하였다. 손금학에 대한 제대로 된 시각과 손금 선이 가지는 의미에 대한 올바른 이해를 가질 수 있도록 제대로 된 이론설명과 함께 다양한 실제 사례를 통해 이해도를 높이고자 했다. 일반인들에게 손금에 대

프롤로그
Prologue

한 그릇된 인식을 주지 않기 위해 잘 검증되지 않은 애매모호하고 부정확한 부분들은 통제하고 제외하였다.

손금은 연구하면 할수록 매력적인 분야이다. 그것은 바로 손금이 우리의 두뇌사진이기 때문인데, 손금학이란 바로 이 두뇌사진을 근거로 해서 인간과 자연과 우주의 섭리를 이해해 가는 학문이기 때문이다. 나는 손금을 통해 우리 두뇌의 놀라움과 깊은 우주의 섭리를 느꼈으며, 연구가 더욱 진척될수록 세상과 사람들을 이해하는 더욱 깊은 경지가 나올 것으로 믿고 있다.

이 책으로 단 한명의 사람이라도 인생길의 방향을 정하는데 도움이 되고, 자신을 이해하고 숨은 재능을 찾아내며, 인생길의 불우함이나 역경을 이겨내갈 지혜와 용기를 얻을 수 있다면 나의 노력은 전혀 헛되지 않을 것이다.

나는 손금학 연구를 계기로 많은 사람들에게서 은혜를 입었는데, 케이블방송에서 '인생의 축소판 - 손금여행 (총 21편)'으로 손금학을 전국 방방곡곡 널리 알리게 된 계기를 만들어주신 '복주는TV' (지금은 없어짐)의 김시행 부사장님과 스탭분들, 손금연구를 한층 심화시키는데 도움을 주신 해수철학원 김태자 원장님, 그리고 이 '손금의 정석' 책이 세상에 나올 수 있도록 도와주신 여산서숙 김갑선 사장님과 손금책 출판작업에 밤낮없이 애써주신 내추럴라이프의 구본임 사장님께 깊

11

프롤로그
Prologue

은 감사의 말씀을 드립니다.

그간 손금닷컴을 후원해온 친구 최원우, 고 준, 윤여성, 초창기 손금연구를 함께 했던 박소영씨, 그리고 TV 매체를 통해 손금을 알려주신 여러 작가님들과 방송 관계자분들께 항상 행운이 깃들길 기원드리며, 이제까지 손금을 통해 인연이 된 모든 사람들의 앞길에 행복과 선신의 가호와 축복이 함께 하길 바랍니다.

앞으로 멋진 인생길이 기다리는 두 딸 민성, 재원, 그리고 인생의 고락을 함께하며 살아온 사랑하는 아내 선주에게 고마운 마음을 전하며..

2009년 봄 푸르른 하늘빛 아래에서..

차례
Contents

손금의 정석 1

프롤로그 · 9

1부 손금학의 개요

Chapter 01 손금이란 · 20
손금 = 두뇌사진 · 20
손금은 임신3개월째부터 · 21
똑같은 손금선을 가진 사람은 아무도 없다 · 21
손금분석이란 두뇌사진 판독 · 21
손금을 통해서 두뇌의 신비에 · 22
좌뇌와 우뇌 · 22
주도적인 손, 소극적인 손 · 23
손금학의 구성 · 24

Chapter 02 손모양의 구분 · 26
땅의 손 · 27
물의 손 · 29
불의 손 · 31
공기의 손 · 32

Chapter 03 손바닥안의 언덕 '구' · 36
구의 발달 · 37
구의 명칭 · 42
구의 발달에 의한 종족별 특성 · 49

13

차례
Contents

Chapter 04 손금의 명칭 · 54

Chapter 05 선을 해석하는 기본원리 · 62
손금선을 강물로 · 63
손금선을 구와 함께 · 64
손금선은 상호 연관성이 있다 · 65
기본삼대선이 가장 중요 · 66
장해선과 문양 · 67

2부 기본 삼대선

Chapter 01 생명선 · 74
생명선의 유형 · 76
생명선에 나타나는 장해선 영향선 문양들 · 88
생명선의 유년법 · 110

Chapter 02 두뇌선 · 116
두뇌선의 유형 · 119
특이두뇌선 형태 · 139
이중 두뇌선과 삼중 두뇌선 · 139
두뇌선에 나타나는 장해선과 문양들 · 162
두뇌선의 유년법 · 169

Chapter 03 감정선 · 174

감정선의 선상태 · 177
감정선의 유형 · 181
감정선에 나타나는 장해선과 문양들 · 208
감정선의 유년법 · 215

재미있는 이야기 · 218
소지손가락으로 애정운 살피기 · 218
손금의 변화 · 220
알렉산더대왕의 손금분석 · 224
인복선과 음덕선 · 229
토요토미 히데요시 손금 · 231

실전분석연습

Chapter 01 우리아이 손금분석 · 234
사례분석실제 · 236

손금의 정석 **2**

3부 세로삼대선

Chapter 01 운명선 · 18
운명선의 특성 · 18
운명선의 시작 · 26

15

Contents

운명선의 끝 · 36
운명선의 상향지선, 합류지선, 이중 운명선 · 44
운명선의 이상증세 · 48
운명선의 유년법 · 57

Chapter 02 사업선 · 62
사업선의 유형 · 65
사업선의 시작부위 · 70
사업선과 다른 유사한 선의 구분 · 74
사업선의 이상증세 및 행운표시 · 86
사업선의 유년법 · 90

Chapter 03 재물선 · 92
재물선의 특징 · 95
재물선의 유형 · 101
재물선의 가닥수 · 112
재물선의 이상증세 · 116
재물선의 행운표시 · 123
재물선의 유년법 · 129

4부 기타 보조선

Chapter 01 결혼선 · 금성대 · 134
결혼선 · 135
금성대 · 146

Chapter 02 문양 및 기타 *154*
신비십자 문양 · *154*
비애선 · *161*
솔로몬 링 · *163*
토성환 · *165*
부처의 눈 · *166*

실전분석연습

Chapter 01 일반손금 실전분석 · *168*
사례분석실제 · *172*

Chapter 02 난이도 있는 사례분석 · *222*
사례분석실제 · *224*

Chapter 03 손금실전 종합분석 · *280*
사례분석실제 · *282*

1부

손금학의 개요

Chapter 01

손금이란

'손금 = 두뇌사진'

'손금학 = 두뇌사진 분석을 통해 사람을 연구하는 학문'

　'손금이란 무엇인가'를 쉽게 한마디로 표현하자면 나는 주저없이 '손금은 두뇌사진'이라고 한다. 즉, 두뇌를 찍은 사진이란 뜻이다. 우리 두뇌의 쭈글쭈글한 겉모습을 찍은 사진이란게 아니라, 그 두뇌가 의식적 또는 무의식적으로 보고, 느끼고, 생각하거나, 태생적 유전적으로 가져오거나 후천적으로 개발된 재능들, 성격적 특성과 체질적 특성, 무의식의 세계 등등이 모두 손금에 반영되어 나타나 있다는 말이다.

손금은 임신 3개월째 뇌신경이 뻗어나가서 만들어진다

사람의 손금만큼 그 사람의 두뇌를 잘 대변하고 있는 것은 없다. 임신 초기 뇌신경이 만들어진 후 그 신경선이 뻗어나가 손바닥의 신경을 구성하는데, 임신 3개월째에 이미 손금의 주요 선이 자리잡기 시작한다. 즉, 손금은 엄마뱃속에서 부터 이미 뇌신경의 발달과 함께 형성되기 시작하는 것이다. 두뇌를 구성하는 약 2억의 신경세포 중 상당히 많은 신경세포가 손바닥을 거쳐가고 있다. 따라서 손은 정말로 가지 있는 많은 정보를 가지고 있다고 할 것이다. 우리의 손 동작이 얼마나 섬세한가를 보라. 모두 철저히 두뇌의 지배를 받고 있지 않는가!

똑 같은 손금 선을 가진 사람은 한명도 없다

지문 하나만 가지고도 세상 사람들을 다 식별해내는 세상이다. 그런데 지문은 과학이라고 생각하면서, 지문이 손금학의 아주 작은 일부분에 불과하다는 것을 아는 사람은 많지 않다. 사실 지문만 사람마다 다른게 아니라 손금의 많은 선들 중 그 어느 것 하나라도 똑 같은 것을 가진 사람은 없다. 선의 모양이나 길이, 방향, 굵기, 선의 느낌, 색갈 등등.. 똑 같은 손금을 가진 사람은 있을 수 없다. 마치 유전자가 사람마다 다 각각 다르듯이 손금도 그러한 것이다. 필자가 생각하건대, 미래 세상에서 복제인간이 태어난다고 하더라도 그 손금은 각기 다를 것으로 생각된다.

손금분석이란 두뇌사진 판독이라는 엄청난 작업과정

진정 손금을 분석하는 작업이란 엄청난 분석과정을 필요로 한다. 여러 선들이 복합적으로 어우러진 손금 전체를 분석해내는 것이 어디 그리 말처럼 쉽겠는가? 한 사람의 뇌를 끄집어 내어서 그 속에 무엇이 들었는가를 뜯어보는 작업인데, 도대체 똑 같은 형태의 선이 하나도 없으니 개개인에 대한 분석작업이 모두 원점에서부터 새로이 시작해야만 하는 것이 되고야 만다. 바로 이러한 점이 시중의 손금책을 아무리 공부해도 정작 남의 손금을 보면 아무 말도 생각나지 않는 이유인 것이다.

손금을 통해서 두뇌의 신비로움에 경탄

나는 손금을 연구하면 할수록 우리의 두뇌가 얼마나 대단한 창조물인지 놀라게 된다. 도대체 '어떻게 이런 것 까지 손금에 기록되어 있을까', 즉 '우리의 두뇌가 어떻게 이런 것 까지 기록하고 있을까' 하고 놀랄 때가 한 두번이 아니다.

사람들이 평생을 살아봤자 두뇌의 5~7% 밖에 활용을 못한다고 하는데, 이 두뇌가 찍혀있는 손금에는 우리가 알고 있는 자신의 의식세계 뿐만 아니라 그 나머지 95%의 무의식의 세계가 가지고 있는 무엇인가 나와있는 것이다.

따라서 손금을 분석하다 보면 피상담자가 자기자신에 대해 알고 있거나 느끼고 있는 것 보다 훨씬 더 많은 것들을 한눈에 쉽게 알아낼 수 있게 된다.

이것은 무슨 점을 잘 쳐서가 아니다. 직감으로 때려 맞춰서도 아니다. 단지 두뇌사진 판독을 정밀하게 잘해내었기 때문이다. '손금을 점치는 행위일 뿐이다'고 생각하는 사람들은 영원히 자기자신의 두뇌사진이 어떻게 생겨먹었는지 들여다볼 기회가 없을 것이다.

좌뇌와 우뇌, '왼손을 보나요, 오른손을 보나요?'

손금을 볼 때, 오른손을 주로 볼 것인지, 왼손을 주로 볼 것인지를 이해하려면 좌뇌와 우뇌의 기능에 대한 이해가 필요하다.

우리의 뇌는 좌뇌와 우뇌의 기능이 서로 다른데, 좌뇌에서는 언어능력, 계산기능, 분석능력, 판단력, 논리력 등의 실생활과 밀접한 이성적 측면을 담당하고, 우뇌에서는 잠재의식, 상상력, 창의력, 직관력, 예능적 재능 등과 같은 감성적 측면을 담당한다. 이런 각 반구의 명령은 몸의 반대편을 가로질러 작용하는데, 뇌의 왼쪽 반구는 오른손에 메시지를 전송하며, 오른쪽 반구는 반대로 왼손에 메시지를 전송한다.

이렇게 오른손잡이에 있어서, 오른손은 좌뇌와 연결되어 있고, 왼손은 우뇌와 연결되어 있으며, 왼손잡이의 경우엔 정반대로 보면 된다. 왼손잡이는 전세계 인구의 약 20% 정도를 차지하는 것으로 추정되며, 이들 중 상당수가 남자인 것으로 알려져 있다.

따라서 실제 바깥 사회활동을 하는데 필요한 지적 능력이나 감정적 특성, 태도, 사고방식, 직업적 활동 및 성과, 만족도 등을 살피는데에 있어선 좌뇌의 특성이 주로 반영된 오른손을 위주로 살핀다. 그리고 왼손에는 우뇌가 가진 잠재의식적 세계의 메시지가 잘 나타나 있으므로, 왼손을 통해서는 타고난 인생길이나 운명, 좀 먼 미래의 가능성과 자신의 내적인 만족도나 속마음, 숨은 성격 등을 살핀다.

주도적인 손과 소극적인 손

손금을 볼 때 왼손잡이와 오른손잡이의 문제와 어떤 손을 위주로 봐야 하는 지가 중요한 문제이다.

오른손잡이에게 있어 왼손은 소극적인 손으로 자신의 내면적인 모습이나 타고난 운명, 그리고 조금 먼 미래의 인생길을 나타낸다. 속마음, 잠재적 능력, 타고난 인생길의 특성, 감정적 특성에 있어 바깥으로 드러나지 않은 내면적 특성, 숨은 욕망과 의식체계 등을 나타낸다. 그리고 왼손은 오른손에 비해 덜 쓰이는 편이므로 후천적인 외부적 자극에 의한 손금의 변화가 덜 된 상태이므로 타고난 운명이나 조금 먼 미래의 인생길의 모습을 담고 있다고 본다.

오른손잡이에 있어 오른손은 주도적인 손으로 자라면서 환경과의 상호작용을 통해 변화된 모습을 나타낸다. 오른손엔 주로 후천적인 노력이나 교육이나 생활습관과 같은 특성이 반영되어 있는데, 개인의 외면적인 성향과 이것을 외부에 어떤 방식으로 나타내는지를 알 수 있고, 이성적인 생각에 대한 정보, 재능을 사용하는 방법, 잠재능력의 개발방법 등이 있으며, 또한 자의식, 건강에 대한 정보 및 사건에 대한 기록 등과 같은 정보도 나타내고 있다.

실제로 손금분석에 있어선 왼손 보다는 오른손을 현재와 가까운 미래의 인생길이나 직업활동, 구체적인 성과나 결실 등과 관련지어 더욱 중요하게 판단하는데, 잠재적인 측면을 나타내는 왼손 보다 실제적인 구현결과를 나타내는 오른손이 사회생활에 있어선 더욱 중요하기 때문이다.

손금학의 구성

손금연구 분야는 크게 손금학과 수형학으로 나뉜다. 손금학은 주로 두뇌사진인 손금을 중심으로 사람의 특성이나 재능, 인생길의 특성 등을 연구하며, 수형학은 주로 손, 손가락, 손톱, 구, 지문, 손바닥 결 등을 통해 사람의 성격, 재능, 질병 등을 연구하는 학문이다.

서양에서는 과학적인 연구풍조에 힘입어 수형학 연구가 상당히 많이 발전하고 있는데, 범죄수사에 이용되고 있는 지문감식분야도 이런 수형학 연구의 진척에서 얻어진 성과라 할 것이다. 최근에는 손가락의 모양이나 손바닥 형태, 구의 발달 정도 등을 세밀하게 연구하여 정신분석학이나 심리치료 등에 활용하는 전문가 단체도 생겨나고 있는데, 뇌신경의학박사인 아놀드 홀츠먼 박사(Arnold Holtzman)는 수십년간의 연구성과를 토대로 수형학을 이용한 심리진단연구(Psychodiagnostic Chirology)를 주창하고 있으며, 전세계의 80개국에 걸친 많은 의사들이 이런 연구에 동참하고 있는 중이다.

손금학을 처음 접하는 사람의 경우엔, 수형학의 영역에 더 깊이 들어가지 않아도 무방할 것인데, 비록 자세한 수형학의 지식이 없더라도 손금만 가지고도 한 사람의 특성을 분석하는데 별다른 지장이 없으며, 수형학에서 분석해내는 사항들을 손금을 통해서도 대부분 잘 분석해낼 수 있기 때문이다.

Chapter 02

손모양의 구분

  손금학의 일부분인 수형학에 있어서는 손의 형태, 구의 발달정도, 손가락, 손톱, 지문, 손바닥 결 등을 주로 연구하고 있는데, 서양에서는 이 분야의 연구성과가 상당히 많이 진척되어 심리학, 심리치료학, 건강의학, 범죄수사 등의 분야에서 활발하게 연구 활용되고 있는 중이다.

  이 책에서는 방대한 수형학의 영역 중에서 가장 기본적이고 중요한 손의 형태 분류와 구의 발달정도 분석에 해당하는 내용만 수록하였는데, 이 내용들은 뒤에 다룰 기본삼대선과 세로삼대선의 손금분석에 있어 연관성이 많고 중요하기 때문이다.

4가지 형태의 손 모양

땅의 손, 물의 손, 불의 손, 공기의 손

손의 타입은 손바닥이 정방형인지 길쭉한 형태인지와 손가락이 긴지, 짧은지에 따라 대략 4가지 형태로 나누는데, 땅의 손, 물의 손, 불의 손, 공기의 손이 그것이다. 이들 손 타입은 각각 그 특성이 상당히 분명하게 드러나는게 일반적이므로 실제 손금분석에 있어 간편하게 써먹을 수 있다.

실제 손금분석에 있어선 물의 손과 땅의 손의 특성이 잘 드러나는 편이며, 불의 손과 공기의 손은 그 특성이 별로 두드러지게 나타나지 않거나 손의 형태 구별이 좀 애매한 경우가 많다.

1. 땅의 손(Earth Hand)

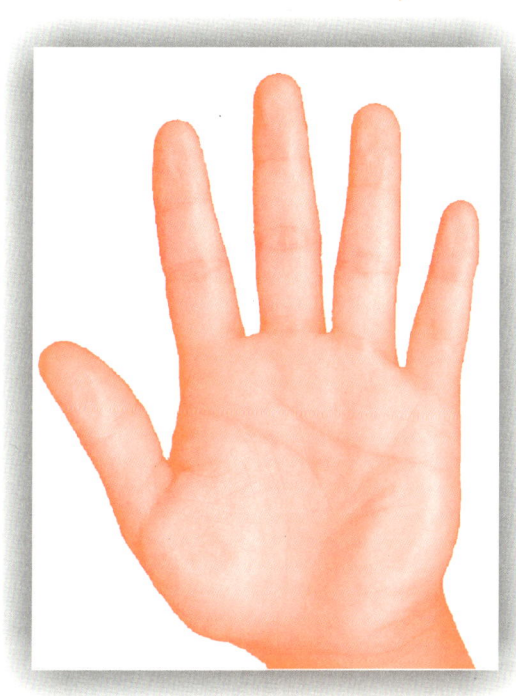

땅의 손은 정방형의 손바닥과 짧은 손가락으로 구성되는데, 대개 손바닥이 두툼한 편이다.

땅의 손은 온순하고 현실적, 실용적이며, 성격적으로 밝고 명랑하고 낙천적인 기질을 가진 사람들이 많다. 남자와 여자를 불문하고 건강하고 체력이 좋고 왕성한 스테미너의 소유자로, 아침형 인간이 많으며 요행을 바라지 않고 자신의 힘으로 열심히 노력하고 일해서 인생길을 개척해가고자 하는 사람이 많다.

  땅의 손은 유전적으로 안정되고 정서적으로나 신체적으로나 강인한 편이라서 후천적으로 스스로 건강을 망쳐가지만 않는다면 장수를 누릴 수 있는 타입이다.

  애정이 많고 정력적이며 가족애를 중시하는 편인데, 남성의 경우 딱부러진 건장한 체격을 가진 경우가 많고, 여성의 경우에도 적당히 통통한 타입의 글래머가 많다.

  땅의 손은 자연을 가까이 하는 것을 좋아하는 사람으로 도심에 살더라도 마음은 항상 푸른 숲이나 푸른 들판을 그리워하는 사람이 많아서, 시골로의 여행을 좋아하거나 직업이나 취미생활로라도 자연을 가까이 하고자 하는 사람이 많은게 특색이다. 직업적으로는 사무실에 들어앉아 머리를 쓰기 보다는 생산현장에서 왕성한 활동력과 스테미너로 몸을 움직이는 것이 더 적합한 편이다.

  땅의 손이 가지는 손금상의 특징은 기본삼대선과 운명선이 힘차고 굵게 나타나 있으며, 잔선이 거의 없고 단순한 구성을 가지는 경우가 많다는 것이다. 생명선의 반경이 넓고 금성구와 월구, 제2화성구 쪽이 두툼하게 발달한 편이다. 두뇌선은 조금 짧으며 원만한 곡선형이나 직선형 타입이 많다.

  땅의 손의 소유자는 정신건강 육체건강상으로 상당히 안정된 구성이기 때문에, 만약 손금에 잔선이 많다거나 주요선이 연하다든가 생명선이나 감정선이 헝클어져 있다든가 한다면 매우 주의해서 분석해봐야 할 사항이 될 수 있다.

  또한 굵은 주요선들에 비해 가느다란 장해선이 나와있더라도 그런 장해선이 다른 손 타입에 비해 더욱 영향이 크고 중요한 의미를 가지는 경우가 많으니 참고할 일이다.

2. 물의 손

물의 손은 길다란 손바닥과 길다란 손가락을 가진 타입을 말하는데, 손바닥은 좀 얄팍한 사람들이 많으며, 남성에게서는 찾아보기 드문 편이다.

이 타입은 감성적인 면과 창의적인 면이 뛰어나며 잠재의식이나 영적 세계 또는 정신적 세계가 발달한 사람이 많으며, 세속적인 물질적 성취보다는 정신적인 완성이나 마음의 평안을 추구하는 타입이기도 하다.

성격적으로 여성적이고 상냥하고 섬세하고 세련되며, 상당히 예민한 기질의 소유자로 다소 소심하고 내성적이며 상처받기 쉬운 타입이기도 하다.

체력적으로는 스태미너가 약하여 육체노동에는 적합치 않은 경우가 많다. 그리고 여성의 경우에는 체질적으로 소화기능이 떨어지고 혈액순환이 좋지 않으며 부인과 계통에 문제가 생기기 쉬운 편이며, 정신적 스트레스나 노이로제, 정신불안정 등으로 두뇌신경계통에 문제가 생기기 쉬운 타입이라고 하겠다.

직업적으로 뛰어난 감성과 예술성, 창조적 재능을 살려 예능 분야나 창작분야, 또는 정신적 종교적 분야에서 활동하는 사람이 많다고 할 수 있다. 또한 기억력이 뛰어나서 암기과목이 많은 시험에서 성적이 우수하기도 한데, 남들이 흔히 따기 어려운 자격증이나 라이센스를 바탕으로 직업적 기반을 구축하는 사람도 많다.

현실적이라기 보다는 상상력이 풍부하고 다소 공상적 몽상적이라 현실감각이 떨어져, 치열한 생존경쟁의 영역에서는 잘 적응치 못하는 사람이 많고, 조용하고 안정되며 편안한 환경에서 일할 때에만 최고의 능력을 발휘하는 경향이 있다.

물의 손을 가진 사람들은 영적으로 나쁜 기(氣)의 파장을 많이 받을 수 있는 민감한 타입이라서 일찍부터 신앙생활을 하는게 좋고, 정신적인 스트레스를 잘 해소하면서 신체건강도 동시에 챙길 수 있도록 단전호흡, 참선, 명상, 요가 등을 배우는게 도움이 될 것이다.

물의 손의 손금상 특징은 주요선들이 가늘고 길며, 잔선이나 장해선이 많은 편인데, 이중두뇌선이나 이중감정선을 가진 경우도 많고, 금성대가 길게 여러가닥 나와있는 경우가 많다. 물의 손의 손금에서는 잔선이 많은게 일반적이니 '잔선이 많으면 손금이 좋지 않다'는 식의 선입견을 가지면 물의 손이 가진 뛰어난 창의적 요소와 높은 정신적·지적 특성을 제대로 판독해 낼 수가 없게 된다. 특히 물의 손이더라도 잔선이 적고 손바닥의 구들이 두툼하게 잘 발달한 것은 상당히 좋은 손금으로 평가할 수 있는데, 이는 물의 손의 체질적 단점요소를 잘 극복하여 장점만 살려갈 수 있기 때문이다.

물의 손의 손금에는 주로 감정선과 두뇌선을 이어주는 신비십자 형태가 여러가닥 나올수 있는데, 신비십자가 세가닥 이상으로 많이 나와있는 것은 정신건강과 관련하여 주의해서 살펴 봐야 할 것이다. 실전에서는 정신불안증세나 우울증 환자, 심한 가위눌림, 빙의현상이나 신내림 증세가 종종 발견되기도 한다.

또한 물의 손은 생활패턴이 밤체질이 되기 쉬운데, 밤의 기운이 정신적·창의적인 작업에는 도움이 될 수 있겠지만 정신건강을 헤치기 쉬우니 주의할 일이다.

3. 불의 손

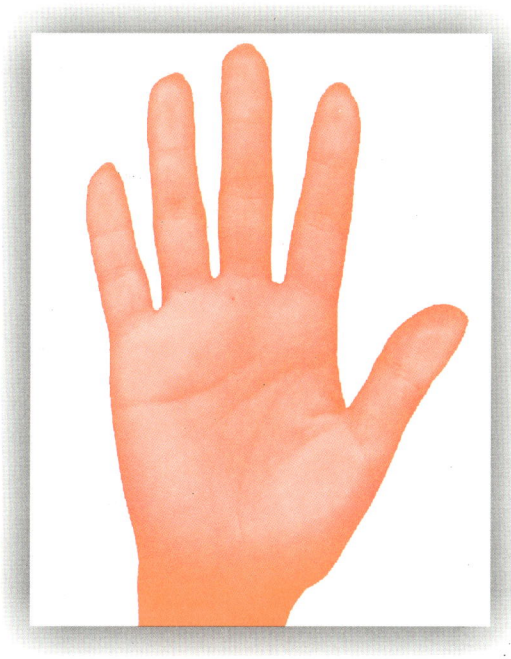

불의 손은 직사각형의 널찍한 손바닥과 비교적 짧은 손가락을 가지고 있는 것을 특징으로 하는데, 손바닥은 보통 두툼한 경우가 많다. 땅의 손에 비해 손바닥이 좀더 긴 편이라고 보면 되겠다.

이 타입은 활달하고 정열적이며 낙천적이고 활동력이 넘치는 편인데, 화려함을 좋아하며 모험심도 강하고 열정적이어서 인생을 정말 바쁘게 살아가는 사람이 많다.

강한 추진력과 활발한 인간관계를 무기로 하여 풍부한 생명력과 열정을 일과 스포츠 등에 쏟아 붇고 세상의 이목을 집중시키거나 명예가 높아지는 것에 큰 만족감을 느끼는 타입이다.

평범하고 조용한 삶을 보내기는 어려우며 바쁘게 움직이는 탓으로 사고를 종종 당하기도 하며, 외향적이고 다소 급한 편으로, 강한 카리스마를 가진 사람이 많고, 빨리 타올랐다가 쉽게 식어버리는 식의 행동이나 감정패턴을 보이기 쉽다. 성격적으로 명랑하고 끊임없이 정열이 용솟음치며, 사람들을 즐겁게 하는 재주와 매력적 요소가 많아서 쉽게 친구를 만드는 편인데, 어떠한 종류의 모임에 있어서도 활기를 불어넣는 구심점이나 지도자 역할을 하는 경향이 있다.

손금상으로는 선의 기세가 강하고 운명선이나 사업선, 재물선 등이 여러가닥 굵게 올라가거나 선 자체가 휘어지는 등의 변화를 보이기 쉽다. 타고난 건강을 자랑하는 땅의 손에 비해 생명선의 상태는 하단부로 갈수록 갑자기 약해지기 쉽고, 두뇌적인 스트레스 처리에 약한 편이라서 두뇌선에 굵은 장해선이 지나가거나 섬문양 등이 보일 수 있으며, 비만하기 쉽고 심장기능이 다소 약한 편이라서 감정선은 굵지만 선의 상태는 안정되지 못한 모습을 보이기 쉬울 것이다.

불의 손은 전형적인 사업가 타입이라고 생각해도 되는데, 땅의 손처럼 꾸준히 하나의 테마를 들고 가는게 아니라 자주 그 관심분야를 바꾸거나 세상의 변화나 유행 등에 민감하게 대처해야 하는 종류의 직업군에서 활동하는 경향이 있다.

4. 공기의 손

공기의 손은 정방형의 손바닥에다가 땅의 손 보다는 조금 더 길고 유연한 손가락을 가지고 있는 것을 말한다. 손바닥은 땅의 손에 비해 그리 두툼하지 않고 적당한 탄력성을 가지는 편이며, 손금의 선들도 땅의 손에 비해 훨씬 지적이고 섬세하고 많은 편이다.

공기의 손은 육체 보다는 머리를 쓰는 직업군이나 사무직 계통에서 활동하는 사람이 많으며, 지적인 호기심이 많고 변화를

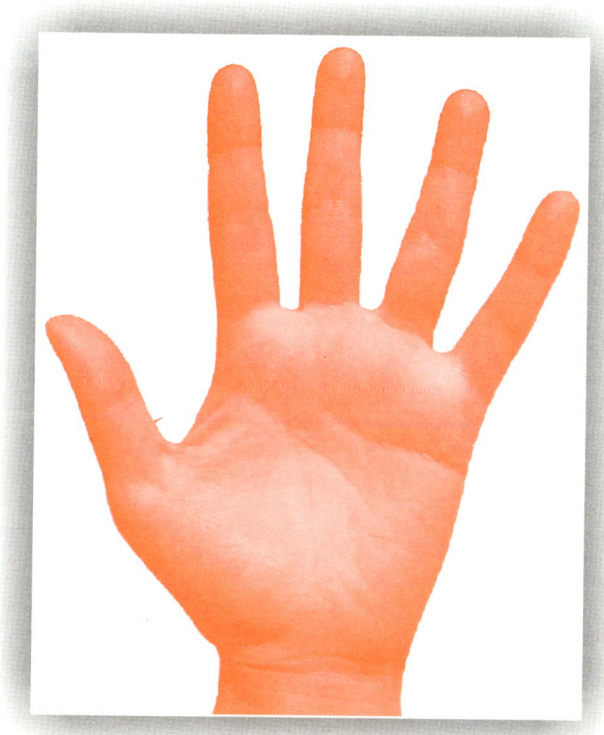

좋아하며, 반복적이고 단조로운 일을 싫어한다.

공기의 손은 커뮤니케이션 능력이 뛰어난 사람이 많은데, 문필적 재능이나 훌륭한 음성을 가지고 있다든지 미디어나 언론매체 등에서 일하는 경우도 많고, 손재주가 좋고 분석력이 뛰어나서 복잡한 컴퓨터나 기계장치를 다루는 분야라든지, 분석연구나 문제해결 능력이 필요한 분야에서 일하는 사람이 많다.

공기의 손의 손금상 특징은 지적, 감성적 섬세함을 반영하여 두뇌선과 감정선의 형태가 좀 길고 복잡하며, 그 지선이 여러가닥 나와있기 쉬우며, 세로삼대선에 있어서도 복잡하고 변화형태가 많은 편이다. 실전에서는 공기의 손을 가진 사람들이 상당히 많은 편이며 손금도 다양한 편이다.

손금과 운명개척

　손금과 운명개척은 밀접한 관련이 있는 바, 몇가지 관찰을 통해서 쉽게 알수 있다.

　예를 들어, 아이들의 손에서 스트레스를 의미하는 잔선들이 감정선에 많이 올라오는 경우가 있는데, 이것을 그냥 두면 아이들이 병이 날수도 있고 또는 정서적 문제를 일으킬수도 있다. 처음엔 가느다란 잔선으로 시작하지만 그 정도가 심해지면 아예 굵게 자리잡고 뿌리를 손바닥 깊이 박고 마는 수가 있다. 이는 마치 가벼운 병이 장기화 되어 고질병이 되는 것과 같은 것이다. 의사표현을 잘 못하고 부모가 시키는대로 따를 수 밖에 없는 약자인 아이들에 있어서 자신이 받는 스트레스를 잘 해소하지 못할 것은 당연한 것 아니겠는가?

　또한 그런 스트레스가 정신적, 정서적, 건강적으로 영향을 줄 것이라는 점도 당연히 생각될 수 있는 것 아니겠는가? 이와는 반대로, 그런 이상징후를 조기발견하여 아이들에게 적절한 조치를 취해준다고 할 때, 그런 정도의 잔선들은 금새 사라지고 아이들은 다시금 해맑은 미소를 짓고 오래지 않아 안정을 되찾을 수 있다. 이것이 손금감정이 운명개척 수단으로 이용될 수 있다는 것을 시사하는 것이 아닐까?

　또다른 예를 들어보자.
　부부간의 관계를 들어보자. 서로 사랑해서 결혼을 해서 잘 살다가 어느날 부터 서로 바쁘다는 핑계로 소원해지는 수가 있다. 이것이 심해지면 서로 무관심해지다, 더 심해지면 다툼이 생기고 이혼까지 가는 수도 있을 것이다. 어느날 남편이 손금전문가에게 손금을 보았는데, 결혼선에 문제가 있으니 주의하는게 좋겠다는 말을 들었다고 하자. 서로의 관계가 너무 악화되지 않았다면 남편은 조그마한 노력과 정성을 통해 다시금 부부관계를 복원할 수도 있을 것이다. 하지만 어떠한 노력도 하지 않은 채로 서로의 관계가 나빠진다면 결국엔 이혼을 하고 서로간에 깊은 상처를 남기고 말지 않겠는가?

가장 큰 문제는 종종 이런 이상징후를 감지하지 못하는 데 있다. 자기도 생각지 못했던 것에 문제가 있는 경우가 많은 것이다. 하지만 손금엔 그런 사항들도 잘 나타나 있는 경우가 많다. 부부관계가 나쁘면 감정선이나 결혼선에 장애선이 생길 것이고 스트레스도 많아지고 부부간 성생활도 뜸해지고 다툼이 잦아지고 불만감에 휩싸이고.. 이렇게 계속 나빠지는 것이다. 직관력이 뛰어난 사람이라면 굳이 이런 사람의 경우 손금을 보지 않아도 뭔가 문제가 있음을 감지할수 있었을 것이다.

이렇듯 손금에 의해 어떤 문제의 가능성을 알게 되었다면, 위와 같이 적극적인 방법을 시도해보자. 그 시도에 의해 문제의 원인이 바뀌도록 노력할 수 있고 그것에 따라 실제의 결과도 바뀔수 있는 것이다. 즉, 운명의 개척이란 결국 이렇듯 좋은 씨앗을 뿌리고 나쁜 싹은 잘라내고 하여 타고난 운명대로가 아닌, 자신의 적극적 노력으로 인생을 주도적으로 이끌어 감을 의미하는 것이며, 손금 이상징후를 조기에 발견하고 대비토록 해주는 유용한 수단임을 잊지 말자.

Chapter 03
손바닥안의 언덕 '구'

    손바닥의 평평한 바닥을 둘러싸고 있는 언덕모양을 구라고 한다. 손바닥은 평평한 중앙부와 함께 아홉개로 된 구로 나눌 수 있다. 구의 이름은 태양계 행성의 이름을 본따서 만들어졌는데, 특정 구가 나타내는 특성에 가장 부합하는 행성의 이름을 붙인 결과이다.

    예를 들어, 공격성과 방어력, 저항정신을 나타내는 제1화성구와 제2화성구, 화성평원은 전쟁의 신인 화성의 이름을 본 딴 것이며, 토성구에 어둡고 묵직한 해석을 붙이는 것은 토성구가 죽음과 재앙을 가져오는 불길한 행성으로 여겨지는 까닭이다.

손바닥의 구는 손금의 분석에 있어 중요한 의미를 가지는데 손금 선을 이러쿵저러쿵 해석하는 이유 중에는 그 손금 선이 특정 구의 발달과 밀접한 의미를 가지고 있기 때문이다.

예를 들어, 감정선이 검지아래의 목성구까지 뻗은 경우 왕성한 사회활동을 통한 자아실현에 관심이 많다고 보는데, 이것은 목성구가 강하게 발달하여 감정선을 목성구로 끌어 당기게 되므로 목성구가 가지는 명예욕, 권력욕, 성공욕구 및 리더십 자질이 강하게 발현된다고 보기 때문이다.

1. 구의 발달

각 구는 에너지를 저장하는 장소로 보면 되는데, 구의 모양과 발달정도를 보면 이 구를 소유한 사람이 어떠한 장점과 단점을 가지고 있는지 알 수 있다. 구가 잘 발달되었는지, 아니면 발달이 미약한지를 알아보려면 다른 사람들과 해당 구의 모습을 비교해 보면 된다.

구의 발달정도에 대한 판단

특정 구가 발달했는지를 살펴보기 위한 방법 중 하나는 특정 구의 꼭지점이 해당 구의 정중앙에 위치하는지를 살펴보는 것이다. 그림에서 처럼 손바닥의 결이 만나서 삼각형의 꼭지점을 이루는 곳이 해당 구의 중심부에 위치하는지 아니면 중심에서 많이 벗어난 곳에 위치

하는지를 살펴보면 된다.

특정 구가 볼록하게 솟아올라 있지 않더라도 이런 꼭지점이 해당 구의 정중앙에 위치해 있으면 해당 구의 특성이 지배적으로 발달하였다고 본다. 특히 토성구 같은 경우 언덕이 두툼하게 올라와 있는 경우는 거의 찾아보기 어려운데, 이럴 때 꼭지점이 구의 정중앙에 나와있기만 해도 토성구의 영향이 강하다고 보게 되는 것이다.

또 하나의 방법은 특정 구의 중심부를 향해 주요 손금 선이 달리고 있는지, 또는 우물정자문양이나 별문양 같은 것이 나와 구의 에너지를 보호하고 있는지 등을 살펴보는 방법이다. 특정 구

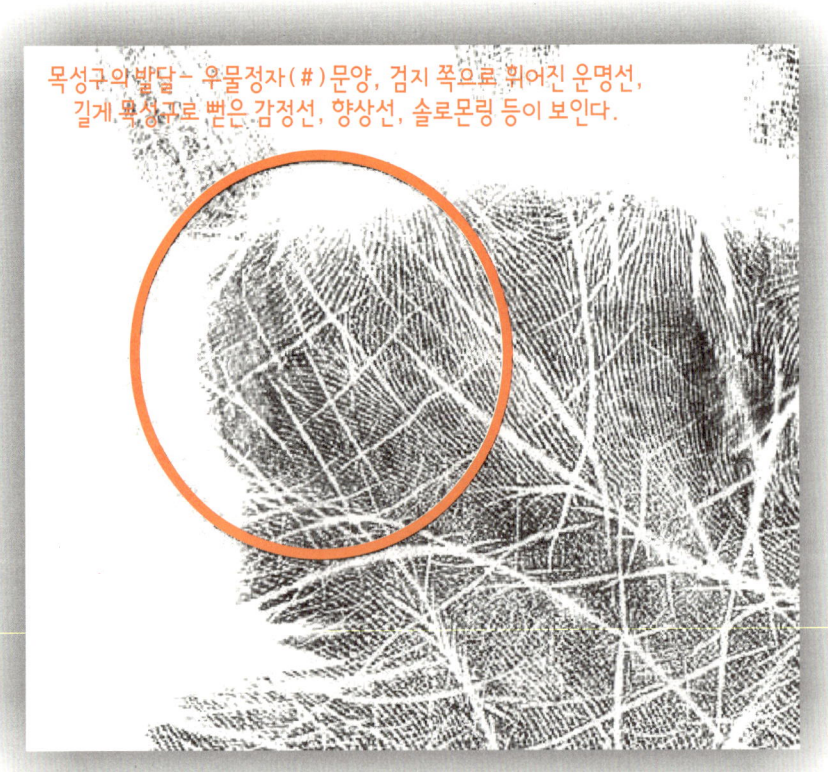

목성구 악발달 - 우물정자(#)문양, 검지 쪽으로 휘어진 운명선, 길게 목성구로 뻗은 감정선, 향상선, 솔로몬링 등이 보인다.

의 중심부를 향해 선이 한가닥 굵고 길게 뻗어 있다면 그 구의 영향력이 강한 것으로 볼 수 있다. 예를 들어, 감정선이 길게 목성구 중앙으로 간다든지, 목성구에 우물정자 문양(#)이 나온다든지, 생명선에서 목성구를 향해 향상선이 두세가닥 나온다든지 하는 것은 모두 목성구가 발달하였음을 나타내는 것이다. 그림에서 보면, 목성구에 우물정자도 있고, 생명선에서 목성구를 향하는 향상선도 두가닥 보이고, 감정선도 목성구 상단을 향하며, 운명선이 ' 〉 ' 자로 휘이지면서 목성구를 향하고 있음을 볼 수 있다.

그밖에 구의 언덕들의 발달상태를 서로 비교하여 살펴보기도 한다. 손을 부드럽게 컵 모양으로 만들어 구가 솟아있게 하고서 손목에서 손가락까지 손바닥을 유심히 살펴보면 어떤 구

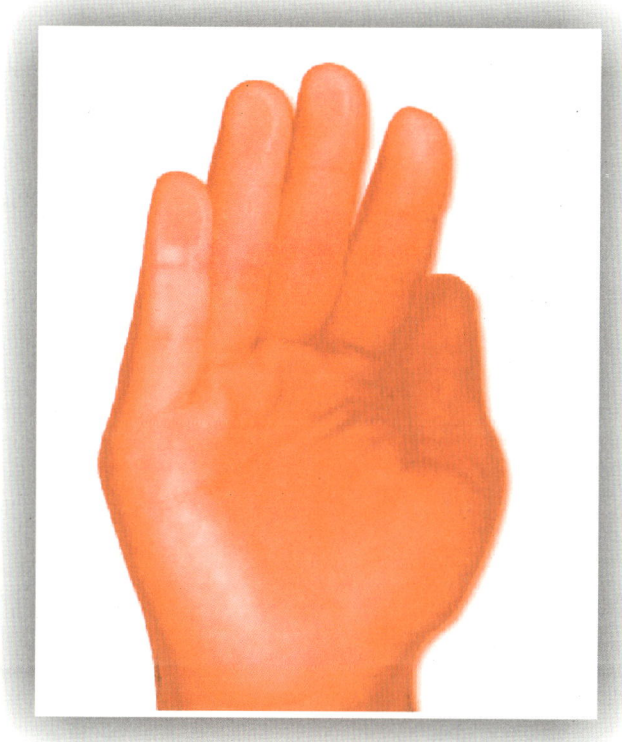

가 발달되어 지배적인지 어떤 구의 발달이 미약한지 알 수 있을 것이다.

이렇게 하면 모든 언덕이 동일한 크기와 높이로 되어 있는지, 또는 하나의 언덕이 다른 언덕보다 더 크거나 높아서 지배적으로 보이는지, 또는 어떤 언덕이 오히려 움푹한지 쉽게 알아볼 수 있다.

거의 발달되지 않은 구

특정 구가 다른 구들에 비해 거의 발달되지 않은 경우엔 해당 구의 에너지가 특히 부족함을 나타낸다. 중심적인 특성을 가지지 않는 구라고 해도 적당히 발달하는게 좋은데, 그림에서 처럼 구가 전혀 발달하지 않은 사람은 자신감이 약하고 열등감을 가지기 쉬우며 발전성이 약한 편이다.

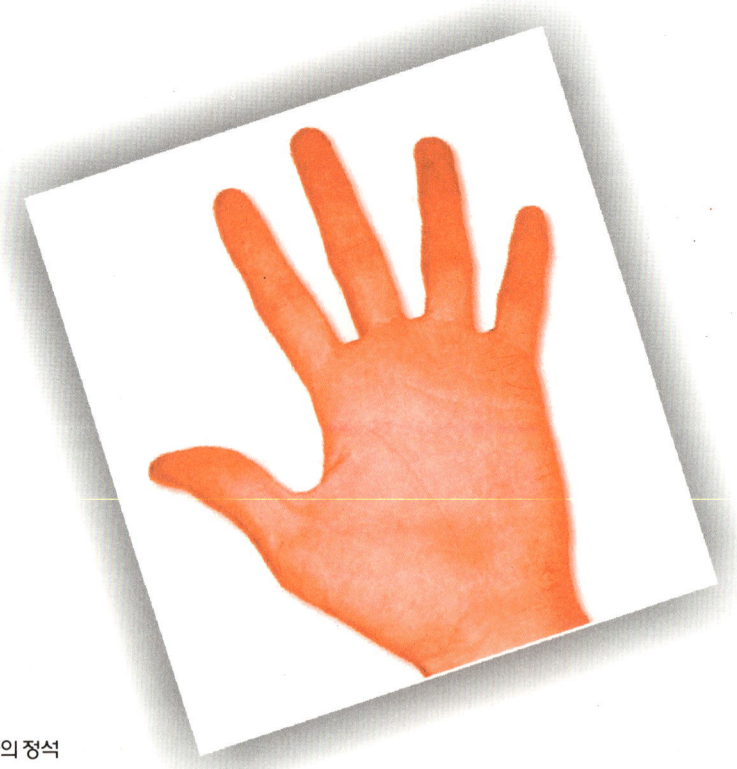

구의 명칭

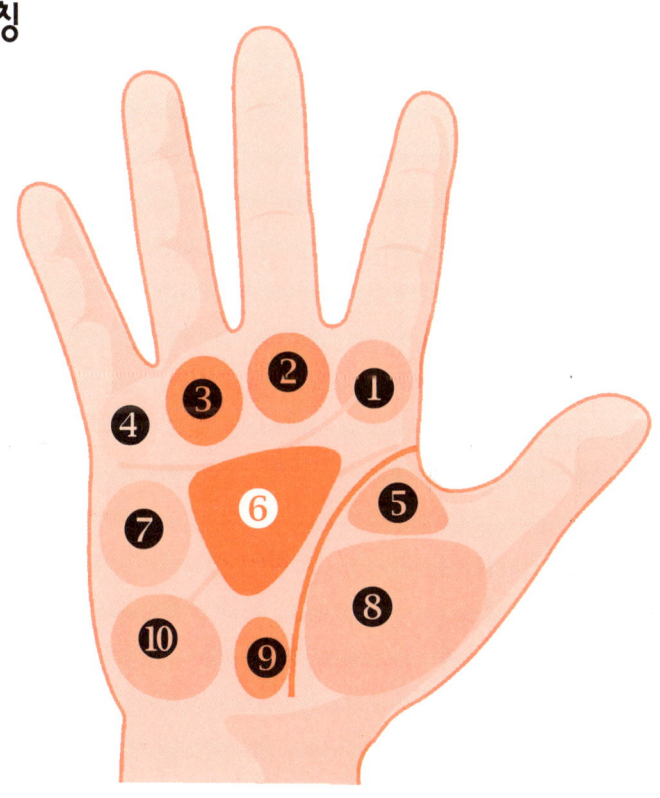

① 목성구 ⑥ 화성평원
② 토성구 ⑦ 제2화성구
③ 태양구 ⑧ 금성구
④ 수성구 ⑨ 해왕성구
⑤ 제1화성구 ⑩ 월구

2. 구의 명칭

금성구

금성구는 생명선의 안쪽에 위치하며 인생을 살아가는데 필요한 에너지 원천을 나타내고 있는데, 이 금성구의 두께와 넓이를 통해 건강, 스테미너, 애정미, 가족애, 성욕, 명랑한 성격 등의 강약을 판단할 수 있다.

금성구가 적당히 발달하면 따뜻하고 명랑하며 낙천적인 기질이 나타나고, 매우 발달한 경우 신체적 에너지가 강해 활동력과 적극성이 넘쳐 폭력적이 될수도 있고 성적 에너지도 강해지며, 잘 발달하지 못한 경우엔 내성적이고 소극적이며 이기적 심성이 나타나고 건강이 허약하여 조금만 무리하면 탈이 나기 쉬운 체질이라고 볼 수 있다. 특히 노인이 되어 체력이 저하될 때 대표적으로 약해지는 부위가 바로 이 금성구인데 늙어갈수록 소화, 섭취 기능이 떨어져서 이 부위가 홀쭉해지기 쉽다.

금성구는 엄지손가락의 세번째 마디에 해당한다고도 볼 수 있다. 엄지손가락은 다른 손가락들에 대항할 수 있는 손가락으로 엄지손가락이 있어야 물건을 제대로 잡을 수 있기 때문에 인간과 동물을 구분짓는 중요한 특징이 바로 이 엄지손가락에 있다고 해도 과언이 아닌 것이다. 엄지는 다른 손가락들의 대장노릇을 하는 손가락인데, 엄지의 첫번째 마디는 행동력을 나타내고, 두번째 마디는 사고력을 나타낸다면, 세번째 마디인 금성구는 바로 이 엄지의 에너지원천의 역할을 하게 되므로, 금성구가 발달하였다면 엄지의 특성이 강화되는 효과가 있는 것이다. 또한 가수들의 경우 금성구가 잘 발달한 모습을 흔히 볼수 있는데, 금성구가 잘 발달하면 음악과 자연, 아름다움을 무척 사랑하며 목청이 좋고 스테미너가 왕성한 까닭이다.

미인의 경우에도 금성구가 발달한 사람이 많은데, 피부색이 밝고 용모가 아름다우며 성격도 밝고 사랑이 넘치므로 뭇 남성들의 흠모하는 바가 되기 쉽다.

생명선 안쪽의 금성구 부위는 가족이나 집을 나타내는 곳이므로 운명선이나 재물선, 사업선 등 손금 선들이 여기서 출발하는 경우엔 가족친지들의 후원이나 영향을 받는 것으로 해석하는 것이다.

월구

월구는 잠재의식의 세계를 대변하고 있으며 상상력과 창조력, 정신적·영적 에너지의 원천이다. 잠재적 능력과 직관력, 그리고 예술적 재능 및 창작능력과 관련이 많은데, 월구가 적당히 발달해 있으면 상냥하고 언어표현력이 좋고 직감력이 좋은 편이지만 현실감각과 물질욕이 다소 약해지는 특성이 있다.

월구가 과도하게 발달해 있는 경우엔 자기방어적 본능이 강하며 예술적 재능과 정신적·영적 특성이 강하게 드러나는 경향이 있다. 월구의 발달이 미약한 경우에는 상상력과 창의력, 그리고 예술성이 부족하다고 볼 수 있다. 두뇌선이 월구로 뻗어가거나 운명선이 월구에서 시작하는 경우 월구의 특성이 지적인 성향과 인생길이나 직업운의 특성에 영향을 많이 미친다고 볼 수 있다.

월구의 발달이 지배적 특성으로 나타날 경우엔 세상과 잘 화합하지 못하고 심성이 괴팍하고 고독하며 이기적이고 소심하고 활동력이 떨어지며 정신적으로 불안정하기 쉽다.

목성구

검지 손가락 아래에 위치하는 목성구는 명예욕, 권력욕, 성공욕구, 성취동기와 리더십의 발달여부를 나타낸다. 이 목성구가 잘 발달한 경우 성취동기가 강한 사람이 많고 왕성한 사회활동을 통해 자아를 실현하고자 하며 남들의 앞에 서거나 사회적인 리더가 되고자 하는 욕구가 남다르다고 볼 수 있다.

자신감이 있고 자신의 현 상태에 대해 확신을 가지고 있다면 이 구는 잘 발달하여 둥글게 솟아오르는데, 잘 발달하여 넓게 퍼져 있는 모양을 하고 있으면 사회적인 권력이나 리더십을 지향하며 다른 사람에게 대체로 관대한 경향이 있다.

감정선이 길게 목성구 중심부로 뻗어가거나, 목성구에 우물정자 문양이 나오거나, 생명선에서 향상선이 올라가서 목성구로 향해 뻗는 것 등은 모두 다 이런 목성구의 기질이 강하게 드러나는 것을 나타낸다. 따라서 자기 인생의 성공을 위한 강렬한 욕망과 야심을 가지고 남들 보다 훨씬 많이 노력하며, 리더십이 있고 강직한 성품을 가진 사람들은 목성구가 발달하여 있을 가능성이 높다고 할 것이다.

목성구의 발달이 지나치면 식욕과 물욕이 강해지고 '나 아니면 안된다'는 식의 아집과 독선, 헛된 명예욕, 과시욕과 질투심이 강해지며 타인의 감정을 생각치 않고 자기본위로 흘러가기 쉽고, 다른 사람 밑에서 일하기 힘든 성향이 강해지게 된다. 야심이 많은 정치가들은 대개 목성구가 발달하였다고 생각하면 된다. 반대로 목성구의 발달이 미약하면 성공욕구가 미약하고 성취동기부여가 잘 되지 않아 큰 발전을 못하고 소시민적이며 수동적으로 살아가는 사람이 되기 쉽다.

토성구

중지 아래에 있는 토성구는 책임감, 진지함, 염세주의적 성향, 고독함, 연구, 숙명, 업보 등과 관련이 있다. 토성구가 적절히 발달한 경우 일반적인 상식을 가지고 인생을 진지하게 살아가는 타입이라고 할 수 있다. 토성구가 지나치게 발달한 경우에는 세상이나 인생에 대해 무척 비관적이고 냉소적이며 이기적이고 사고방식도 음침하고 우울한 경향이 많이 나타나게 된다.

그리고 이 토성구가 밋밋하거나 꺼진 듯 하여 잘 발달되어 있지 않은 사람의 경우엔 인생에 대한 진지함이 부족하고 사려깊지 못하며 책임감이 부족한 일면이 있어 발전성이 적은 사람이 되기 쉽다.

운명선이 토성구로 굵고 길게 올라가는 경우 타고난 업보가 강하여 나이가 들어서도 힘들게 일하며 누군가를 돌보거나 먹여 살려야 한다고 보는데, 이런 해석은 바로 토성구의 좀 어둡고 무거운 특성이 운명선에 강하게 반영된 것으로 보기 때문인 것이다.

토성구가 지배적으로 발달한 사람은 드문 편인데, 세상을 등지고 고독하게 혼자 살아가는 염세주의자가 되거나 세상과 세상사람들을 혐오하며 살아가는 사람이 되기 쉬워 반사회적, 반인류적 특성이 강해지고 도덕적 관념도 약해져 범죄에 쉽게 노출될 수 있다. 혼자 연구실에서 고독하게 한 분야를 깊이 탐구하고 연구하며 살아가며 세상사람과 어울리기를 꺼리는 학자의 경우 바로 이 토성구가 발달하였을 가능성이 높다.

태양구

약지 밑에 위치한 태양구는 밝은 기질, 사교성, 창의적인 재능, 예술적 이해력 및 감성적 재능, 그리고 사업가적 능력과 관련이 있다. 밝고 활달하며 낙천적이고 심미안을 가진 사람들은 대체로 이 태양구가 발달한 사람이 많다. 태양구의 발달이 미약한 경우엔 밝은 기질과 예능에 대한 이해력이 부족하고, 매사 자신감이 약한 사람이 많고, 지나치게 발달되어 있는 경우엔 자신의 재능을 과신하여 자만하거나 외형적 장식을 좋아하며 허영심이 많은 경향이 있다.

재물선(일명, 태양선)이 한가닥 태양구의 중심부로 흘러가면 태양구의 창의적 예술적 재능과 심미안, 밝고 아름다운 기질이 강하게 반영되어 나타난 것으로 보며, 운명선 지선이 태양구로 뻗는 경우에도 이런 태양구의 특성과 관련지어 해석을 하고 있다. 재물선의 경우 태양구로 흘러가게 되는데, 감정선 위의 재물선이 잘 발달하여 있는 경우 재물운, 성공운, 명예운, 행복감, 만족감을 나타낸다고 보는 것은 모두 이 태양구의 특성과 관련지어 나온 해석인 것이다. 태양구에 별문양이 나온 경우 태양구의 에너지가 가장 강해져서 인생의 어느 시점에선가 갑자기 빛나는 성공을 이루게 된다고 해석하는 것이다.

수성구

소지(새끼손가락) 아래에 있는 수성구는 상업 사업적 재능과 커뮤니케이션 능력을 나타내며 과학적 재능을 함께 나타낸다. 수성구가 풍부하고 잘 발달되어 있는 경우엔 사물의 핵심을 꿰뚫어 보는 총명함과 사업적 수완이 있으며 임기응변에 능하고 풍부한 아이디어와 탐구심으로 문제해결에 능하여 경제적으로 성공을 이룬 사람이 많다.

수성구가 좁고 발달이 미약한 경우엔 남의 말을 쉽게 믿어 잘 속아넘어가며 사업적 수완이 부족하고 의사소통력이 약한 사람이 많다.

손바닥 아래에서 수성구를 향해 올라가는 선을 사업선이라고 부르는데, 바로 이 수성구의 상업적 사업적 재능과 관련이 많기 때문이다. 소지는 수성구에서 뻗어 올라간 손가락으로 소지손가락이 길고 굵게 잘 발달한 경우 수성구의 에너지가 잘 발휘된 것으로 보아 상업 사업적 재능과 과학적 재능, 그리고 커뮤니케이션 능력이 좋은 것을 나타내는데 이는 뛰어난 사업가나 과학자들에게서 많이 발견할 수 있다.

제1화성구

엄지 손가락 밑부분과 생명선 시작부분 사이에 있는 제1화성구는 용기와 공격적 성향을 나타낸다. 제1화성구가 잘 발달한 경우 남성적인 강인함과 배짱, 담력이 두툼하며 어떤 힘든 과업이 떨어져도 뒤로 물러서지 않고 돌진해 나가는 강한 심성을 나타낸다.

제1화성구가 거의 발달하지 않은 경우에는 좀 비굴하고 겁이 많은 경향이 있으며, 지나치게 발달한 경우에는 남성미가 너무 지나쳐서 다소 거칠고 폭력적이며 공격성과 잔혹한 기질을 가지고 있다고 볼 수 있다.

군인과 같은 직업의 경우엔 제1화성구와 제2화성구가 잘 발달해 있어야 할 것이다. 일반인에 있어서도 제1화성구는 어느 정도 적당히 발달해 있는게 좋은데, 그래야 새로운 일이나 목표에 대한 도전감과 인생의 성공을 위한 용기와 적극성을 발휘할 수 있기 때문이다.

두뇌선이 생명선 안쪽의 제1화성구에서 출발하는 경우에는 다소 투쟁적이고 공격적이며 이기적이고 소아적인 특성이 나타나기도 하는데, 이 타입의 두뇌선이 제1화성구의 특징을 가지고 있기 때문이다.

제2화성구

수성구와 월구의 사이에 있는 제2화성구는 지구력, 끈기, 인내심, 생활력을 나타낸다. 제2화성구가 잘 발달한 경우엔 현실적 분야에 대한 관심이 많고 인생에 어떠한 고난이 오더라도 견뎌내고 이겨나가는 힘이 강한 반면, 발달이 미약하면 조그만 고난과 역경에도 쉽게 굴복해 버리는 경향이 있다.

제2화성구의 발달이 사업적 직업적 성공에 필수적인 것은 이러한 성격적 특성이 없으면 사회적 성공을 이루기가 어렵기 때문이다.

제2화성구쪽으로 두뇌선이 뻗어 있는 경우 제2화성구가 나타내는 특성에 대한 지적능력과 관심이 많은 것을 나타낸다.

반항선(일명, 종교선)의 경우 제2화성구의 중심부를 달리게 되어 제2화성구의 특성이 극단적으로 표출된 형태로 반골적 기질과 저항정신이 강한 것을 나타낸다.

제2화성구에서 올라가는 태양선을 귀인선이라고도 부르는데, 이 귀인선의 경우 '하늘은 스스로 돕는자를 돕는다'는 표현에 걸맞게 어떠한 역경에 처해도 포기하거나 좌절하지 않고 남들에 대한 신의를 지키려 노력하는 사람들의 경우 하늘의 도움을 얻어 반드시 성공에 이를 수 있다고 해석하는 연유도 이 구의 특성에 기인하는 것이다. 인생경로는 때때로 험란한 소용돌이를 지나가기 때문에 세상사람들 누구나 제2화성구가 발달하여야 하는데, 특히 사업가들의 경우 제2화성구의 발달은 필수적이라고 할 수 있다.

화성평원

9개의 구의 중간부분에 화성평원이 있다. 위치상으로는 제1화성구와 제2화성구 사이에 있는데, 손금의 주요한 선들이 모두 이 화성평원을 가로질러 지나가게 된다.

즉, 화성평원은 삶의 격전장과 같은 것이다. 화성평원도 하나의 언덕에 해당하므로 적당하게 발달해 있는게 필요하며, 화성구와 유사하게 해석하는데, 인내심, 끈기, 지구력, 뚝심 등을 나타내는 것으로 본다. 이 화성평원이 잘 발달하지 못하여 움푹 들어간 듯한 경우엔 주요 손금 선들이 그 위를 달리는 힘이 약해지므로 남들보다 더 삶에 고달픔을 느끼고 사소한 어려움이 닥쳐도 쉽게 포기하고 지쳐버리는 사람들이 많은 경향이 있다.

해왕성구

해왕성구는 손바닥 아랫 쪽의 중앙부위를 나타내며 금성구와 월구 사이에 위치하고 있으며, 잠재의식과 의식의 사이에서 필터 역할을 수행하게 된다. 이 해왕성구가 잘 발달된 경우 꿈의 세계가 남달리 발달한 경우가 많고, 의식과 무의식의 경계선 상에서 비범한 정신적 특성을 발휘하는 경우가 많으며, 직감력이나 빠른 인지능력을 가진 사람이 많다. 두뇌선이 해왕성구로 흐르는 경우, 남다른 영적 능력이나 예지력을 보인다든지 하는 경우도 많은데, 남들에게 흔하지 않은 이런 특성으로 인해 정신적으로는 다소 불안정함에 빠져들 수 있는 여지가 있어 주의가 필요하다고 하겠다. 해왕성구가 잘 발달하지 못하여 움푹 들어간 듯한 경우 스스로 자기자신의 특성을 잘 모르는 사람이 많으며, 여성의 경우 불임이 될 가능성이 높다.

3. 9개 구와 9가지 특성의 종족

어떤 구가 특히 지배적으로 발달하였는지, 또 어느 구가 그 다음으로 발달하였는지를 가늠하면 특정인의 손금분석에 많은 도움이 된다. 즉, 구의 발달을 기준으로 사람들을 9가지로 분류할 수 있는 것이다.

금성구인, 목성구인, 토성구인, 태양구인, 수성구인, 제1화성구인, 제2화성구인, 월구인, 해왕성구인

예를 들어, 어떤 사람이 금성구인의 특성이 지배적이고 목성구인의 기질이 보조적이라면 그 사람은 금성구인의 기질인 낙천적이고 명랑하며 정이 많고 목가적이며 노래를 잘 부르고 가족을 사랑하는 특성과 함께 목성인의 기질인 명예욕과 성취동기도 풍부하며 리더로서의 자질도 훌륭한 그런 사람일 가능성이 많은 것이다.

다른 예를 들자면, 사업적으로 크게 성공을 이룬 사람들의 경

우 대개, 금성구, 화성구, 월구, 수성구가 발달한 사람들이 많은데, 그 구들 중 어느 구가 지배적이고 보조적인지에 따라 그들의 성품이나 경영스타일은 조금씩 차이가 나게 된다. 금성구의 왕성한 체력과 낙천적 기질, 화성구의 공격적 성향과 방어능력, 월구의 창의적 능력과 미래예측력, 수성구의 사업적 수완과 지혜 등이 결합하여 이 사람의 성공을 향해 작용하게 되는 것이다.

아래 그림은 현대그룹 창업자이셨던 고 정주영회장의 손바닥 모습이다. 엄지손가락이 굵고 길게 잘 발달하였고, 소지손가락이 통통하고 길며, 수성구, 제2화성구, 월구, 금성구가 잘 발달한 모습을 볼 수 있다. 소지손가락과 수성구가 나타내는 사업적인 수완이나 세상의 상식을 뛰어넘는 기발한 아이디어, 월구가 나타내는 창의성과 미래에 대한 상상력 예측력도 좋은 모습이며, 두툼한 금성구에서 정감이 넘치고 밝고 활기차며 왕성한 스테미너를 짐작할 수 있다.

현대그룹 고 정주영회장의 손금

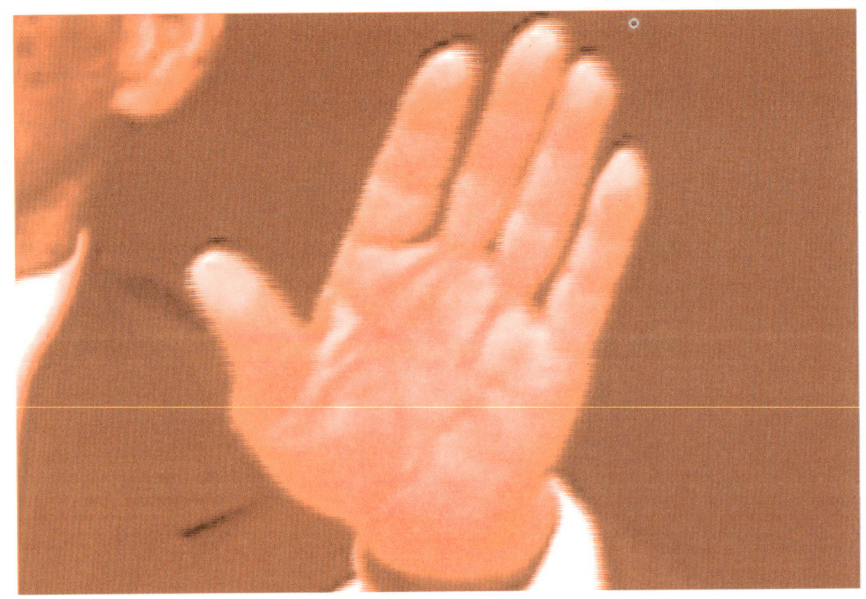

Q&A 손금성형이 효과가 있나요?

누구든 손금을 자꾸 보다 보면 좀더 손금을 좋게 만드는 법이 없을지 의문을 가지게 된다. 일이 잘 될 때에도 뭔가 손금에서 그 증거를 찾으려하고, 일이 잘 안될 때에는 손금상의 단점요소 때문에 뭔가 잘 안되나 보다고 생각하기 쉽다. 이렇게 자꾸 손금에 얽매이다 보면 인위적으로 손금을 뜯어고치고 싶은 생각마저 가지게 되는데, 그 대표적인 사례가 손금성형이란 것이다.

손금성형이란 레이저나 수술칼 등으로 손바닥에다 손금선을 그려넣는 것을 말한다. 손바닥엔 신경 및 혈관이 많이 흘러다니고 있기 때문에 사칫 이런 수술을 잘못할 경우 후유증이 크고, 비용도 적지 않다. 무엇보다도 레이저 시술의 경우, 손바닥을 레이저로 태워서 선을 그려넣는데, 만들어진 손금선이 자연스럽지 않고 뭉툭하게 보이거나 비뚤비뚤거리기 쉽다. 이로 인해 손금성형수술을 받은 사람들 중엔 마치 손바닥을 불에 덴 것 처럼 흉터로 보이기도 한다.

그렇다면, 이런 비용과 심적인 고통을 감내하고서라도 손금성형이란게 효과가 있기나 한 것일까? 대답은 '노'다. 스스로가 효과가 있겠지라고 생각하는 이상의 효과는 없다. 이것을 플레시보효과(Placebo Effect)라고 부른다. 환자에게 수면제를 주고서 아주 비싼 명약이라고 속여도 환자는 그것을 정말 명약으로 알고 치료효과가 좋을 것이라고 믿는다면, 이것이 실제로 질병을 현저히 개선치료하는 효과로 연결된다는 것이다.

손금성형은 손금이나 숙명적 요소에 지나치게 집착하는 사람에겐 다소 심적인 안정감을 줄 수도 있겠지만, 실제로 손금이 나쁜 근본 원인을 개선하는 효과는 없기 때문이다.

손금이 나쁜 원인은 여러가지가 있을 수 있다. 건강상태, 체질, 생활습관, 잘못된 진로설정, 인간관계, 인생관, 사고방식, 문제해결 태도, 성격 등등, 그러한 것을 선하나 그어 넣는다고 바꿀 수 있겠는가?

손금은 결과로 나타난 것이지, 그 원인이 아니다. 원인을 그냥 두고 결과물을 자꾸 바꾼다는 것은 어리석은 짓일 것이다. 다만, 이렇게 손금성형을 해서라도 스스로의 인생길을 좋게 만들고 싶다는 강한 열망이 자신의 마음가짐, 생활습관, 직업적 노력, 인간관계 개선 등으로 연결된다면 정말 개운이 가능할 수도 있을 것이다.

손금을 보는 테크닉

손금학에 흥미를 가지고 있는 사람은 처음 만난 사람들의 손을 무의식중에 관찰하고 있는 자신을 발견하게 될 것이다. 텔레비전이나 영화에 나오는 사람들의 손금도 관찰하고, 여러 사람들과 대화를 하고 있는 와중에도 손을 쳐다볼 것이고 차츰 이것이 매우 흥미로와질 것이다. 눈의 움직임이 그 사람의 표정을 나타내듯이 손은 상대방에 대한 통찰력을 갖게 한다. 손금은 사람의 성격을 쉽게 파악할 수 있게 해준다.

손금을 잘 보기 위해서는 많은 손을 볼 방법 밖에는 없다. 가족이나 친구, 또는 손을 볼 수 있게 해주는 모든 사람들의 손을 봐야한다. 손금에 대한 모든 것을 기억할 수는 없다. 보기 드문 유형의 손금을 봤을 때는 관련된 자료들을 검토해봐야 한다.

손금을 보는 일은 매우 신중히 다루어져야 하고 상대방의 손금에 대해 당신이 하는 말에 큰 책임이 따른다는 것을 명심해야 한다. 자신의 감정적 판단이 개입되지 않은 객관적인 관점에서, 또한 손금 그 자체에 근거해 말하는 습관을 들여야만 한다. 손금을 분석하는 전문가로서 다른 사람을 감동시키기 위해 거짓말을 한다던가 상대방의 인생길을 무리하게 바꾸려는 시도와 같은 것은 결코 바람직하지 않다.

언제나 진실해야 하고 또한 친절해야 하며 손금에 대해 섣부른 판단을 하면 안된다.

손금을 통해 상대방의 숨은 재능과 능력, 미개척 상태의 행운 요소 등을 알게 하므로서 더 나은 인생을 설계할수 있도록 도와줄 수도 있을 것이다. 손금은 개인적 노력에 의해 충분히 바꿀 수 있으므로 되도록이면 긍정적이고 미래지향적으로 말하도록 한다.

　이제 실제로 손금을 볼 차례이다. 손금채취재료를 이용해 상대방의 손금을 찍어두면 세밀한 잔선을 살필 수도 있고 나중에 다시 검토해 볼 수 있으므로 유익하나. 손금은 불빛이 환한 곳에서 봐야 한다. 만약 햇빛이 없다면 스탠드를 이용한다. 상대방을 편한 의자에 앉게 하여 편안함을 느끼게 하면 좋다. 손금을 보는 것 자체가 그들에게 즐거워야 하는 것이다.

　먼저, 두 손을 보면서 그 차이점을 설명해 주는 것이 중요하다. 손금을 보면서는 무엇을 보고 있는지 설명해준다. 손을 만져보면 그 손의 힘이나 두께, 피부의 색깔이나 촉감, 그리고 손의 유연성을 알 수가 있다. 이 시점에서 손바닥의 크기와 모양을 보고 손가락과 그 끝모양을 관찰한다. 처음 손금을 볼 때엔 손가락 끝에서 시작해서 내려가는 것도 좋은 방법이다. 이때 엄지손가락은 다른 손가락들과 따로 봐야한다.

　손금을 볼 때 무엇을 가장 중점적으로 볼 것인가는 상대방의 성별, 연령이나 관심사에 따라 많이 달라지는데, 대체로 학생층의 경우엔 적성이나 연애와 같은 것에 관심이 많고, 직장인의 경우엔 직업, 성공, 재물 등에 관심이 많으며, 나이가 든 분들은 건강, 수명, 노후에 대해 많은 관심을 보인다.

　마지막으로 상대방에게 질문할 수 있는 시간을 주는 것도 중요하다. 한 사람의 손금을 주제로 진지하게 토론해 보는 유익한 시간을 가져도 좋겠다.

Chapter 04

손금의 명칭

손금 선은 손바닥에 아무렇게 마구 나오는게 아니라 일정한 원리와 패턴을 가지고 나오게 된다.

손금 선의 종류는 대략 30~40가지 정도로 나눌 수 있는데, 문양까지 합친다면 그 종류가 무척 많아지게 된다. 여기선 손금분석에 있어 중요한 비중을 차지하는 주요 삼대선, 세로삼대선, 보조선, 문양을 주로 다루었다.

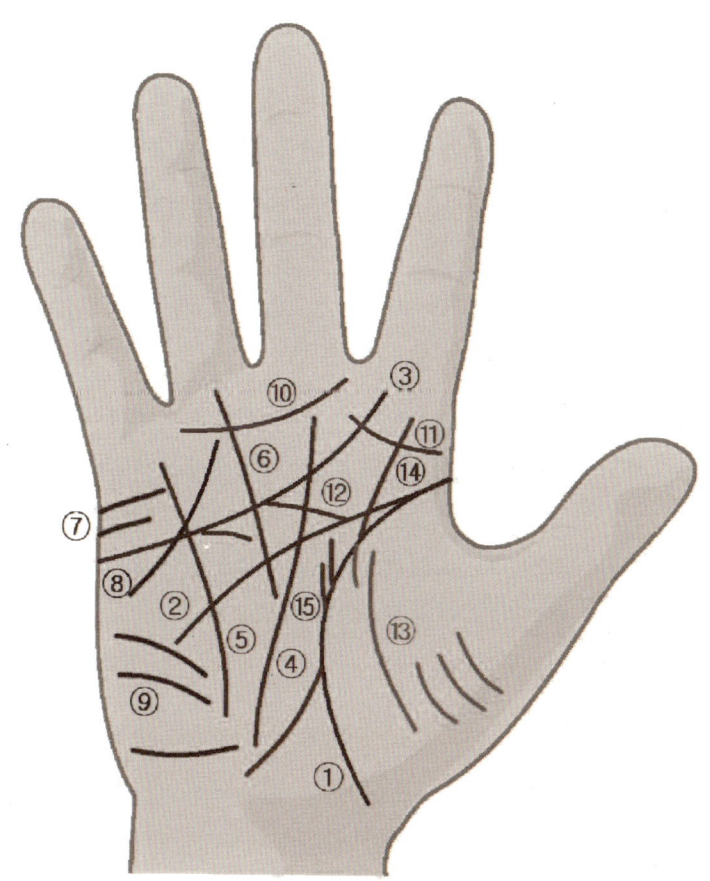

1) **주요삼대선**: 생명선, 두뇌선, 감정선

2) **세로삼대선**: 운명선, 사업선, 재물선

3) **보조선**: 결혼선, 금성대, 영향선, 향상선, 개운선, 횡재선, 건강선, 여행선, 비애선, 인복선 등

4) **문양**: 신비십자문양, 솔로몬링, 목성구 우물정자문양, 태양구 별문양 등

① 생명선

생명선은 엄지손가락과 집게손가락의 중간 부분에서 출발하여 손바닥 아래쪽으로 반원형을 그리며 내려가는 선을 말한다. 건강, 수명, 그리고 소화기관의 상태를 살필 수 있다. 생활환경 변화, 결혼, 출산, 부부애정문제 등의 집안일도 생명선과 관련이 있다.

② 두뇌선

두뇌선은 생명선 근처에서 시작하여 손바닥 한가운데를 가로지르는 선으로서 생명선과 감정선의 중간에 위치한다. 재능과 적성, 그리고 두뇌신경의 건강상태를 살필 수 있다. 의지력, 사고방식, 판단력, 창의력, 직감력 등과 스트레스, 정신건강 상태 등은 두뇌선과 관련이 있다.

③ 감정선

감정선은 소지아래에서 시작해서 검지쪽을 향해 가는 선으로서 기본삼대선인 생명선, 두뇌선, 감정선 중에서 제일 위쪽에 위치해 있으며, 기본삼대선 중에 가장 그 형태가 다양하고 복잡한 편이다. 감정성향과 심장계통의 건강상태를 살필 수 있다. 성격, 애정성향, 심적인 상태 등은 감정선과 관련이 있다.

④ 운명선

손바닥 아랫쪽에서 중지쪽으로 뻗은 선인데 세로삼대선 중에서 제일 중요한 선이다. 직업운과 인생길을 주로 살필 수 있으며, 직업적 변화, 운세의 강약, 결혼이나 이혼 등은 운명선과 관련이 있다.

⑤ 사업선

손바닥 아랫쪽에서 소지쪽으로 올라가는 선을 말한다. 사업운, 직장운, 그리고 간과 장의 건강상태를 살필 수 있다. 직업적 성공에 있어 중요한 성실성과 책임감, 사업적 능력 등과 직장변동, 부동산운 등은 사업선과 관련이 있다.

⑥ 재물선(태양선)

손바닥 아랫쪽에서 약지쪽으로 올라가는 선을 말한다. 재물, 명예, 성공, 인기, 행복감, 만족감을 살필 수 있다. 주로 기본삼대선과 세로삼대선의 노력의 성과나 결실은 재물선과 관련이 있다.

⑦ 결혼선

소지 아래부위에 옆으로 짤막하게 나온 선을 말한다. 애정운과 결혼운, 성적인 문제, 그리고 생식비뇨기 계통의 건강상태를 살필 수 있다.

⑧ 제2화성구 태양선(귀인선)

제2화성구에서 태양구로 올라가는 선을 말한다. 직업적 성공을 위한 귀인의 도움이나 조상의 음덕을 살필 수 있다.

⑨ 여행선

주로 두뇌선 아래쪽에서 비스듬히 나온 굵은 선을 말한다. 해외여행, 유학, 여행을 좋아하는 기질 등을 살필 수 있다.

⑩ 금성대

약지와 소지 사이와 검지와 중지 사이를 반원형으로 이어주는 선을 말한다. 매력, 끼, 예능적 재능, 교양미, 미적 감각 등을 살필 수 있다. 금성대는 정신건강이나 운세의 상태와도 밀접한 관련이 있다.

⑪ 솔로몬링

검지 아래의 목성구를 반원형으로 감싸는 선을 말한다. 지도자적인 자질, 야망, 사람을 만날 때의 선입견과 직감력 등을 살필 수 있다.

⑫ 신비십자문양

감정선과 두뇌선을 이어주는 선이 운명선을 가로지르는 모습을 나타낸다. 신비십자문양은 인생길의 길흉화복을 증폭시키는 역할을 하는데, 영적인 능력이 강한 사람에게서 주로 볼 수 있다.

⑬ 영향선

생명선 안쪽에서 생명선과 함께 흘러 내려가는 여러가닥의 선을 말한다. 생명선에 가장 가까운 영향선이 배우자를 나타내는 것으로 보며, 나의 인생길에 영향력이 많은 배우자, 친인척, 조력자, 친구 등의 출현이나 이별 등을 나타낸다.

⑭ 향상선(노력선)

생명선에서 검지 아래의 목성구를 향해 비스듬히 올라가는 선을 말한다. 인생길의 성공을 위해 진지한 노력을 하는 사람에게서 볼 수 있으며, 학업적 성과, 시험운, 성공욕구, 야심 등을 살필 수 있다.

⑮ 개운선

생명선에서 중지를 향해 짤막하게 올라가는 선을 말한다. 집, 땅으로 인한 재산증식의 행운이나 승진, 개업 등의 직업적 행운을 나타내는 선이다.

Q&A 개운비법은 어떻게 있을까요?

손금은 우주의 이치, 자연의 이치와 나의 삶이 얼마나 잘 조화를 이루고 있는가를 나타내는 것이다. 즉, 나의 육체, 정신, 마음과 영혼이 건강한 상태일 때 손금엔 잡선이나 장해선이 없어지고 좋은 선들이 자리잡게 되는 것이다.

손금의 상태가 얼마나 나쁜가를 보면, 자신의 삶이 얼마나 평화와 균형을 잃었는지가 드러나는 법이다.

따라서 손금이 나쁘면 다시금 평화와 균형을 찾아가려는 노력이 필요한 것인데, 비틀어진 생활습관을 개선하고, 허약해진 신체장기에 활기를 주어 건강관리에 힘쓰며, 평화로움에서 벗어난 마음을 다스려 안정시키고, 자신의 삶과 외부현실을 잘 조화시켜가려는 노력을 하는게 필요할 것이다.

신비십자 종족의 경우, 눈에 보이지 않는 영적인 세계에 눈을 뜨는게 인생길을 개선하는데 있어 중요한 계기가 되기도 하는데, 종교에 귀의하거나, 집안의 제사나 선산관리에 이상이 없는지를 챙겨 본다든지, 참선명상을 통한 강한 영성을 키운다든지 하는 것이 좋은 효과를 가질 수 있다.

손금은 스스로의 노력에 의해 상당히 좋게도 바꾸어 갈 수 있는 것이다. 손금분석을 통해 자신의 손금 중 어떠한 요소가 우주의 이치나 균형상태에서 깨어져 있는지, 왜 그런 현상이 나타나 있는지를 잘 파헤쳐 가보면 거기에서 삶의 전환점을 긋게 될 아이디어를 얻을 수도 있을 것이다.

동양과 서양의 손금

동양과 서양의 손금감정 방식을 한마디로 이야기하자면 그 뿌리가 같다고 할 수 있다. 손금에 대한 기록은 이집트의 파피루스, 힌두경전, 성경, 그리고 초기 구약성서 등에서도 찾을 수 있는데, 특히 힌두경전은 손금에 대한 상당한 정도의 내용을 담고 있었는데, 이것이 알렉산더대왕의 동방원정을 계기로 서양세계로 전파되게 되었다. 알렉산더대왕의 스승인 아리스토텔레스는 2,500년전에 이미 손금에 관한 논문을 적었고, 그리스의 히포크라테스(기원전 2세기)는 의학처방을 하는데 있어 손금을 참조하는 법을 알고 있었으며, 줄리어스 시저(기원전 1세기)는 손금을 보고서 부하를 뽑기도 했다.

서양에 있어서 손금학은 불행히도 중세에 이르러 카톨릭 교회에 의해 악마를 숭배하는 행위로 낙인찍혀서 지하로 숨어들게 된다. 누구든 손금에 흥미를 가진자는 처단되었다.

교회의 영향력이 감소하기 시작하자 사회는 다시금 상식적 판단이 지배하게 되었는데, 15세기에 이르러서는 몇몇 귀족들에 의해 손금에 관한 책들이 집필되기도 하였다. 그후 19세기에 이르러선 손금을 보고서 개인적 특성을 파악하게 되었고, 현대에 이르러서는 유전학, 심리학, 해부학 등의 발달에 의해 손금학(Palmistry)은 새로운 시대를 맞게 되었다.

1901년에 이미 스코틀랜드 법정에선 범죄자의 심문과 신원확인에 지문을 사용하고 있다. 의학적 연구성과들은 유전적 비정상적 특성과 손에 나타난 특이한 선들이 서로 연관성을 보이고 있음을 알아냈으며, 또다른 연구성과는 특정 손금형태와 심장병과의 관

계를 밝혀내기도 하였다. 20세기가 깊어가면서 손금은 전 세계적으로 받아들여져서 전문적인 손금감정사들이 손금을 봐주는 정도로 널리 퍼지게 되었다. 서양의 여성지들을 뒤져보면 한 두페이지는 꼭 손금에 대한 정보가 들어 있고, 수많은 책들과 손금연구활동이 세계적으로 일어나고 있다.

인도에 의해 서양으로 전파된 손금학은 중국을 거쳐 우리나라, 일본 등지에 퍼지게 되었는 바, 유교문화권인 동양사회에서는 사람의 품성을 판단하는 수단으로 사주, 관상, 수상 등을 참조하였는데, 유교의 영향으로 실증적 연구가 필요한 손금학은 별로 크게 발전하지 못하였다.

동양이 손금의 원조이긴 하지만 근세까지 서양에서 손금학이 더욱 발전한 탓에 손금의 용어들이 대부분 서양 용어들을 채택하고 있다. 생명선, 두뇌선, 감정선, 운명선이 서양에서는 각각 Life Line, Head Line, Heart Line, Fate Line으로 불리우며 태양선, 결혼선, 재물선은 각각 Fame Line, Marriage Line, Money Line으로 불리우고 있다. 서양은 점성술의 영향으로 손바닥의 언덕이나 손가락의 특정부분들을 별자리와 연관하여 명칭을 붙이고 또한 손금감정에 있어서도 점성술적인 측면을 가미하기도 하는 등 동양에서와는 약간 색다른 측면이 엿보인다.

우리나라에서는 필자가 운영하고 있는 손금닷컴 (www.sonkum.com) 웹사이트가 인터넷에서는 최초로 2003년부터 손금감정 서비스를 제공하고 있으며, 이후부터 손금학에 대한 관심이 점차 높아져 가고 있는 중이다.

Chapter 05

선을 해석하는 기본원리

손금에 있어 개별적인 선 모양 하나하나를 가지고 이런 선은 이렇고 저런 선은 저렇고 하다는 식의 해석을 따라가자면 끝이 없다. 세상의 모든 사람들이 모두 손금이 다르며, 선 마다 각각 특색이 있으며, 더욱이 특이손금을 가진 사람들의 수효도 무척 많다. 또한 비슷한 선 모양을 하고 있어도 그 선의 굵기나 깊이, 선 중간의 모습은 모두 다를 것인데, 이런 개별 선 모양을 하나씩 외운다는 것은 무척 비능률적인 접근방식이라고 할 것이다. 이런 식으로 손금공부를 해서는 실전에 가서는 막상 아무 것도 생각나지 않고 아무 말도 못하는 벙어리가 되기 쉽다.

손금 선을 해석하는데는 다음과 같은 일정한 원칙이 있는데 초급자에서부터 최고전문가에 이르기까지 이 가장 기본적인 원칙을 항상 생각할 필요가 있다.

첫째, 손금 선을 강물로 생각하라.

강물은 시작지점과 끝이 있으며 흘러가는 방향이 있다. 또한 강물의 깊이가 넓고 깊은 지점이 있고 좁고 얕은 지점도 나오며, 강물 중간에 산이 가로막아 강물이 그 좌우를 흘러가기도 하고, 강물의 깊이가 들쭉날쭉한 경우엔 물이 소용돌이치게 되기도 한다.

손금도 매한가지다. 강물처럼 선이 흘러가면서 여러가지 변화의 모습을 만들어내기도 한다. 강물이 넓고 깊어지면 많은 물을 담을 수 있듯이, 그 선이 가지는 에너지나 특성이 강해지는 것을 나타낸다. 반면 강물이 넓기는 하지만 얕아지면 그 강물은 금방 밑바닥을 드러내기가 쉽다. 손금에 있어서도 선이 옅어지게 되면 그 선이 가지는 에너지나 특성이 약해져서 인생길의 어려움이 생기거나 중대질병이 생기기도 한다.

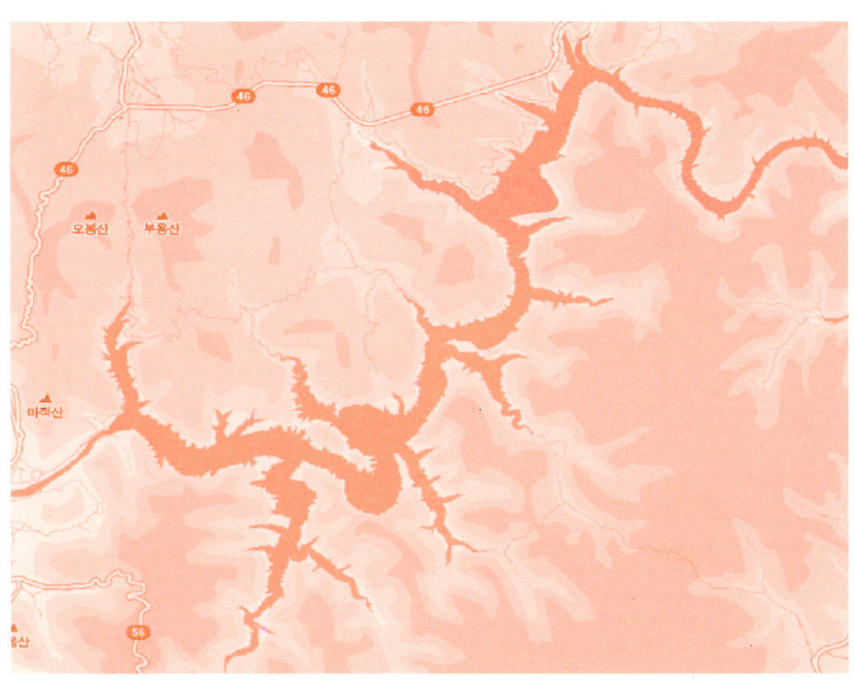

산이 가로막아 강물이 좌우로 흘러가는 모습은 선 중간에 섬 문양이 나와 물줄기를 둘로 나누는 모습과 같은데, 이럴 경우 그 선의 에너지가 1/2 또는 1/4 까지로 줄어들기도 한다.

별문양이나 십자문양의 경우 여러 강물이 합쳐지면서 물살이 서로 부딪쳐 부서지는 모습으로 대개의 경우 원래 흐르던 선의 흐름을 방해하고 물살을 거세지게 만드는 요소로 작용하는 것이다.

또한 강물줄기가 끝나듯이 선이 끝나면 에너지의 흐름이 멈추게 되는데, 급작스럽게 강물줄기가 막힌듯 끊어지면 그 많은 양의 물을 어디론가 이어가려는 움직임이 일어나게 된다. 그래서 생명선의 경우에도 물줄기가 끊어지면 운명선, 또는 다른여러가지 형태로 생명선의 에너지를 이어가는 선들이 나오게 되는 것이다. 물론 이런 변화가 그 선이 의미하는 바에 중대한 장해요소나 변화요소로 작용하는 것은 당연한 이치인 것이다.

둘째, 손금 선을 구와 함께 해석하라.

기본삼대선이나 세로삼대선의 경우 대개 특정 구와 관련되어 해석하는게 바람직한 경우가 많다. 즉, 생명선은 금성구를 감싸고 있으므로 금성구가 크고 잘 발달하면 생명선도 자연히 잘 발달하게 되는 것이다.

생명선이 허약하다는 것은 종종 금성구가 좁고 언덕의 발달이 빈약한 것과 깊은 관련을 가지게 되며, 생명선이 가지는 특성 중에는 금성구가 상징하는 특성이 함께 반영되어 나타나게 된다.

예를 들어 감정선이 직선으로 쭉 뻗어 검지 아래의 목성구로 달려가면 목성구가 상징하는 권력욕, 명예욕, 향상심 등이 성격적으로 강하게 드러나게 된다. 또한 두뇌선이 월구로 길게 휘어서 내려가면 월구가 상징하는 창의성, 예술성, 손재주, 정신적 세계 쪽으로 지적 관심영역과 재능이 발달하였음을 나타내는데, 그것 역시 특정 구를 향해 두뇌선이 달려가므로 그러한 특성이 강하다고 보는 것이다.

운명선을 일명, 업보선이라고 부르는데, 인생에 대한 책임감과 의무, 힘들게 일해서 누군가를 돌보고 먹여살려야 한다는 그런 의미를 가진다. 이 운명선이 뻗어나가는 지향점인 중지 아래를 토성구로 부르는데, 토성구는 책임감, 진지함, 염세주의적 성향, 고독함, 연구 등을 상징한다. 운명선이 여기로 깊이 들어오는 것과 토성구가 상징하는 이런 성향이 강해지는 것은 깊은 관련이 있기 때문에 운명선이 지나치게 길 경우 타고난 업보가 강하고 팔자가 쎄다는 표현을 하는 것이다.

이렇게 손금 선의 해석은 구와 깊은 관련을 가지고 있으므로 미처 접해보지 못한 새로운 선이 발견될 경우에 이 선이 어디에서 시작하여 어디로 뻗어가고 있는지를 살피면 그 특성을 쉽게 짐작할 수 있는 것이다. 모름지기 손금 전문가란 바로 이렇게 선 하나를 분석하더라도 여러 선들과 여러 구들의 특성을 함께 가늠하여 종합적 분석을 할 수 있어야 할 것이다.

셋째, 손금 선들은 상호연관성을 가진다.

특정 선이나 문양 하나만 가지고 행운이니 불운이니 구분짓는 것은 아주 위험한 접근법이기도 하지만 무척 유치한 발상이다. 실전에서는 결코 그런 식으로 해서는 제대로 손금분석이 이루어질 수 없다. 물론 어떤 특정 선이나 문양이 가끔 아주 중요한 작용을 하는 경우가 있다. 하지만 그런 경우가 흔한 것은 아니다.

따라서 손금 선은 다른 선들과의 상호연관성을 염두에 두고 분석해야만 한다. 예를 들어, 특정 선 하나만 나쁜 사람은 정말 드문데, 생명선의 상태가 나쁘면 분명 감정선이나 두뇌선이나 운명선 등 다른 선들도 나쁠 가능성이 많아진다. 주요 삼대선의 경우 그런 상호작용의 관계가 더욱 뚜렷해지는 것을 볼 수 있는데, 특정 선의 상태가 나쁘면 나쁠수록 그 파급영향은 더욱 치명적인 경우가 많고 상호연관성을 가지게 된다.

또한 특정 손금 선에 결함이 있을 때라도 그게 중대한 장애요소가 아니라면 다른 손금 선들이 보완을 해주어 무사히 넘어가게 되는 경우도 많다.

따라서 선을 살필 때 그 선의 의미와 더불어 다른 선들은 어떠한 모습을 하고 있는지, 각 선들간의 세력균형은 어떤지를 염두에 두고 살펴볼 필요가 있다.

네째, 선 중에선 기본삼대선이 제일 중요하며, 그 다음이 세로삼대선이다.

기본삼대선 중에선 두뇌선이 제일 중요하며, 세로삼대선 중에서 제일 중요한 선은 운명선이다.

기본삼대선 중에서 두뇌선이 가장 중요한 이유는 사람이 생각하는 동물이기 때문이며, 인생사의 모든 것이 의사결정의 연속이기 때문이다. 다른 손금 선에 문제점이 있더라도 그것을 인식하고 대책을 마련하여 실천하는 것 역시 두뇌선의 몫인 바, 인생의 기회를 잡는 것도 두뇌선의 활약에 달려있는 것이며, 죽음의 사지에서 벗어날 수 있는 것도 두뇌선의 강한 의지에 달린 것이기 때문이다. 따라서 강하고 사려깊은 두뇌선을 가지고 있다면 인생의 성공을 반쯤 달성한 것이나 다름없는 것이다.

흔히들 재물운을 살피려면 재물선(태양선)을 먼저 생각하기 쉽지만, 실제로는 운명선이나 사업선을 재물선의 모습보다 더욱 먼저 살펴봐야한다. 그런데 이 재물운에 있어서도 세로삼대선 보다는 기본삼대선이 중요한 경우가 훨씬 더 많다.

　재물운과 생명선, 두뇌선, 감정선이 무슨 상관이냐고 반문할지 모르겠으나 깊이 생각해보면 오히려 이게 당연한 것이다. 기본삼대선에서 그 사람의 타고난 그릇, 건강과 성격, 그리고 재능과 사고력을 보는데 그게 바탕이 되어야 재물을 획득하여 갈 수 있기 때문이다. 자고로 기본삼대선에 치명적인 결점을 가지고서 돈 잘 버는 사람이란 없는 것이며, 아무리 많이 벌더리도 지킬 수가 없을 것이다.

　기본삼대선에 있어서의 중대한 결함은 종종 다른 모든 선들과 문양, 구가 가진 온갖 장점요소들에도 불구하고 인생길에 치명적인 장해요소로 되는 경우가 많다. 즉, 그 정도로 기본삼대선의 구성은 중요하다는 것이다. 실제 감정에 있어 운명선, 사업선, 재물선의 세로삼대선이 정말 잘 나와있어도 생명선이나 감정선, 또는 두뇌선이 중요한 결함을 가지고 있을 경우 아무런 직업도 못가지고 재물도 변변치 않은 경우를 종종 보게 된다. 이는 기본삼대선이 바로 그릇인 것이고, 세로삼대선은 그 그릇에다 인생길과 직업, 그리고 재물을 담는 것과 같기 때문이다.

다섯째, 장해선과 문양들에 대한 해석은 여러 선들에 공통으로 적용된다.

　장해선의 경우 그 장해선이 지나가면서 끊게 되는 모든 선에 영향을 주게 되는데, 장해선은 대체로 그 목표물이 있는 것이라서 최종목표물이 가장 큰 영향을 받게 되는 것이다.

　예를 들어, 생명선 안쪽에서 근심걱정선이 출발하여 생명선을 끊고 운명선, 두뇌선, 재물선, 사업선을 차례로 끊는 대장해선이 되었다면, 그 지나가는 나이대를 따져 보아 각각의 선에서 그 선의 의미에 해당하는 것의 장해나 방해, 변화, 변동이 생긴다고 보면 된다. 그리고 장해선이 지나간 이후에 특정 선이 갑자기 사라져버리거나 선 모습이 급격히 약화되거나 선의 진행 방향이 많이 달라진다면 해당 장해선의 목표물이 바로 이 선이었으며, 해당 선에 치명적이고 중대한 영향을 미쳤다고 보는 것이다. 이런 장해선에 대한 가장 기본적 해석원리는 다른 부위에 나오는 장해선들에도 모두 적용된다.

손금초보자의 경우 개개의 문양들에 집착하는 경향이 있는데 별 쓸데없는 경우가 대부분이다. 문양 보다는 선 자체의 의미를 제대로 해석하는게 중요한 까닭이다. 그런데 이 문양의 해석에 있어서도 일정한 원칙이 있다. 개개의 문양을 다 외울 필요가 없이 특정 구나 선과의 관계에서 그 문양의 의미를 해석해주면 되는 것이다.

예를 들어, 우물정자문양(#)은 그게 나와있는 구의 특성을 강화시켜주며, 그것이 끊어진 손금 선을 연결하는 모습으로 나와있다면 그 선이 가진 에너지를 이어주는 역할을 한다고 본다. 이런 해석은 우물정자문양이 나온 모든 곳에 공통적으로 적용되는데 십자문양(X), 섬문양, 별문양 등 다른 문양들의 경우에도 마찬가지이다. 따라서 섬문양의 경우 어느 곳에 나타나든지 간에 그 구나 해당 선의 에너지를 떨어뜨리는 역할을 하게 되고, 십자문양, 별문양이 특정 선에 나타난 경우엔 중대장해가 되며, 특정 구에 나타난 경우에도 그 구와 관련하여 대체로 나쁜 의미를 가지게 된다. 다만, 별문양의 경우 태양구나 태양선에서의 해석만 예외로 하는데, 그것도 별문양이 선명하고 완전하게 갖추어진 경우에 한한다.

이렇게 중요한 몇가지 원칙을 잘 이해하고 손금공부를 하여 들어가면 손금분석이 아주 쉬워지고 왜 어떤 선 모습을 보고 이러저러하게 해석하는지에 대해 구태여 암기를 하지 않더라도 쉽게 이해할 수 있는 것이다. 또한 미처 접해보지 못한 손금 유형을 보게 되더라도 바로 이러한 기본적인 원칙에 입각하여 선을 해석하여 간다면 올바른 해석에서 크게 벗어나지 않을 것이다.

손금채취방법

 손금을 공부하기에 앞서 먼저 자신과 가족, 친구들의 손금을 채취해보자. 손금은 육안으로 들여다보는 것과 잉크로 찍어서 보는 것과는 현저한 차이가 있다.

 손금분석에 있어선 굵은 선만 중요한게 아니라 잔선들도 중요한데, 육안으로 들여다볼 때는 잘 안보이던 선이 실제 잉크로 찍어서 보면 잘 나타나는 경우가 많다. 또 육안으로는 굵어 보여도 막상 손금을 찍어서 보면 연하고 선의 깊이가 얕은 경우가 많기 때문이다.

 또한 이렇게 손금을 찍어 두어야 가족들의 전반적인 손금 상태가 좋아지고 있는지 더 나빠지고 있는지도 비교해 볼 수 있고, 손금 분석실력이 늘어감에 따라 예전 손금들을 재조명 해볼 기회도 있을 것이고, 인생길의 중요한 사안들이 생겼을 때 손금에 그런 징후가 있었는지를 체크해 볼 수 있는 등등 손금연구에서나 실용적인 면에서나 도움이 많이 되기 때문이다.

 따라서 필자는 실전에서 항상 피상담자의 손금을 채취하여 분석하고 있는데, 문방구에 가서 스탬프잉크를 사서 연하게 손바닥을 골고루 바른 다음 손바닥 중앙부위의 손금이 특히 세밀하게 잘 나오도록 찍어주면 된다. 손금을 찍는 것은 별로 어렵지는 않은데, 손금을 찍고 난 후 손바닥의 잉크를 씻고 지우는게 조금 귀찮은 면이 있긴 하지만 손금을 탐구하는 재미에 비할 소냐.

 필자는 수년전 부터 미국에서 잉크가 비닐에 연하게 발려 있

는 잉크지를 수입해서 사용하고 있는데, 잉크도 고루고루 적당히 잘 발리고 전용 크리너도 있어서 여러모로 편리하였다. 손금 연구나 상담을 직업적으로 하실 분이라면 아무래도 이런 잉크지나 시중에 나와있는 지문채취기라도 구입해서 써보는게 어떨끼 싶다.

손금을 잘 채취하는 요령

- 손금에 잉크를 연하게 바른다. 너무 진하게 바르면 선들이 잘 보이지 않고 시꺼멓게 되는 경우가 많다.
- 용지는 일반 A4 용지를 쓰면 된다.
- 손에 잉크를 바른 후, 손을 쫙펴서 A4 용지에다 붙인다. 이때 다른 한 손을 이용해서 손등을 힘주어 꾹꾹 눌러준다. 손바닥 중앙의 손금이 잘 나오지 않아 허옇게 되는 경우가 많기 때문이다. 손바닥 중앙으로 중요한 손금 선들이 많이 지나가니 손금이 세밀하게 잘 나오게 해야 할 것이다.
- 손금을 잘 찍은 경우엔 미세한 잔선은 물론이고 손바닥의 결까지도 잘 보이게 된다.
- 손금을 찍은 후엔 손금을 채취한 용지에 이름, 날짜, 나이, 생년월일시, 직업, 성별 등의 신상정보를 메모하여 둔다.
- 손금을 오래도록 보관하려면 바인더나 면장철, 앨범 같은 데에 넣어 두면 변색하지 않고 찾기도 쉬워 좋을 듯하다.

2부

기본 삼대선

Chapter 01

생명선

    기본삼대선은 생명선, 두뇌선, 감정선으로 구성되는데, 세로삼대선이 인생길을 나타낸다면 가로삼대선은 그 인생길을 달려가는 자동차를 나타낸다고 하겠다. 길이 아무리 좋아도 차가 고장나거나 기름이 동나버리면 제 속도를 내지도 못할테니 기본삼대선의 중요성은 아무리 강조해도 지나치지 않을 것이다.

    필자는 기본삼대선 중에서 두뇌선을 가장 중요하게 여기는데, 손금상 다른 어떤 부분의 문제점이라도 바로 이 두뇌선이 의미하는 사고방식과 의식체계에서 필요한 변화를 이끌어낼 수 있을 것이기 때문이다.

생명선은 기본삼대선의 하나로 건강과 수명, 스테미너, 그리고 자신을 둘러싼 생활환경의 변화를 나타내는 선이다. 생명선은 필수적인 선이며 모든 사람들이 반드시 가지고 있어야 하는 선에 해당한다.

생명선이 강하고 굵게 잘 뻗어 있으면 건강한 육체와 건강한 정신을 가지고 있고 스테미너가 좋으며 활기가 넘치고 신체면역력이 강하여 웬만한 질병에는 끄떡도 하지 않는다는 것을 의미한다. 생명선은 특히 건강측면에 있어선 수화기관 계통을 대표하는데, 생명선 상단부는 호흡기, 위장 계통을 나타내며 생명선 하단부로 내려가면 자궁, 신장, 방광, 소장과 같은 중요 신체 장기의 이상유무를 나타내게 된다.

이 생명선은 실제 감정에 있어서 유년법이 아주 정확히 잘 맞아들어가는 편인데, 우리나라 사람들의 경우 유전적 특성과 문화적 특성이 아주 유사함에 기인하는 바가 크다. 따라서 생명선 자체의 변화와 장해선, 영향선, 개운선, 노력선, 여행선 등 생명선과 관련한 변화 또한 유년법이 잘 맞아 들어가는 것을 볼 수 있는데, 숙련된 전문가가 되면 생명선과 관련한 중요한 변화를 6개월 이내의 범위까지 분석을 해낼 수 있게 될 수 있을 것이다.

생명선이 수명을 나타낼까? 서양의 손금책들은 이 문제에 대해 부정적 조사결과를 제시하고 있는데, 생명선이 짧아도 건강하게 오래 사는 인종집단이 발견되기도 한 때문이었다. 그런데, 거의 동질적인 유전자 특성을 갖는 우리나라 사람들에 있어선 짧은 생명선을 가지고도 오래 사는 케이스는 발견하기 어렵다. 즉, 생명선의 길이와 수명은 상당한 연관성이 있다고 봐도 좋다는 말이다.

물론 생명선의 길이만 가지고 판단해서는 안될 것이다. 생명선이 길어도 그 선의 중간중간에 장해선이 나오거나 선 자체의 상태가 좋지 않다면 질병에 대한 면역력이 저하되어 중병에 걸리기 쉽기 때문이다. 정상길이에 비해 짧은 모든 선은 일종의 장해를 받고 있는 상태인바, 생명선이 짧고 어떠한 방식으로라도 선의 보수가 이루어지지 못한 경우 생명을 위협할 정도의 중대한 문제에 직면할 수 있다고 볼 수 있다.

생명선을 볼 때 함께 살펴봐야 하는 것은 생명선을 둘러싼 금성구의 발달상태, 생명선 안쪽에 나오면서 생명선을 따라 흐르는 영향선, 생명선을 끊고 나오는 근심걱정선과 장해선, 그리고 생명선 상에 나오는 향상선, 개운선, 자수성가선, 생명선 안쪽 지선, 여행선 등이다. 특히 생명선에서 올라오는 개운선, 향상선, 자수성가선 같은 선은 마치 생명의 상징인 생명선에서 인생의 꽃을 피우는 것과 같아 그 의미가 각별한 것이다.

생명선의 안쪽은 나의 가정이나 나의 생활환경을 나타내기도 한다. 즉, 생명선 안이 바로 나의 집안을 상징하고 생명선 바깥은 집 밖의 외부세계를 나타내는 것이다.

또한 생명선을 통해 성격적인 특성도 함께 살펴볼 수 있는데 이것은 생명선이 성격형성의 기초가 되는 건강상태에 대한 정보와 나의 생활환경에 대한 정보를 가지고 있기 때문이다.

1.생명선의 유형

생명선은 엄지와 검지 사이의 중간쯤 되는 부위에서 시작하여 손목 아래를 향해 금성구 주위로 뻗어가는 모양이 일반적이다. 이런 표준형 생명선에서 벗어난 형태들은 모두 생명선의 이상증세로 볼 수 있으며 그 원인이나 그 영향의 정도를 분석해봐야 할 것이다.

강한 생명선

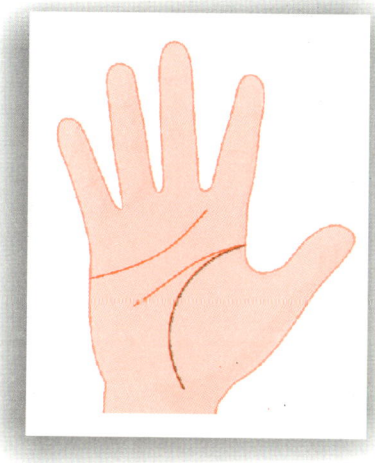

생명선이 굵고 진하며 선 상태가 매끈하며 생명선이 둘러싸고 있는 금성구가 넓은 것을 생명선이 강하다고 한다. 생명선이 강할수록 체질적으로 더 건강하고 정력적이며 인정이 많고 애정표현도 강하다고 볼 수 있다. 강하고 탄력적이며 선명한 생명선을 가진 경우라면 생활하면서 발생하는 모든 문제들에 잘 대처한다고 할 수 있고, 풍부한 스테미너로 운동을 좋아하고 스포츠와 같은 분야에서도 뛰어날 수 있으며, 목청이 좋고 노래를 잘 부르는 사람이 많으며 인체 면역력이 강해서 병에 걸려도 쉽게 회복할 수 있게 된다.

약한 생명선

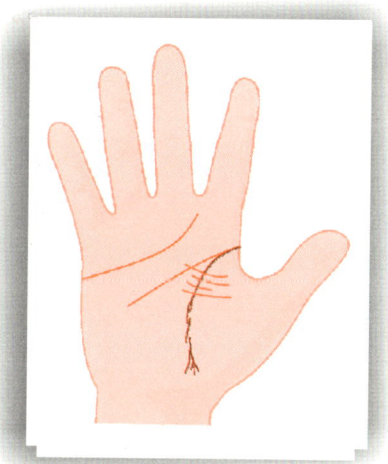

생명선이 가늘고 연하거나 선 상태가 매끈하지 않고 끊어지거나 불완전하며 생명선이 둘러싸고 있는 금성구가 좁은 것을 생명선이 약하다고 한다. 생명선이 약할수록 건강면에서는 불리하며 스테미너가 적고 체질적으로 민감하고 성격적으로 예민하며 낮은 활동력을 보이게 된다. 생명선이 약한 사람들은 성격적으로도 내성적이고 소심하며 이기적인 성향이 자주 드러나며 대체로 육체적 활동을 별로 좋아하지 않는 편이다.

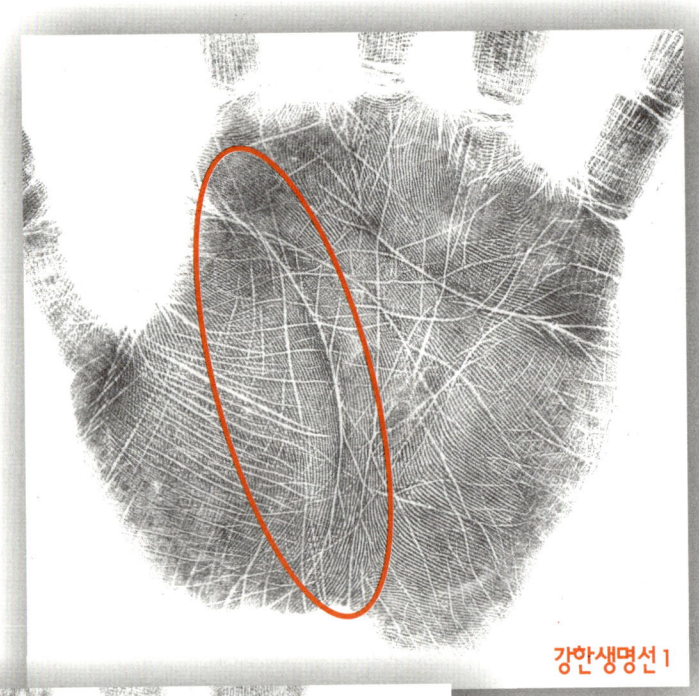

강한생명선 1

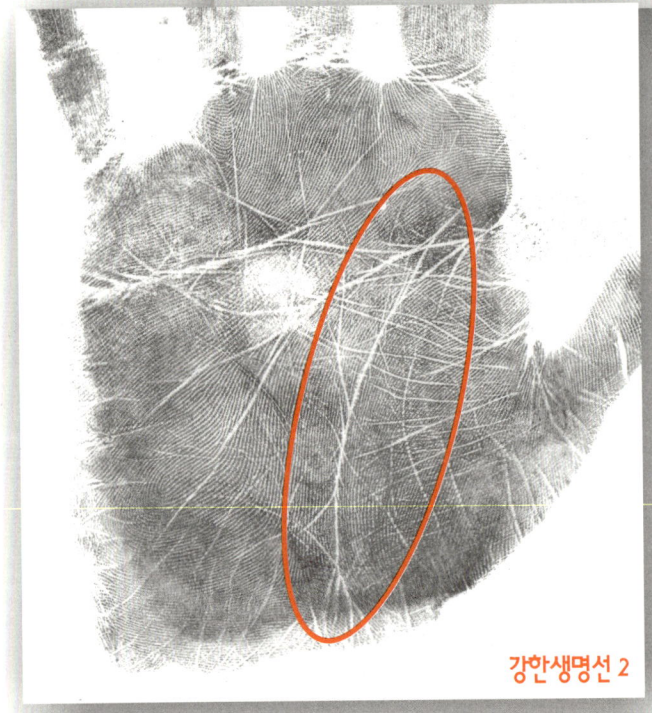

강한생명선 2

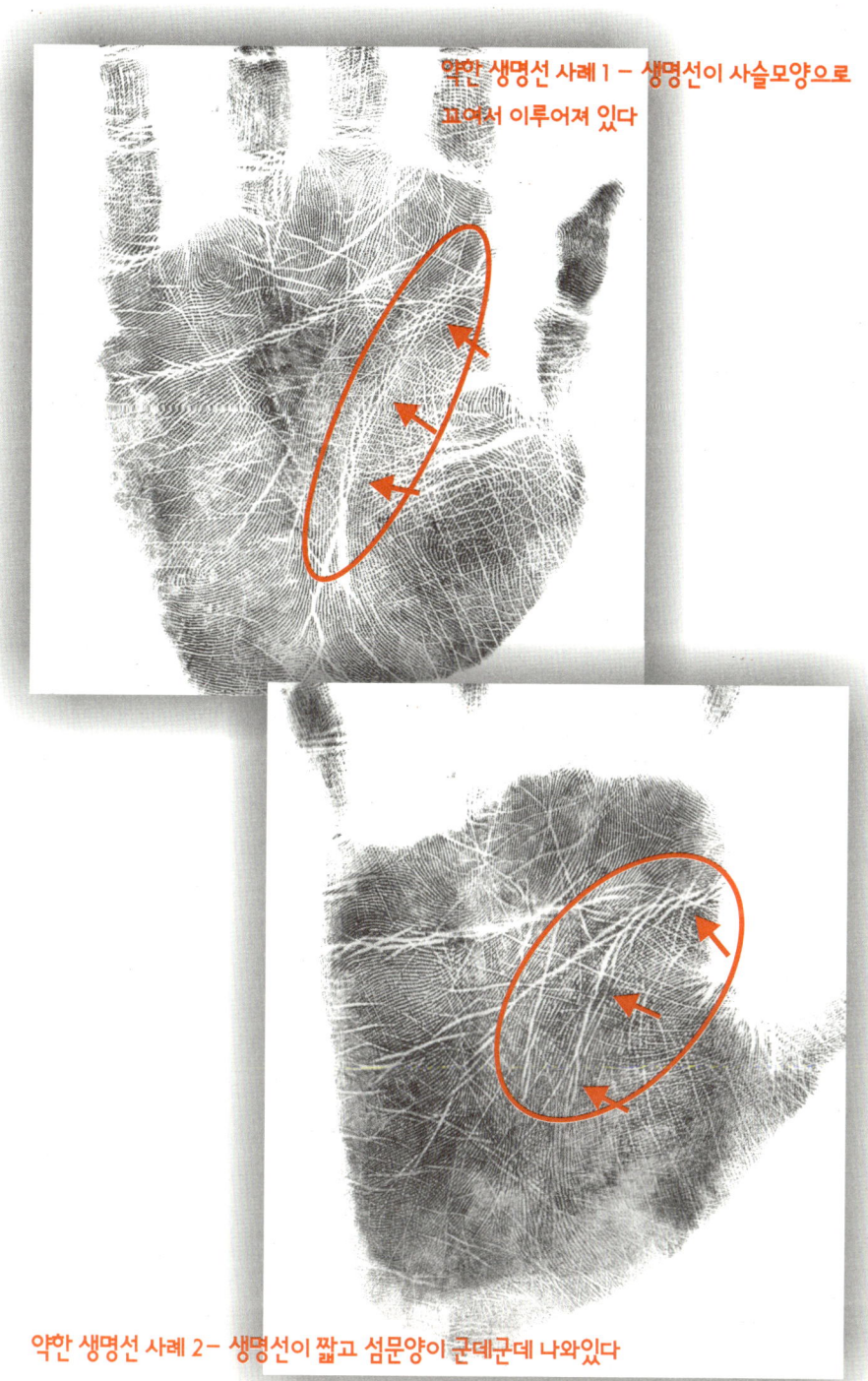

약한 생명선 사례 1 - 생명선이 사슬모양으로 꼬여서 이루어져 있다

약한 생명선 사례 2 - 생명선이 짧고 섬문양이 군데군데 나와있다

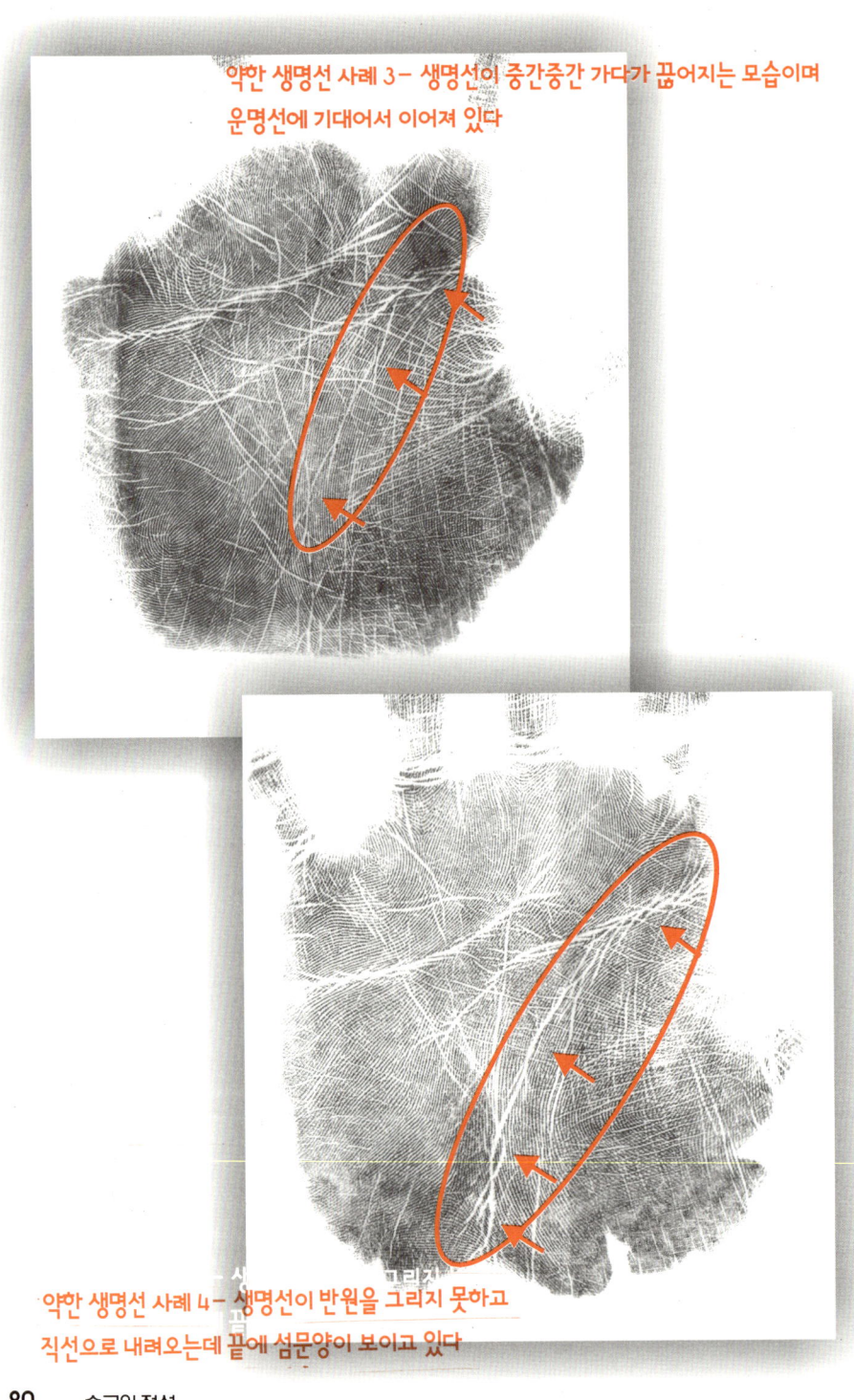

약한 생명선 사례 3 - 생명선이 중간중간 가다가 끊어지는 모습이며 운명선에 기대어서 이어져 있다

약한 생명선 사례 4 - 생명선이 반원을 그리지 못하고 직선으로 내려오는데 끝에 섬문양이 보이고 있다

긴 생명선

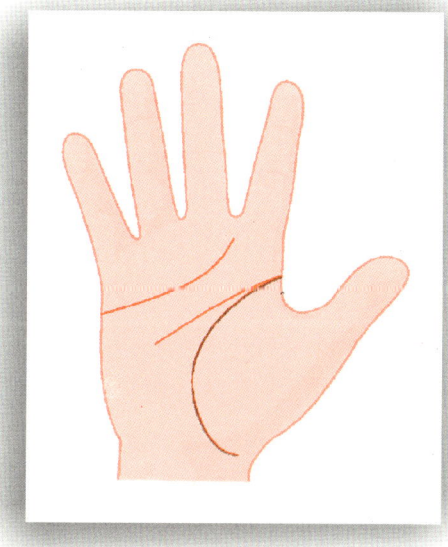

긴 생명선은 육체적 에너지가 풍부한 것을 의미하지만 반드시 장수를 의미하는 것은 아니다. 이 선이 끊김이 없는 경우엔 이런 육체적 에너지가 강하고 오래 지속될 수 있음을 나타낸다.

긴 생명선과 짧은 생명선사이의 차이는 긴 생명선의 손금을 가진 사람이 보다 활동적이고 많은 정열과 피로 회복력을 가지고 있다는 것이다. 굵고 강하면서 긴 생명선의 모습이면 인내심과 끈기, 지구력이 강하여 스트레스를 잘 견디며 건강과 활력을 자랑하며 장수를 누릴 수 있겠지만, 가늘고 약하면서 긴 생명선의 모습이면 체질이 약하고 신체 면역력이 떨어지며 스테미너도 약해서 평생 건강적인 문제를 안고 살아가기 쉽고 성격적으로도 연약하고 내성적이며 소심한 면모가 보이기 쉬울 것이다.

단순히 오래살 수 있냐 아니냐 하는게 중요한 이슈가 아니라 삶의 질 자체가 중요하다고 하겠다.

짧은 생명선

짧은 생명선은 육체적 에너지가 오래 지속되지 못하는 것을 의미하며, 반드시 단명하는 것을 의미하는 것은 아니지만 뭔가 찜찜한 부분이 많은 유형이라고 하겠다.

기본적으로 짧은 생명선은 모두 장해가 있는 생명선이라고

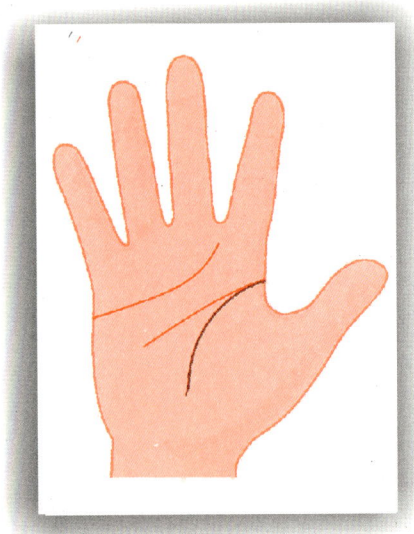

보면 되는데, 일반적인 생명선에 비해 1/2, 또는 1/3의 길이 밖에 안되는 극단적으로 짧은 생명선을 가졌다면 자칫 생명이 위태로울 수 있다. 모름지기 우리나라 사람에게 있어 생명선이 짧고도 오래 살았다는 사례를 찾기 어렵기 때문이다.

생명선이 가늘고 연약하면서 짧으면 거의 대부분 건강문제로 인생의 발목을 잡히는 경우가 많다. 태어날 때부터 건강상 문제가 많았거나 한창 성장기인 유년시절이나 청소년기에 장기간 또는 중대질병을 앓았다든지 하는 사례가 많다.

그런데 생명선이 굵고 진하면서도 짧은 사람이 있다. 이런 사람들은 성격적으로 급한 사람이 많고, 건강상으론 장이 좋지 않은 사람이 많다. 남들 보다 조금 짧으면서 굵은 생명선은 나이를 먹어감에 따라 생명선 자체가 차츰 길어져서 장수를 누리게 되는 경우가 많으니, 아직 나이가 젊다면 단순히 선이 짧다는 것만 가지고 고민할 것은 아닐 것이다.

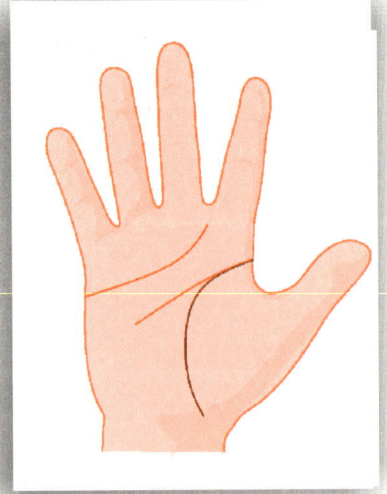

두뇌선과 생명선이 붙어서 출발하는 경우

생명선과 두뇌선이 함께 붙어서 출발하면 신중하고 조심

성이 많은 성향을 나타내며, 두뇌선과 생명선이 넓게 떨어져 있으면 독립적이며 모험적인 성향을 나타낸다. 생명선은 집이나 가정을 나타내는데 자아를 상징하는 두뇌선이 떨어지는 시점이 늦을수록 자립이 늦어지고 의타심이 많아지는 것을 의미한다.

우리나라 사람들의 경우 이렇게 두뇌선과 생명선이 붙어서 출발하는 형태가 지배적이어서 남성의 경우 전체의 98% 정도가 이런 형태이며, 여성의 경우 전체의 90% 정도가 이런 형태에 해당한다.

두뇌선과 생명선이 떨어져 출발하는 경우

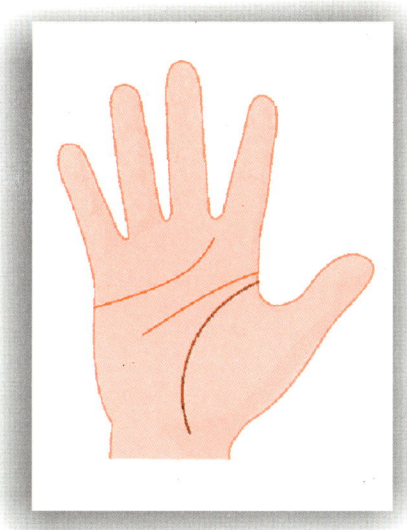

생명선과 두뇌선이 떨어져 출발하면 독립성이 강하고 구속과 속박을 싫어하며 권위와 전통을 부정하고 남달리 고독감을 많이 느끼는 특징이 있다. 남녀 공히 사업이나 장사에 수완이 있는 편이며 영업, 마케팅분야나 해외사업, 시장개척 등의 분야에서 발군의 재능으로 인정받는 사람들이 많다.

가정이나 전통적 관습에 얽매이는 것을 싫어하는 사람이 많아 결혼이 은근히 늦는 경향이 있으며, 여성의 경우 남자에게 속박당하면서 살기를 싫어하여 결혼에 부정적인 생각을 가진 사람이 많은데 나이 차이가 아주 많이 나는 연상이나, 아니면 차라리 연하가 잘 어울리는 사람이 많다.

독립적 두뇌선 사례 - 두뇌선 시작지점과 생명선 시작지점이
떨어진 독립적 두뇌선

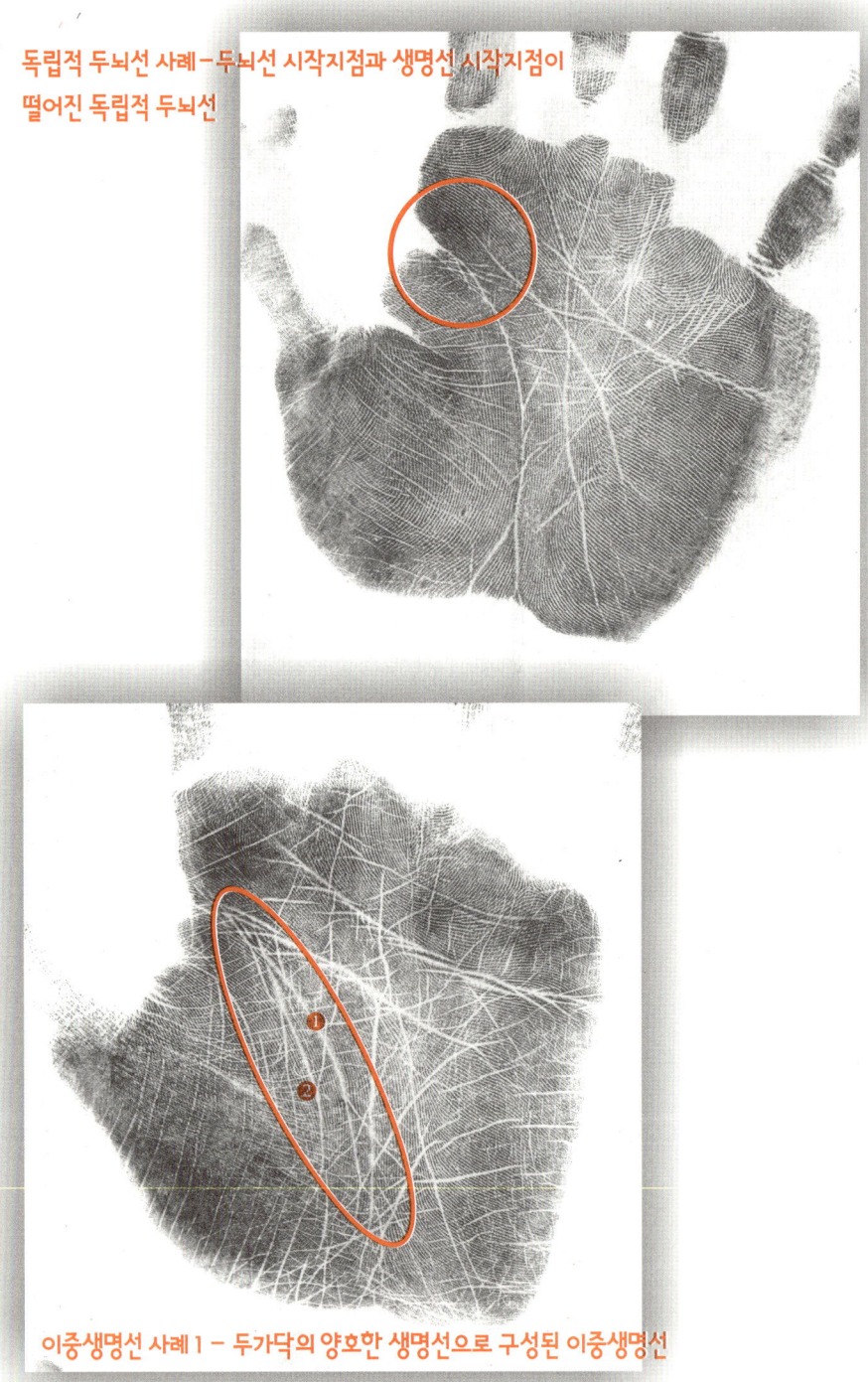

이중생명선 사례1 - 두가닥의 양호한 생명선으로 구성된 이중생명선

두가닥의 양호한 생명선으로 구성된 이중생명선

 이중생명선 구성은 두가지 유형이 있다. 하나는, 두가닥의 생명선이 모두 양호한 굵기와 구성을 가지는 것이고, 다른 하나는 원래의 생명선이 짧거나 그 구성이 허약하여 이를 보수하기 위해서 새로운 선이 나와서 생명선의 흐름을 이어가는 모습을 가지는 것이다.

 양호한 두가닥으로 구성된 이중생명선에 있어선 생명의 에너지가 충실하게 되므로, 이런 사람은 어떤 사고를 당해도 잘 죽지 않으며, 급한 질병에 걸린다고 해도 속건강이 있어서 빨리 회복하게 된다.

 그런데 생명선 보수형태의 이중생명선에 있어선, 생명선이 짧게 나와있다 끊어지고 지선이 새로 생겨 다른 생명선으로 연

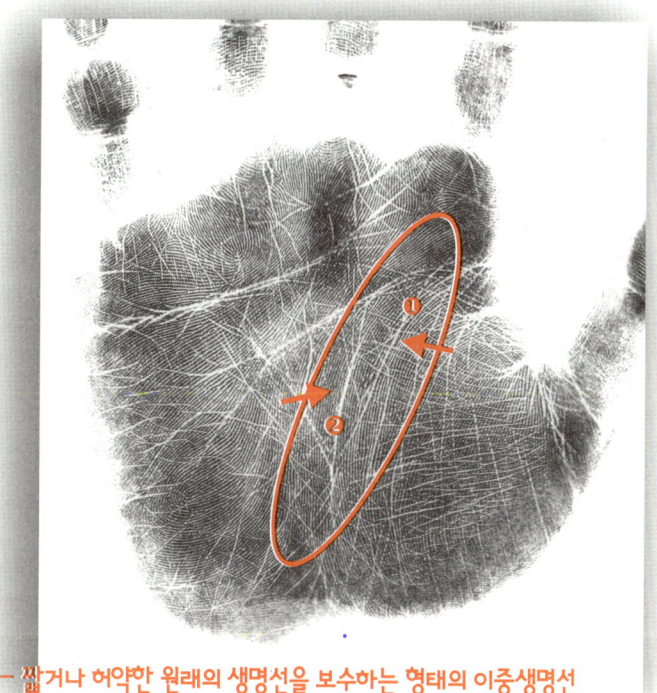

이중생명선 사례 2 - 짧거나 허약한 원래의 생명선을 보수하는 형태의 이중생명선

결된 경우에 해당하는데 생명선이 대체되거나 변화하는 시기에 건강에 중대한 문제가 생기거나 생활환경이 현저하게 변화하는 것을 나타낸다.

짧거나 허약한 생명선을 보수하는 형태의 이중생명선

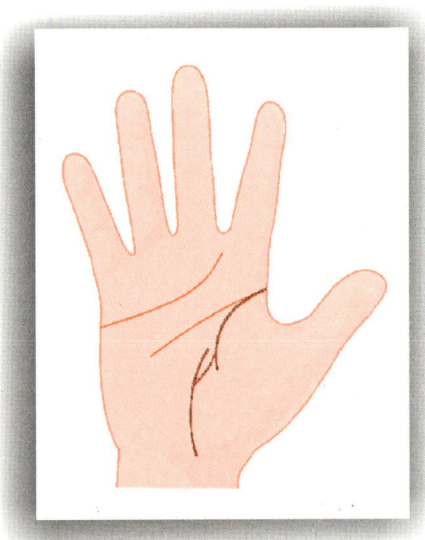

생명선 보수형태의 이중생명선의 상태를 분석하는데 있어 중요한 것은 두개의 생명선을 연결하는 선이 굵고 선명하며 잘 연결이 이루어졌는지 여부와 연결된 이후의 생명선이 굵고 선명하며 잘 흘러가고 있는지 여부를 따져보는데 있다. 연결지점이나 연결된 이후의 생명선 상태가 좋지 않을 경우엔 그 시점 이후 건강이나 생활상 문제가 오래 지속될 가능성이 많음을 의미한다.

이런 이중생명선은 외국에 나가 살거나 문화가 전혀 다른 인종의 사람과 결혼하는 경우에도 나타날 수가 있다. 간혹 부모가 다른 나라로 이주 정착한 사람의 왼쪽 손에 이런 모습의 생명선이 나타나기도 한다.

운명선을 타고가는 생명선

짧은 생명선의 경우 잘 살펴보면 생명선이 끝나기 전에 손바닥 중앙쪽으로 미세한 가지모양의 선이 보이고 이 선은 다른 생명선이나 운명선과 연결되어 있는 경우가 많다. 이럴 경우 새로이 연결된 생명선이나 운명선이 기존 생명선의 역할을 하게 된

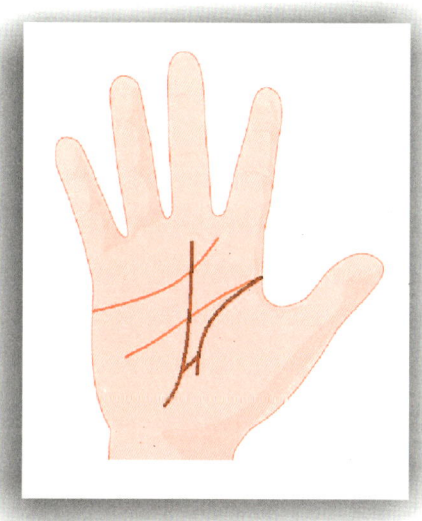

다. 이때 운명선이 생명선을 지키며 이어가는 역할을 하게 되면 운명선의 본래 역할인 직업운과 인생길을 이끌어가는 것을 수행하기는 어려워져 취업이 늦어진다거나 사회진출이 늦어지는 사례가 많이 생기게 된다. 운명선의 역할 보다는 나의 생명줄인 생명선을 지키는게 더욱 중요하기 때문에 생기는 현상인 것이다.

이런 타입도 이중생명선 형태라고 할 수 있는데, 역시 생명선과 운명선을 연결하는 선이 선명하고 굵으며 두개 선 사이를 잘 연결하고 있어야 하며, 연결된 이후의 운명선 자체가 굵고 선명하여야 함이 중요한 문제인 것이다.

그런데 불안정하여 운명선으로 명확히 연결된 모습이 아닐 경우엔 생명선이 사라지는 지점 쯤에 중대질병이나 생명의 위협이 있을 수 있으므로 극히 주의하여야 할 것인데, 이때 양손의 생명선이 모두 비슷한 시기를 나타내면 그 위험도가 더욱 높아지게 된다.

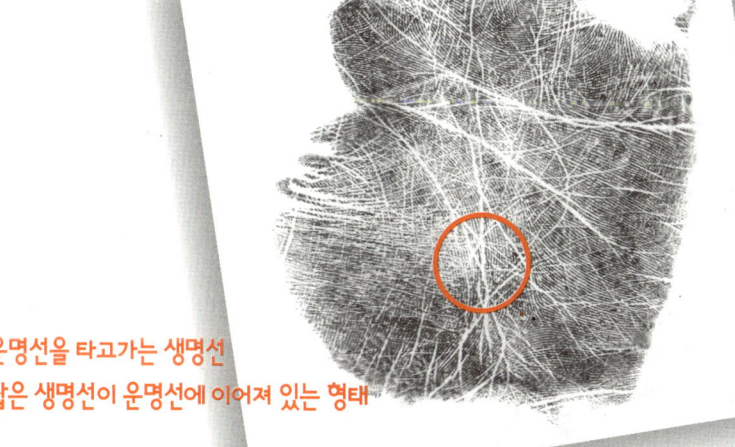

운명선을 타고가는 생명선
짧은 생명선이 운명선에 이어져 있는 형태

2부 | 기본 삼대선

생명선 끝의 모양

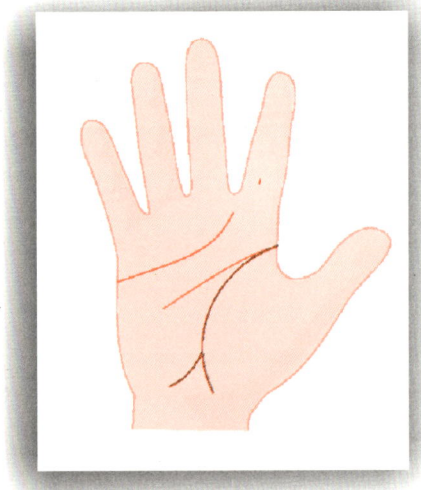

엄지손가락 주변으로 생명선이 길게 돌아간 경우가 일반적이지만, 생명선이 손 가장자리 또는 손바닥 바깥 쪽의 월구를 향해 흐른 듯이 뻗어나간 생명선은 다른 사람들의 생활에 관심이 많고 여행을 좋아하며 먼곳의 삶을 동경하는 것을 나타내는 여행선이다.

생명선이 손바닥 중앙에서 아래로 넓은 반원을 형성할 경우가 있는데, 이것은 생명선과 생명선의 지선인 여행선이 합쳐진 모습으로 볼 수 있다. 생명선이 여행선을 타고 갔으니 자신의 일, 가정 보다는 남의 일에 관심이 많은 것을 나타내며, 태어난 곳이나 자라난 곳을 떠나 먼곳에 가서 살거나, 인생을 떠돌이 처럼 정처없이 살아가거나 멀리 해외에 가서 사는 사람이 많다. 예로부터 이런 손금은 객사 타입이라고 해석하기도 했는데 왜 그런 해석을 붙였는지 쉽게 이해가 가는 부분이기도 하다.

2. 생명선에 나타나는 장해선, 영향선, 문양

생명선의 장해선 (일명, 근심걱정선)

생명선 안쪽은 내 집, 내 가정을 나타내는데 이 생명선 안쪽의 금성구에서 생겨나와 생명선을 끊고 지나가는 장해선은 대체로 나의 생활환경이나 건강상태에 대한 큰 변화나 장해, 근심걱정을 암시하는데, 유년법을 적용하여 그 시기를 상당한 정확성

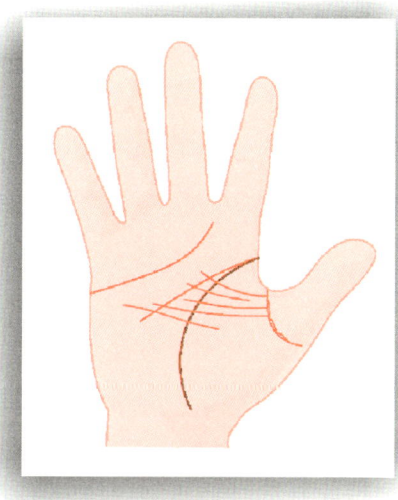

을 가지고 추정해낼 수 있다.

장해선이 굵고 진한 것은 그 장해의 정도가 강한 것인데, 가늘고 미세한 선들이 생명선을 연속으로 자르고 있을 경우엔 연속적인 장해를 만난다는 의미가 아니라 다소 예민하고 잔근심을 많이 하는 기질을 나타낸다. 그리고 엄지 아래의 패밀리링에서 시작하는 장해선은 가족이나 친척에 대한 근심걱정을 나타낸다고 본다. 생명선을 끊는 장해선을 근심격정선이라고 부르는데, 그 이유도 바로 이런 나의 가정이나 생활에 관련된 요소들 때문이다.

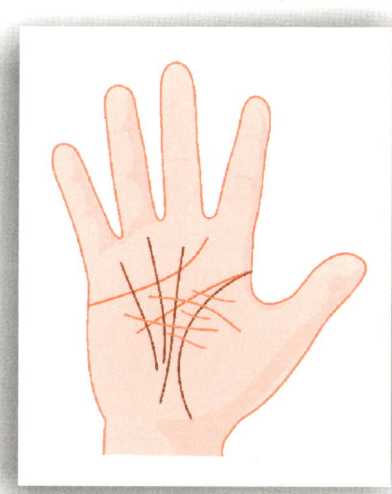

장해선이 생명선을 끊고 길게 뻗어나가면서 운명선, 두뇌선, 재물선, 사업선 등을 차례로 자를 경우 인생의 한획을 긋는 정도의 큰 변화나 장해를 의미하므로 특히 대장해선이라고 부른다. 이런 장해선이나 대장해선이 나올 경우 대체적으로 그것의 나쁜 영향을 주로 받게 되는 목적지가 있는 경우가 많다. 예를 들어, 대장해선이 지나간 후 다른 선들은 괜찮지만 재물선만 끊어진 후에 사라져버렸다든지 선의 모습이 좋지 않아졌다면 해당 대장해선은 재물선을 주 타겟으로 하고서 나온 것으로 보면 될 것이다. 장해선에 대한 이런 방식의 해석은 다른 장해선들에도 공통적으로 적용된다고 보면 될 것이다.

그런데 장해선이 모두 나쁜 것만은 아니다. 흔히 결혼의 시기

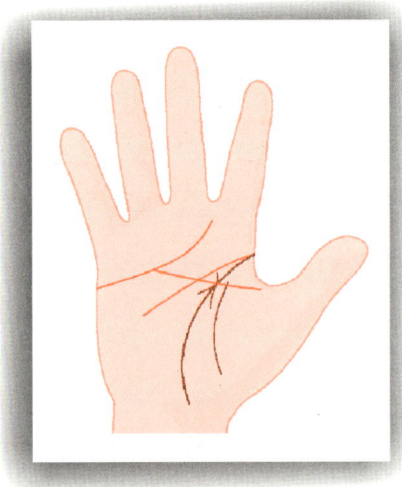

를 판단할 때에도 장해선이 지나가는 시기를 살펴보면 되며, 취업을 한다든지 해외로 주거지를 옮긴다든지 하는 큰 변화도 장해선으로 추정을 할 수 있기 때문이다. 특히 결혼을 암시하는 장해선의 경우, 가족을 나타내는 생명선 안쪽지선이 나오며, 배우자를 나타내는 영향선이 그 옆쪽으로 시작하고 있는 경우가 많고, 이사나 이동을 나타내는 여행선과 내집마련을 나타내는 개운선이 함께 나오는 경우도 있으므로 쉽게 판별이 가능하다. 이렇게 장해선과 생명선 안쪽지선 등을 통해 결혼의 나이를 분석하는 것은 실전에서도 상당히 잘 들어맞는 편이다.

생명선 안쪽지선과 생명선 안의 영향선

새로운 가족이 생기는 것을 의미하는 생명선 안쪽지선

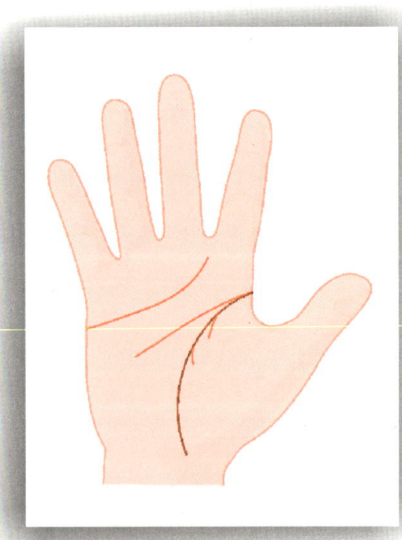

생명선 안쪽으로 짧게 뻗어 내려온 지선을 생명선 안쪽지선이라고 부르는데 이것은 새로운 가족이 생기는 의미가 있다. 배우자나 애인이 생기기도 하고, 아이가 생기는 시기를 나타내기도 한다. 이것은 생명선이 의미하는 생활환경, 가정에 큰 변화를 가져오는 의미가 있는데, 그런 의미에서 새로운 가족이 꼭 사람만을 의미하는게 아니라 애완동물이 갑자기 생겨서 생활에 큰 변화가 오는 것으로 나타나기도 한다. 이런 생명선 안쪽지선이 의미하는 바가 언제 생길지는 생명선의 유년법을 적용해보면 될 것이다.

배우자나 부모, 친구 등을 의미하는 영향선

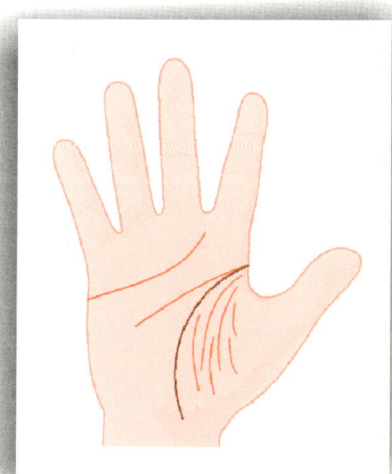

생명선 안쪽을 따라 흘러내려가는 영향선은 나의 인생에 많은 영향을 미치게 되는 부모, 배우자, 친척, 자식, 친구, 선후배 등을 의미한다. 생명선에 가까이 위치해 있을수록 내 인생에 영향력이 더욱 큰 사람으로 볼 수 있는데, 보통 어릴 때는 부모가 자리하게 되며, 결혼 적령기 이후엔 배우자가 자리를 차지하게 된다.

생명선에서 가까이 있던 영향선이 내려가면서 생명선에서 좀더 멀어질 경우엔 그 사람의 영향력이나 그 사람과의 관계가 멀어져가는 것을 의미한다. 그런데 영향선 자체의 발달이 미약하여 생명선 안쪽을 따라 흐르는 영향선이 전혀 없는 사람도 간혹 볼 수 있다. 이런 사람들은 대개 어릴 때의 가정환경이 불우하여 사람의 정을 잘 느끼지 못하고 자란 사람들이 많았는데, 부모에게 버림받고 고아로 자란 사람들에게서 종종 그런 모습을 찾아볼 수 있었다.

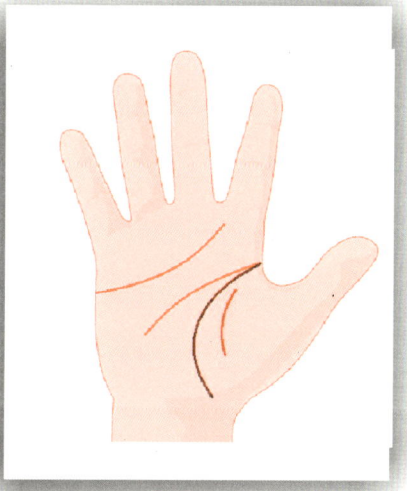

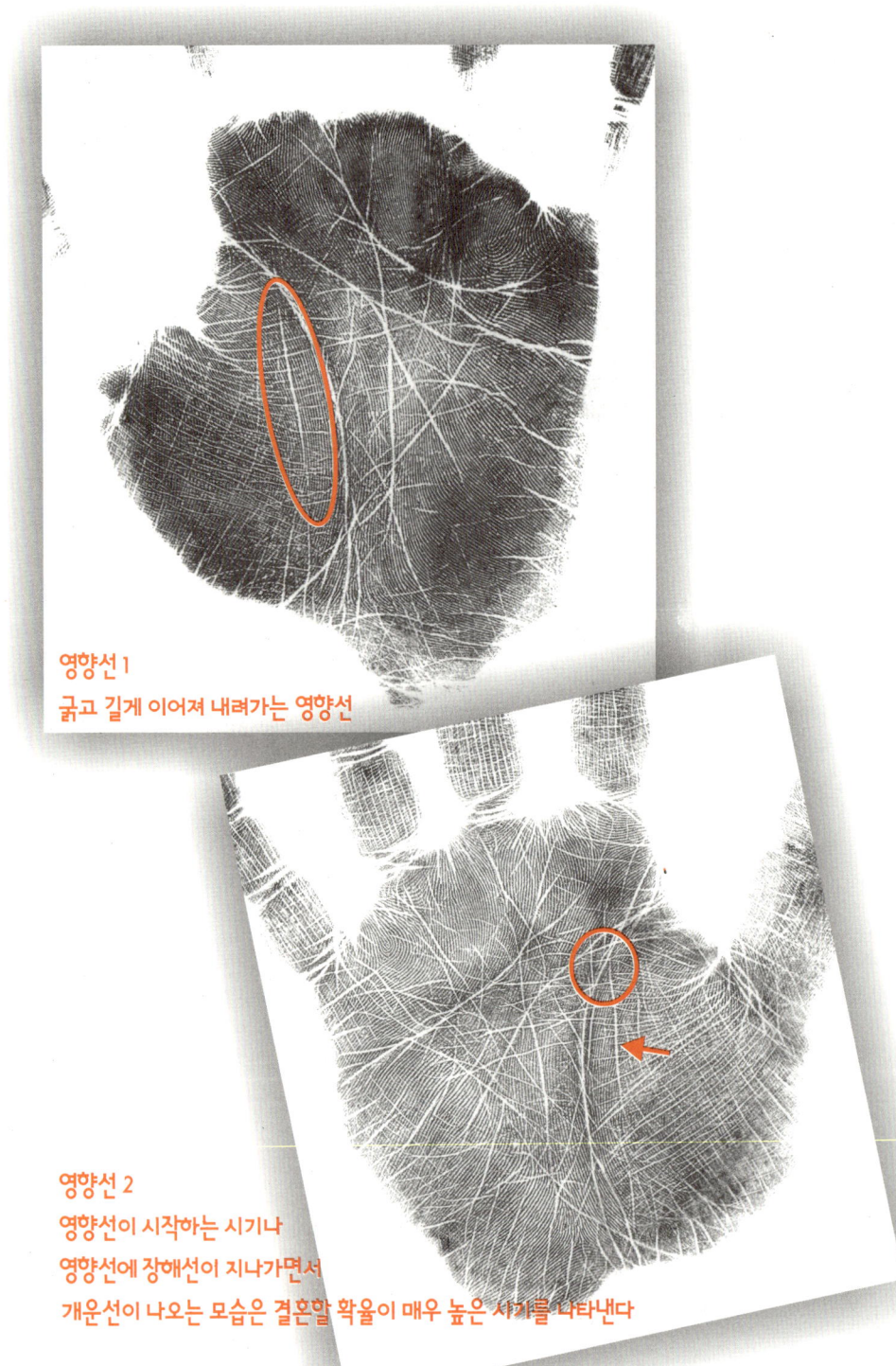

영향선 1
굵고 길게 이어져 내려가는 영향선

영향선 2
영향선이 시작하는 시기나
영향선에 장해선이 지나가면서
개운선이 나오는 모습은 결혼할 확률이 매우 높은 시기를 나타낸다

배우자가 생기는 것을 암시하는 영향선

결혼을 하는 시기를 영향선을 가지고 판단하는게 잘 맞는 편인데, 앞의 그림에서 처럼 장해선이 생명선을 자르면서 생명선에 안쪽지선이 생기고, 영향선이 그 근처에 새로 생겨서 흘러가는 경우, 근심걱정선이 생명선을 자르는 나이에 결혼을 할 가능성이 많다고 볼 수 있다. 함께 살 가족이 생기는 것을 나타내는 안쪽지선과 생활상의 큰 변화를 나타내는 생명선의 장해선(근심걱정선), 배우자를 나타내는 생명선에서 가장 가까운 영향선의 출현 등이 모두 결혼과 관련 있기 때문이다.

부부사이의 관계를 나타내는 영향선

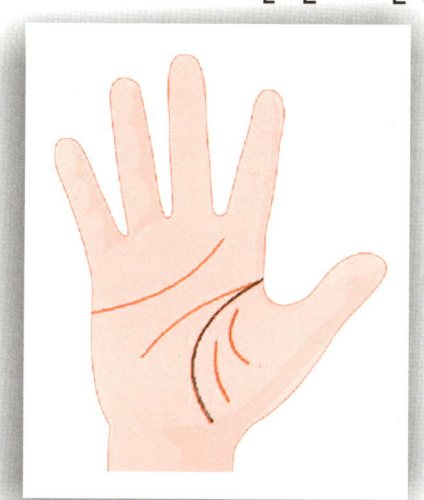

부부사이에 어떤 문제가 생겨 사이가 점차 멀어지거나 이혼을 한다든지 별거를 한다든지 할 경우엔 영향선도 생명선과 점차 멀어지거나 중간에 끊어져 없어지기도 한다. 배우자를 나타내는 영향선 보다 더 가까이 새로운 영향선이 출현할 경우엔 부부사이에 중대한 위기가 도래하거나 이혼을 하게 되는 경우가 많은데, 생명선에 가장 가까운 새로운 영향선은 보통 배우자를 나타내기 때문이다. 그런데 한가지 흥미로운 것은, 결혼 후에 시부모나 시댁식구와 함께 사는 경우에도 배우자를 나타내는 영향선 보다 안쪽에 다른 영향선이 나와 있는 경우가 많다.

이 영향선이 중간에 끊어져서 사라져버리는 경우 그 영향선이 암시하는 사람에게 불상사가 생기기도 하니 주의가 필요하다. 실전감정에 있어선 배우자를 나타내는 영향선이 중간에 끊

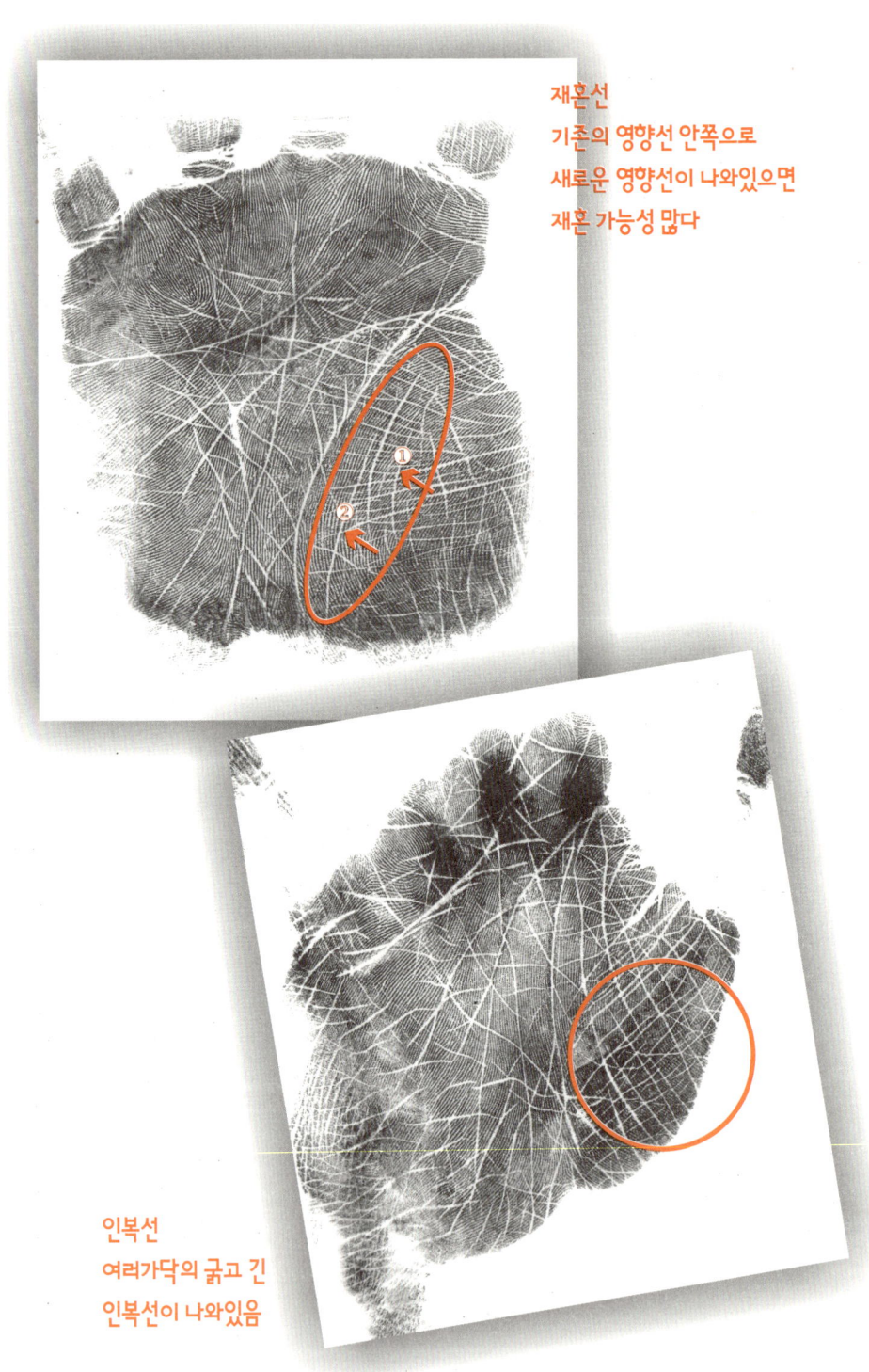

어지고 새로 나온다고 해서 반드시 그게 이혼이라고 보진 않는다. 결혼생활이나 부부간의 문제는 개인적인 교육수준과 가치관, 신념, 종교 등에 많이 영향을 받기 때문에 부부사이가 좋지 않다고 해서 반드시 이혼을 하는 것도 아니며, 새로운 영향선이 나왔다고 해서 반드시 새로운 연인을 만난다거나 바람을 핀다거나 하는 것은 아니기 때문이다.

따라서 손금에 새로운 영향선과 안쪽지선이 나와서 재혼수가 있다고 해서 그것을 숙명적이라고 받아들이고 실제로 이혼까지 한다면 그런 행동은 결코 정당화될 수 없다. 손금은 숙명이 아니고 스스로의 후천적 노력여하에 따라 손금이 좋게 바뀔 수도 있기 때문이다.

실전에 있어선 이혼수나 바람기와 같은 애정운의 민감한 문제는 영향선 하나만 가지고 판단하지는 않는데 결혼선이라든지 운명선이나 감정선 등을 함께 보도록 해야 할 것이다.

결혼생활에 문제가 생기면 영향선 보다는 오히려 결혼선의 상태가 좀더 빨리 나빠지게 되며, 감정적 문제에 있어선 감정선 하향지선과 같은 것들이 더욱 빨리 자라날 수 있다.

인복을 나타내는 영향선

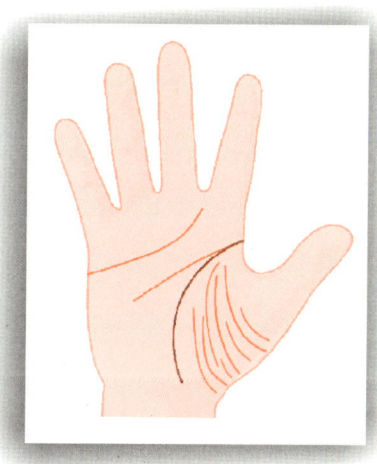

생명선 안쪽을 따라 흐르는 영향선이 진하고 굵으면 인복이 있다고 본다. 영향선의 굵기가 중요한데 가늘고 연한 영향선의 경우 내 인생에 큰 도움이 되기는 힘들지만 굵고 진한 영향선의 경우 내게 실질적으로 도움이 되는 사람이 있을 경우가 많다. 따라서 이런 굵고 진한 영향선들이 많으며 그게 금성구 하단부, 즉 손목쪽에 가까운 부위까지 잘 내려가 있을 때 인복이 많다고 본다. 금성구 하단부에만 굵은 영향선들이 여러가닥 나타난 경우에도 인복이 많다고 보며 특히 이것을 '인복선'이라고 부른다.

생명선의 상향지선과 하향지선

생명선에서 나와서 손가락 방향으로 올라가는 상향지선은 향상선(일명 노력선), 개운선, 자수성가선이 있으며, 하향지선으로는 생명선의 약화를 가져오는 하향지선과 이사선, 여행선 등이 있다. 이들 중 자수성가선은 개운선이 길어진 모습이기도 한데, 손금학에선 운명선으로 분류되므로 운명선 편에서 다루기로 한다. 다른 구를 향해 생명선에서 뻗어 올라간 지선은 대체로 좋은 의미를 가지는데, 이런 선들은 인생에 있어 생활상태나 여건을 향상시키기 위해 노력하는 의미가 있다.

향상선(일명 노력선)

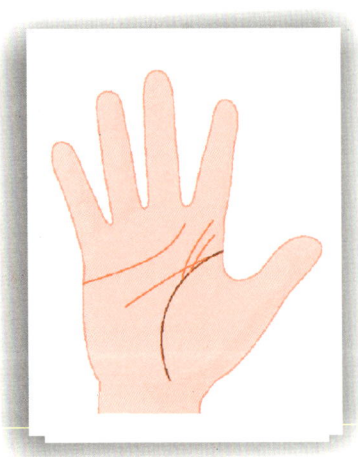

생명선에서 나와 검지아래의 목성구를 향해 뻗어 올라간 지선을 향상선 또는 노력선이라고 부른다. 목성구가 의미하는 권력욕, 명예욕, 성공욕구 등을 나타내므로 향상선이라고 부르는데, 자기 인생의 성공을 위해 불철주야 힘써 노력함을 나타낸다. 대개 10대에서 20대 초중반에 걸쳐 향상선이 생겨서 위로 올라가기 때문에 학업적 성과와 관련이 깊으며, 그런 의미에서 시험운이나 학위 취득과 같은 것을 의미하게 된다. 성적이 우수한 학생들은 대개 이런 향상선이 나와있는 바, 향상선이 하나도 없는 사람들의 경우 생각만 많지 정작 인생의 진지한 노력은 별로 기울이지 않거나 그런 노력이 상당히 미흡하거나, 아무리 노력해도 별 소득이 없는 경우가 많다.

개운선

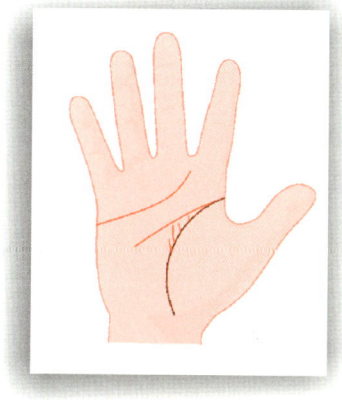

생명선에서 나와 중지아래의 토성구를 향해 뻗어 올라가는 짧은 지선을 개운선이라고 부른다. 개운선은 대개 1cm 미만이 많은데 굵고 진하며 장해선을 만나지 않는 경우엔 해당 나이내에 집이나 땅 등의 부동산 서래도 재산이 늘어나거나, 문서운, 직업적 행운, 승진, 연봉인상, 결혼 등의 좋은 기회를 만나는 것을 나타낸다. 살던 집을 비싸게 팔고 싼 집을 사서 이사를 갔는데 이사간 집이 또다시 집값이 올라 재산이 늘었다든지 하는 경우가 바로 이 개운선의 시기라고 할 수 있다.

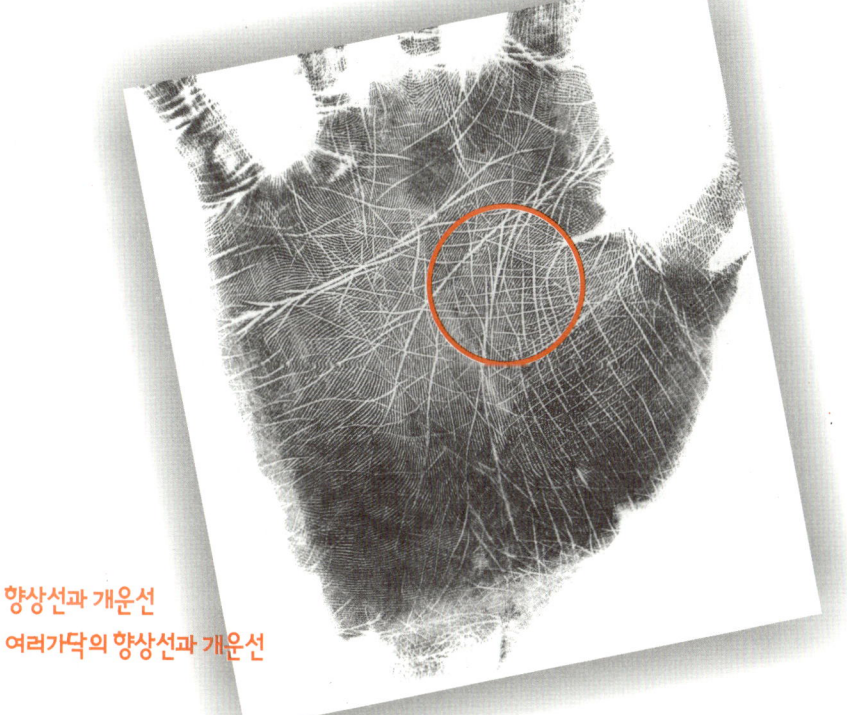

향상선과 개운선
여러가닥의 향상선과 개운선

실전에서도 이 개운선의 시기를 유년법을 통해 정확히 측정하여 적용해 보았을 때, 실제로 그 시기에 자기집을 장만하거나 집값이 많이 올라 재산이 불어나는 기쁨을 얻게 된 경우가 많았다. 그런데 이 개운선이 나와있다고 그때쯤이면 자연히 재산이 늘 것이라고 생각하는 것은 큰 오산인데, 이 개운선은 행운이 깃드는 시기를 나타내어 주는 것일 뿐으로 실제로 그런 행운을 잡을 수 있느냐 마느냐는 개인적 노력과 실질적인 행동에 상당 부분 달려있기 때문이다. 재밌는 것은 행운을 잡지 못한 사람의 경우에도 개운선의 시기에 정말 재산이 늘 뻔한 기회가 오기는 왔었다고 실토하는 사람이 많았다는 것이다.

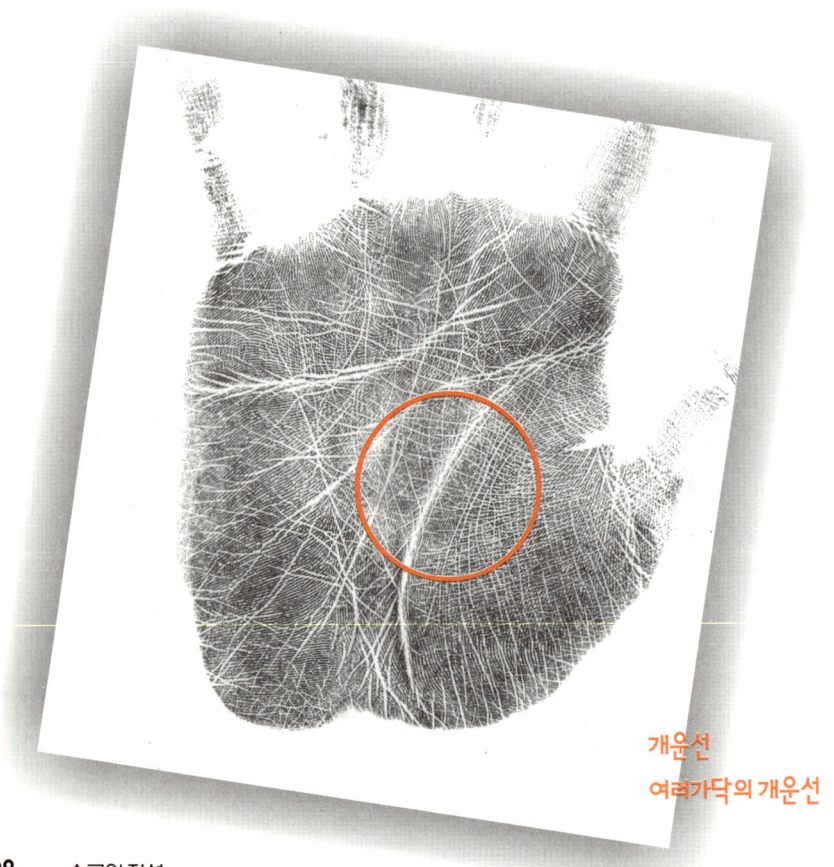

개운선
여러가닥의 개운선

누구나 인생에 한두번 쯤의 재산형성의 기회는 오기 마련인 바, 개운선이 한가닥도 없는 사람은 드물며, 여러가닥의 개운선이 있다고 해도 미리 그런 행운의 시기를 겨냥하여 준비하지 않는 경우 한번도 행운을 잡지 못하는 사람도 심심찮게 볼 수 있으며, 단 한번 찾아온 개운선을 잘 살려 큰 재산을 형성한 사람도 볼 수 있었는바, 행운이란 미리 준비하며 때를 기다리는 자의 몫이기 때문일 것이다. 굵은 개운선이 길게 올라오는 경우는 유산상속이나 거액의 재산, 큰 행운이 찾아오는 것을 나타내기도 한다.

약지나 소지를 향해 뻗은 상향지선

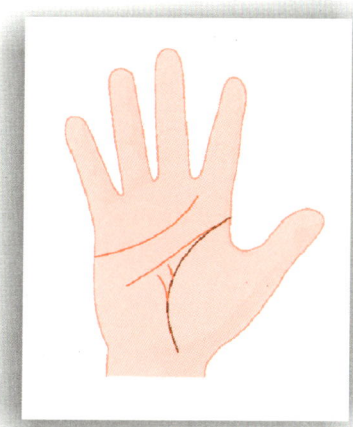

약지 아래의 태양구를 향한 상향지선은 개인적 행복감이나 재물적 이득을 나타내며, 소지 아래의 수성구를 향해 뻗은 상향지선은 사업에서의 성공을 나타낸다. 그런데 이런 상향지선이 생명선 안쪽에서 시작하여 나오는 모습일 경우엔 유산이나 사업체를 물려받거나, 집안의 물질적 지원을 받는 것과 같은 의미를 가지게 된다. 실전에서는 이런 상향지선을 언뜻 분별해내기가 쉽지 않으며, 건강이 나빠질 때 나오는 생명선의 장해선과 흐르는 방향이 유사하여 혼동하기 쉬우니 주의해서 살펴봐야 한다.

여행이나 이사를 나타내는 하향지선

생명선에서 월구쪽을 향해 나온 하향지선은 이사, 여행, 생활상의 변화를 암시하는데, 선의 길이가 길수록 그 이동거리나 변화의 영향

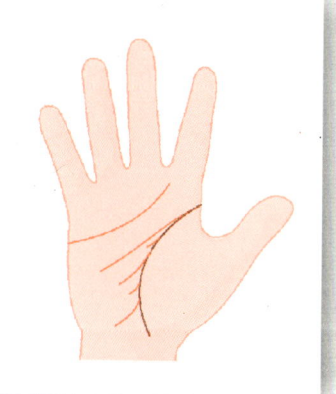

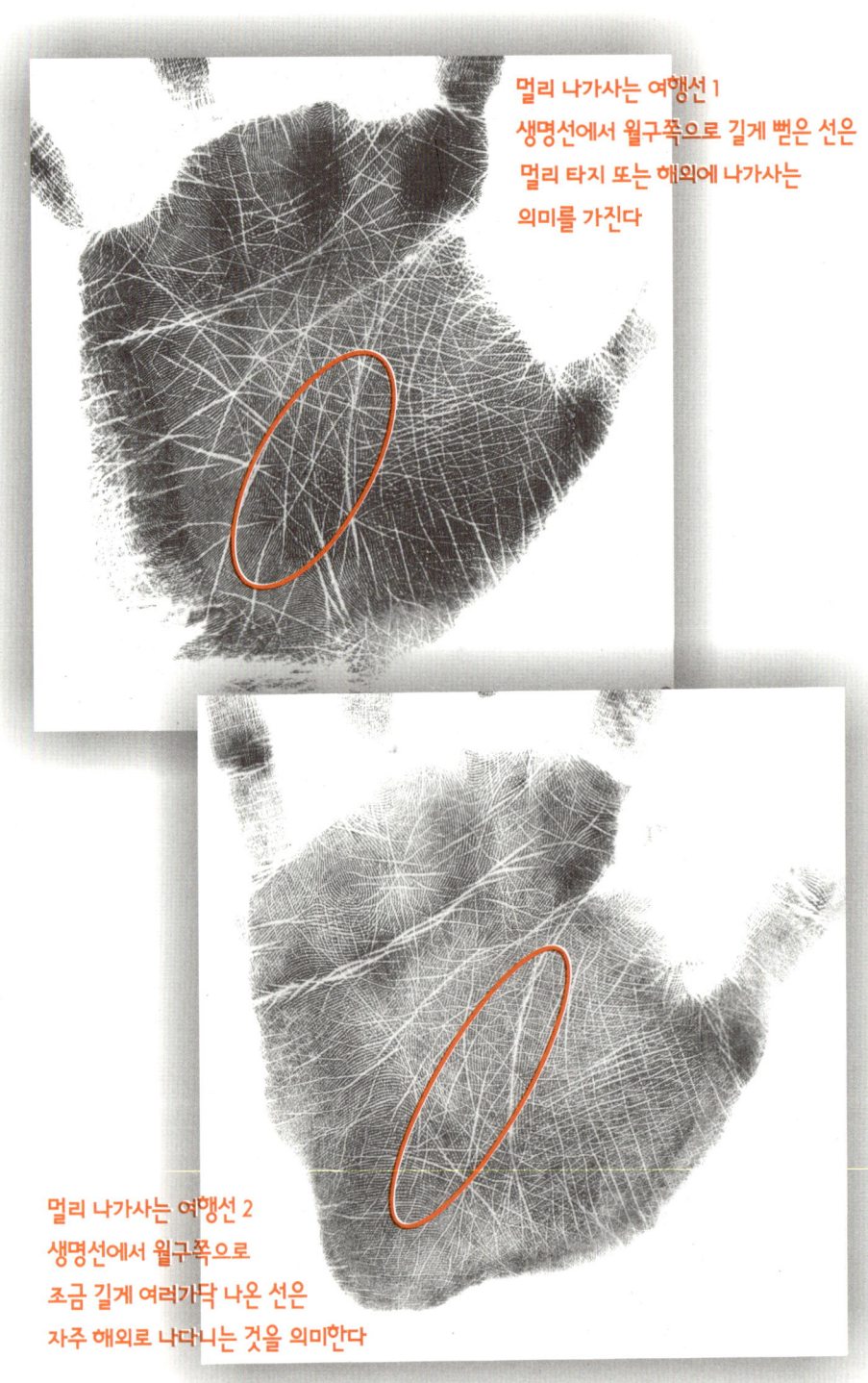

이 크다고 보면 된다. 짧은 하향지선은 이사나 근무지 이동을 나타내며, 긴 하향지선은 해외유학을 간다든지, 해외에 거주하게 되거나 살던 곳에서 멀리 이사를 간다든지 하는 경우를 암시하게 되는데, 생명선의 유년법을 적용하여 보면 구체적인 나이까지도 추정할 수 있어 실전에서도 잘 활용되고 있다. 특히 생명선 중간부위쯤에서 월구를 향하여 길게 하향지선이 나온 경우 해외에서 살다가 온다든지, 또는 멀리 타향에 나가 살게 되는 것을 의미한다.

생명선의 약화를 가져오는 하향지선

생명선의 하향지선은 생명선의 에너지를 나누는 역할을 하게 되는데, 특히 생명선의 하단부 근처에 이르러서 나오는 하향

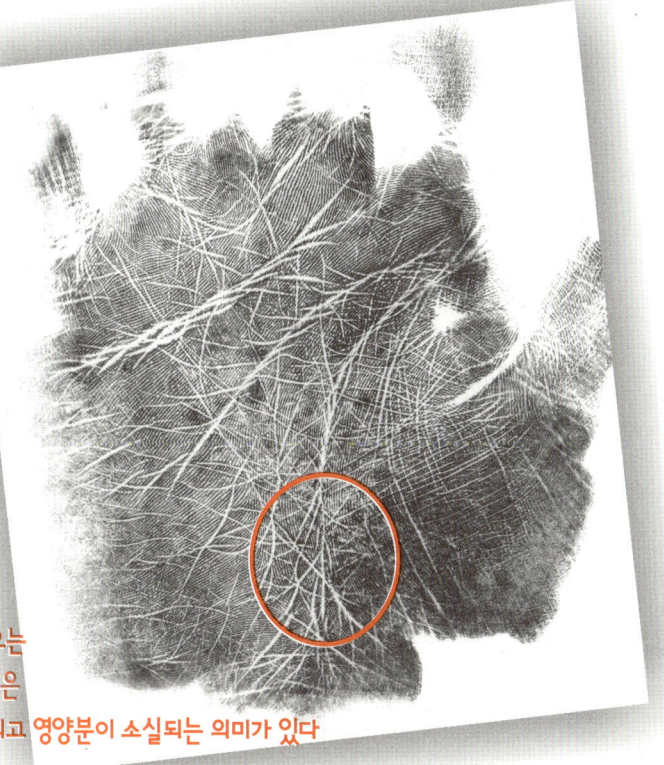

생명선 하향지선
생명선 하단부에 나오는
여러가닥의 하향지선은
체력이 급속히 저하되고 영양분이 소실되는 의미가 있다

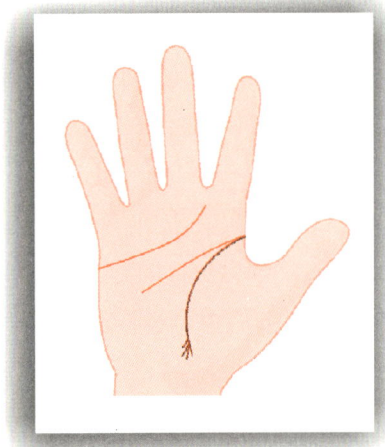
지선들은 건강이 약화되는 것을 나타낸다. 이런 하향지선이 시작되는 나이부터는 기력이 갑자기 쇠약하여지고 신체면역기능이 약화되며 호르몬 분비 이상을 가져오기 쉬운데, 특히 여성의 경우 갱년기인 50대에 접어들어 그러한 하향지선이 여러가닥 나오게 되면 갱년기증상을 남들보다 심하게 겪게 되는 수가 많아 주의가 필요하다고 하겠다. 특히 비슷한 시기에 생명선 안쪽에서 생명선을 끊고 나오는 선(일명, 죽음의 선)이 생기게 되면 건강문제로 병원신세를 지게 되는 경우도 많으니 주의할 일이다.

이런 하향지선은 위에서 말한 여행선과는 전혀 다른 의미를 가지므로 헷갈리지 않아야 할 것이다.

생명선 상의 문양

생명선은 건강이나 생활과 직결된 선이므로 생명선을 끊거나, 지저분하게 만들거나, 약화시키는 선은 모두 좋지 않은 영향을 주는 것이 대부분이다. 생명선 상의 문양들도 대체로 좋지 못한 의미들을 가지게 되는데 섬문양, 별문양, 십자문양 등이 대표적이며, 우물정자문양도 생명선의 흐트러짐을 수반하게 되니 주의하여 살펴야 한다.

생명선의 섬문양

섬문양은 해당 선이 가진 에너지를 반으로 나누는 역할을 한다. 섬문양은 손금상 어떤 선에 생기더라도 좋지 못한 의미를 가지게 되는데, 특히 생명선에 생길 경우 해당 섬문양이 지속하는 기간 동안 건강이나 생활환경에 문제가 생기는 것으로 본다.

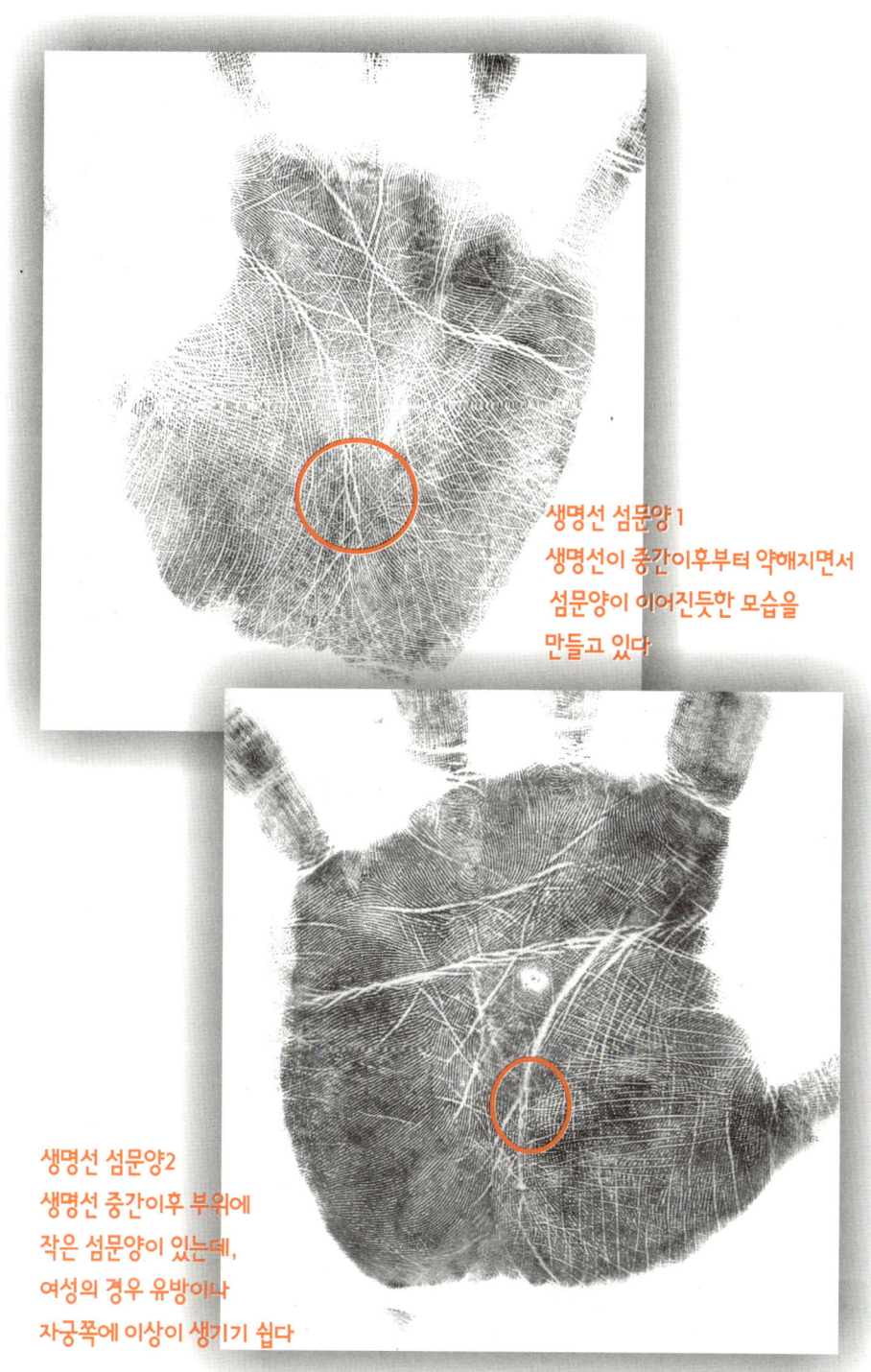

생명선 섬문양1
생명선이 중간이후부터 약해지면서 섬문양이 이어진듯한 모습을 만들고 있다

생명선 섬문양2
생명선 중간이후 부위에 작은 섬문양이 있는데, 여성의 경우 유방이나 자궁쪽에 이상이 생기기 쉽다

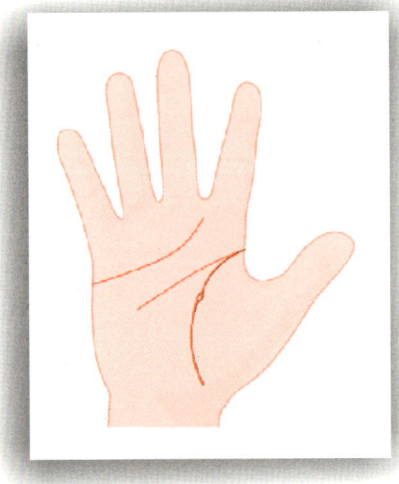

이 섬문양의 시기에는 심신의 상태와 생활환경이 불안정하기 쉽고 삶의 의욕이 떨어지며 신체활력도 저하되고 면역력이 감소하여 질병이나 환경변화에 대한 저항력이 크게 떨어지게 된다. 그런데 생명선에 섬문양이 있다면 그 섬문양이 시작하여 지속되는 기간 뿐 아니라 지금 현재의 건강상태도 좋지못한 경우가 많으니 주의해야 할 것이다. 즉, 심신이 건강한 사람에겐 생명선의 섬문양은 나타나지 않아야 하는 것이다. 일단 섬문양이 있는 경우 생활습관을 개선하고 적절한 운동, 충분한 휴식과 수면, 그리고 식생활에 신경을 써야 하며, 주기적인 건강진단을 통해 질병을 미연에 방지하도록 해야 할 것이다.

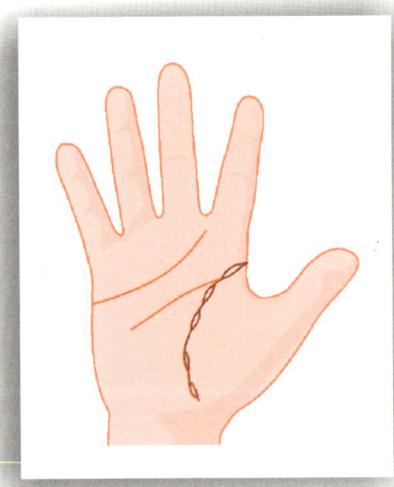

섬문양의 위치에 따른 조심할 질병종류

생명선의 섬문양이 어느 위치에 나오느냐에 따라 조심해야할 질병의 종류와 조심할 시기가 달라지게 된다. 일반적으로 생명선의 섬문양이 생명선 시작부위에 있으면 호흡기계통이나 소화기계통이 좋지 않은 것을 나타내며 유년기의 영양부족이나 허약체질을 나타낸다.

생명선 섬문양이 두뇌선과 생명선이 갈라지는 지점 근처에 나오게 되면 청년기의 건강문제를 나타내며, 위장이나 십이지장계통에 질병이 생기기 쉽고, 허리통증과 같은 류머티스성 질환을 앓는 수도 있다. 생명선 섬문양이 생명선의 중간쯤을 지난 부위에 나오게 되면 신장이나 방광, 부인과계통 등에 문제가 생기기 쉬우며 나이로 보아선 40대 이후에 건강문제가 생기기 쉬운 것을 나타낸다.

생명선 섬문양이 생명선의 하단부에 생기게 되면 과비만이나 신장질환을 나타내기도 하며 혹이나 종양 같은 게 생기기 쉬운 체질을 말하는데 간혹 암과 같은 악성종양으로 발전하기도 하므로 매우 주의해야 한다.

생명선의 별문양과 십자문양

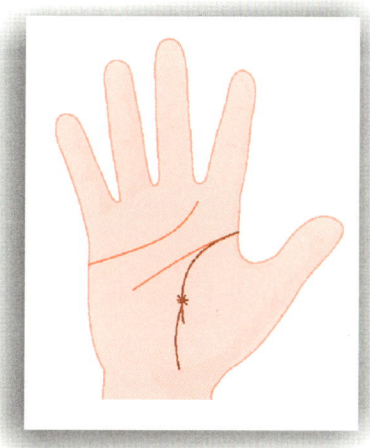

생명선 상에 십자문양이나 별문양은 건강상의 문제나 갑작스런 사고를 나타낸다. 십자문양은 두개의 장해선이 겹쳐서 지나간 모양이며, 별문양은 여러 개의 짧은 선들이 하나의 지점에서 서로 교차하여 형성되는 것을 말한다. 보통 별문양은 여러 가지 에너지가 농축되어 나타난 것으로, 태양구 이외의 별문양은 좋지 못한 의미를 가지므로 주의해야 한다.

특히 생명선에 생기는 별문양은 육체적 충격이나 생활상의 큰 타격을 입을 가능성과 갑작스런 사고가 생길 것을 나타내는 수도 있으므로 해당 별문양이 생긴 나이대 근처에는 매우 조심하여야 할 것이다.

십자문양은 별문양 보다는 영향력이 적은 편이지만 십자문양이 굵은 선들로 형성되어 있다면 장해나 영향의 정도가 강할 것이므로 이 또한 매우 조심해야 할 것이다.

생명선의 끊김

모든 끊어진 선들은 선 자체를 보수하려는 노력이 뒤따르는 게 일반적인데, 우물정자문양 같은 것이 생겨 끊어진 선들을 이

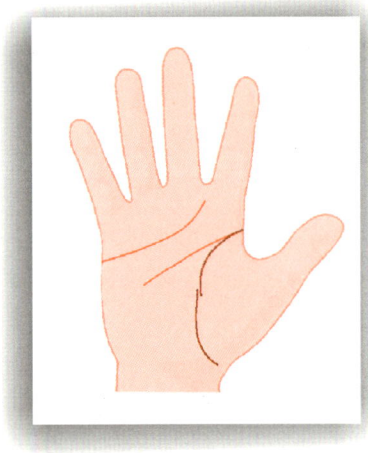

어주거나 연결지선이 하나 내려와 양쪽 선을 이어주는 식으로 끊어지기 전의 선이 가지고 있던 에너지를 전달해 주게 된다.

생명선이 끊어지는 것은 사고로 인해 골절상을 입거나 병원에 입원할 정도의 큰 건강문제가 생기거나 생활환경이 크게 변화하는 것을 나타내는데, 끊어진 모양에 따라 그 영향 정도를 가늠해 볼 수 있다.

분명하게 끊긴 경우엔 에너지의 흐름이 일시적으로 중단되는 것과 같은 사고가 발생할 수도 있지만, 끊긴 선이 여러 개 겹쳐서 나타날 경우엔 개인이 의식적으로 환경을 크게 바꾸려고 하는 것을 나타내기도 한다. 그리고 생명선을 직각으로 막아서

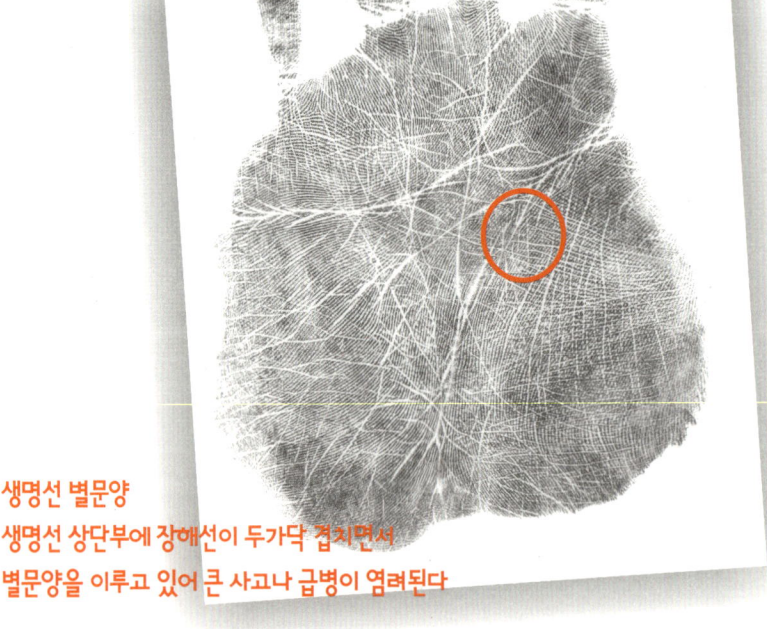

생명선 별문양
생명선 상단부에 장해선이 두가닥 겹치면서
별문양을 이루고 있어 큰 사고나 급병이 염려된다

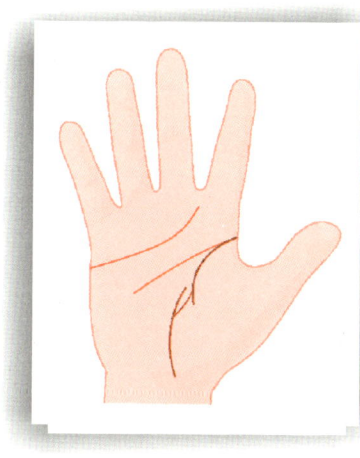

는 형태의 굵은 장해선은 중대질병의 발발 시기를 나타내는데, 심각한 건강문제가 생길 수 있으므로 주의하여야 한다.

생명선 보수작업

기존의 생명선이 끊어져서 운명선을 타고 가는 형태가 된다든지, 운명선이 변하여 생명선 역할을 하게 된다든지 하는 것은 모두 생명선에 대한 보수작업의 결과라고 생각할 수 있다.

그런데 이런 보수작업의 부작용이 있을 수 있는데, 운명선은 본래 직업적 활동을 나타내는 선인데 생명선을 지키는 역할을 하다보니 직업운이 늦게 풀리게 되는 경우가 생길 수 있어 사회적 성공에의 길이 늦어져 고생하는 경우가 많다.

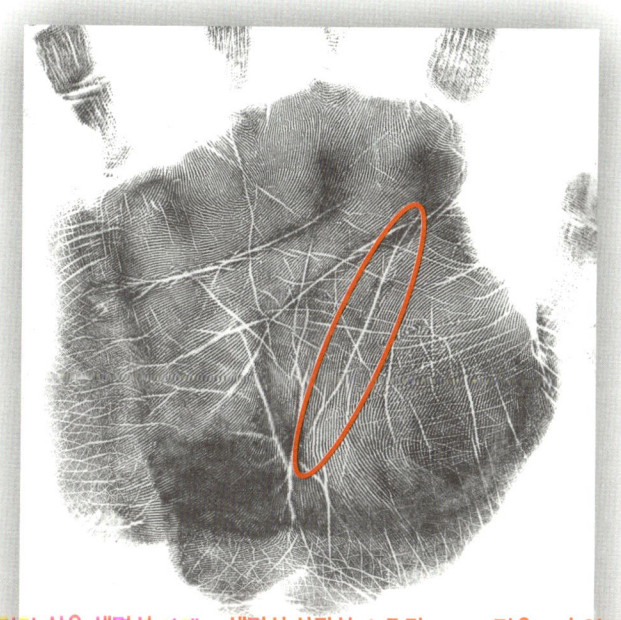

문제생명선 1
건강문제가 생기기 쉬운 생명선 사례 -생명선 상단부가 주걱으로 파먹은 모습인데 위장이나 소화기계통에 이상이 생기기 쉽다

문제생명선 2
건강문제가 생기기 쉬운 생명선 사례 – 8살 여자아이의 손금인데, 생명선이 짧고 장해선이 많아서 부모가 적극적으로 체질개선과 올바른 식습관 및 건강관리에 노력해주어야만 제대로 수명을 누릴 수 있을 것이다

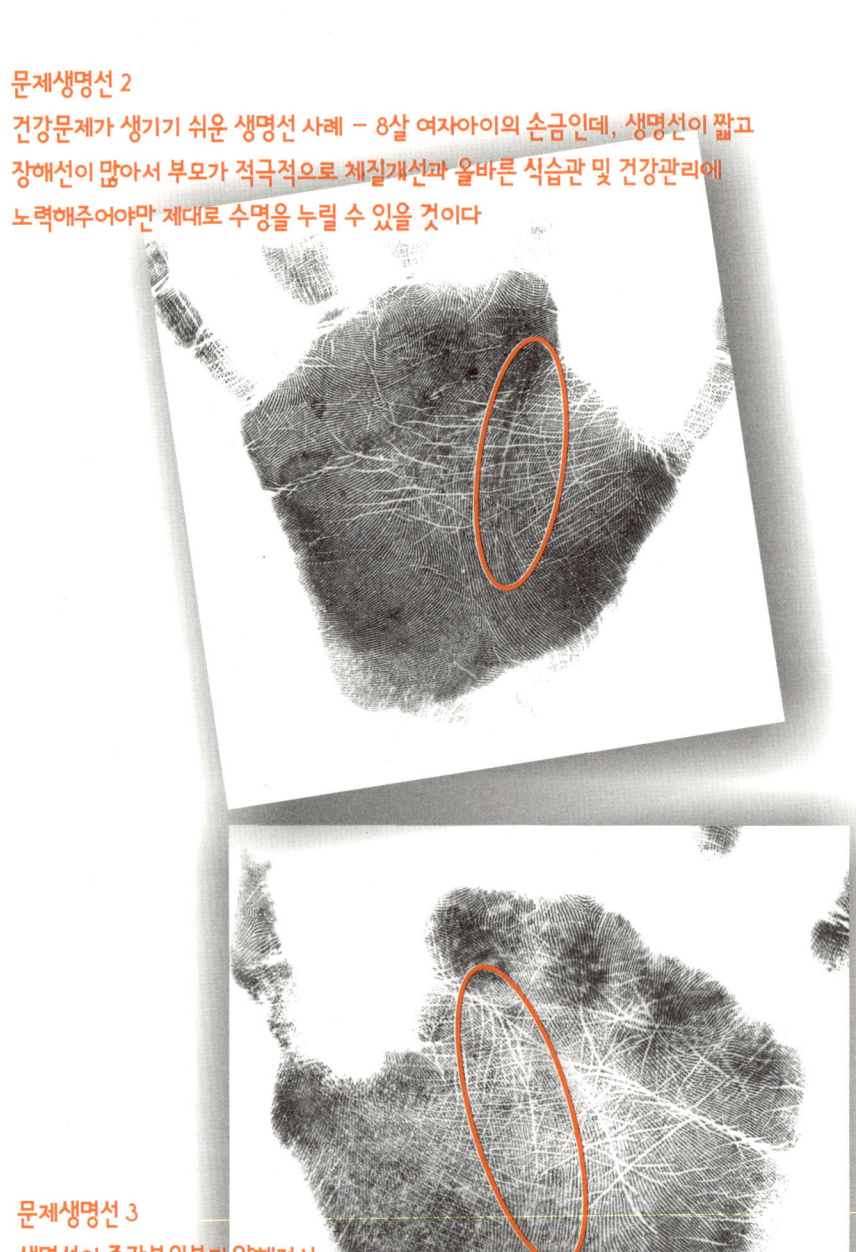

문제생명선 3
생명선이 중간부위부터 약해져서
사라져버리고 있는데
이 상태대로 간다면 40대 중반 이후의
수명을 장담하기 어려운 모습이다

문제생명선 4
건강문제가 생기기 쉬운 생명선 사례
막쥔손금인데 생명선이
덧칠된듯이 흘러가고 있는데
전반적인 기혈순환상태가
매우 불순한 모습이다

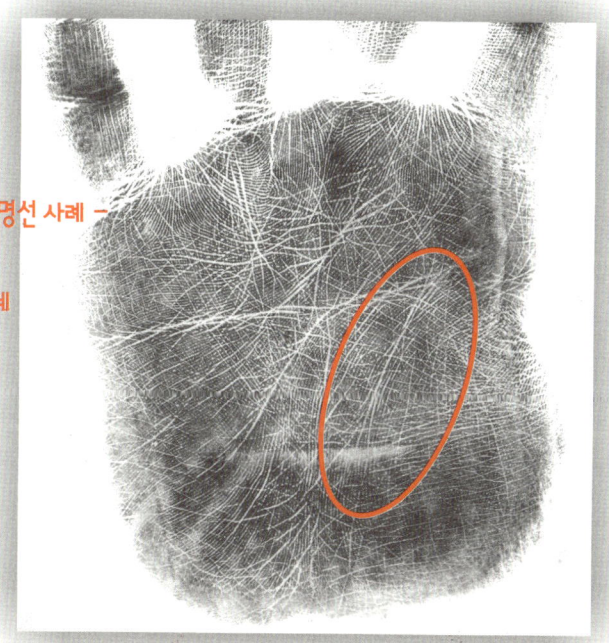

Q&A

생명선이 수명을 나타낼까?
생명선이 짧으면 일찍 죽을까?

서양의 손금책들은 이 문제에 대해 부정적 조사결과를 제시하고 있는데, 생명선이 짧아도 건강하게 오래 사는 인종집단이 발견되기도 한 때문이었다.

그런데, 거의 동질적인 유전자 특성을 갖는 우리나라 사람들에 있어선 짧은 생명선을 가지고도 오래 사는 케이스는 발견하기 어렵다. 즉, 생명선의 길이와 수명은 상당한 연관성이 있다고 봐도 좋다는 말이다. 물론 생명선의 길이만 가지고 판단해서는 안될 것이다.

생명선이 길어도 그 선의 중간중간에 장해선이 나오거나 선 자체의 상태가 좋지 않다면 질병에 대한 면역력이 저하되어 중병에 걸리기 쉽기 때문이다.

정상길이에 비해 짧은 모든 선은 일종의 장해를 받고 있는 상태인 바, 생명선이 짧은데 어떠한 방식으로라도 선의 보수가 이루어지지 못한 경우 생명을 위협할 정도의 중대한 문제에 직면할 것이라고 볼 수 있다.

3. 생명선의 유년법

생명선과 운명선의 유년법은 아주 잘 들어맞는 편인데, 우리나라와 같이 유전적 특성이 유사한 집단의 경우 유년법 적용에 있어 개인적인 차이가 거의 나지 않는다고 보면 된다. 손금에서 유년을 정확히 잡으려면 상당한 숙련과정이 필요한데 얼마나 유년법을 잘 구사하느냐가 전문가와 아마추어를 가르는 기준이 되기도 한다. 손금에선 조금만 달리 잡아도 1~2년 정도의 오차가 생기게 되는데, 유년법 적용에 있어 다음과 같은 점을 참고하기 바란다.

유년을 제대로 잡는 비법 공개

일반적으로 손금의 유년법에 대해선 다양한 전문가들의 견해가 있지만, 필자가 오랜 경험과 연구를 토대로 터득하여 적용하고 있는 유년법은 아래와 같으니 제대로 배우고 익혀서 활용하기 바라는 바이다.

다만 이 비법은 필자만의 노하우이므로 후학들이 함부로 자신의 비법인 양 우기지는 말기 바란다.

1. 문방구에서 흔히 파는 각도기(180°짜리)를 준비한다. 사람들의 손의 크기와 두께가 서로 다르므로 생명선의 유년법은 각도로 측정하여야 하기 때문이다.
2. 생명선과 두뇌선의 시작부위, 즉 손바닥 옆부분을 펴본다. 엄지손가락을 검지 반대방향으로 최대한 젖혀보면 엄지와 검지사이를 지나가는 경계선이 보일 것이다. 생명선이 시작되는 그 경계선 중심부를 시작지점으로 삼는다.(나이 0살, 즉 0°) 대략 손바닥 옆면의 중심부에서 약간 손바닥쪽으로 나온 위치가 될 것이다.
3. 위의 위치에 각도기를 갖다 대고 0°를 맞춘다.
4. 손바닥 아래쪽과 손목의 경계선 중심부를 향하여 80°를 맞춘다. 80살의 위

치는 이렇게 잡는다. 생명선만 가지고 본다면 생명선 하단부가 85°에 위치하도록 하면 쉽게 유년을 적용할 수 있다.

5. 각도기의 0°와 85°의 사이의 1°마다 1년씩을 잡는다. 즉, 각도기의 10°, 20°가 지나가는 생명선의 나이가 각각 10살, 20살에 해당하는 것이다.

6. 손바닥을 잉크지 등으로 찍은 경우에는 손바닥 옆부분이 찍히지 않으므로 생명선과 두뇌선의 시작지점을 대략 10살로 보면 된다. 생명선과 두뇌선 시작지점 자체가 너무 골이 깊이 패여 움푹 들어간 모습일 경우엔 1~2살 정도 더 바깥쪽으로 들어가서 10살 기점을 잡도록 한다.

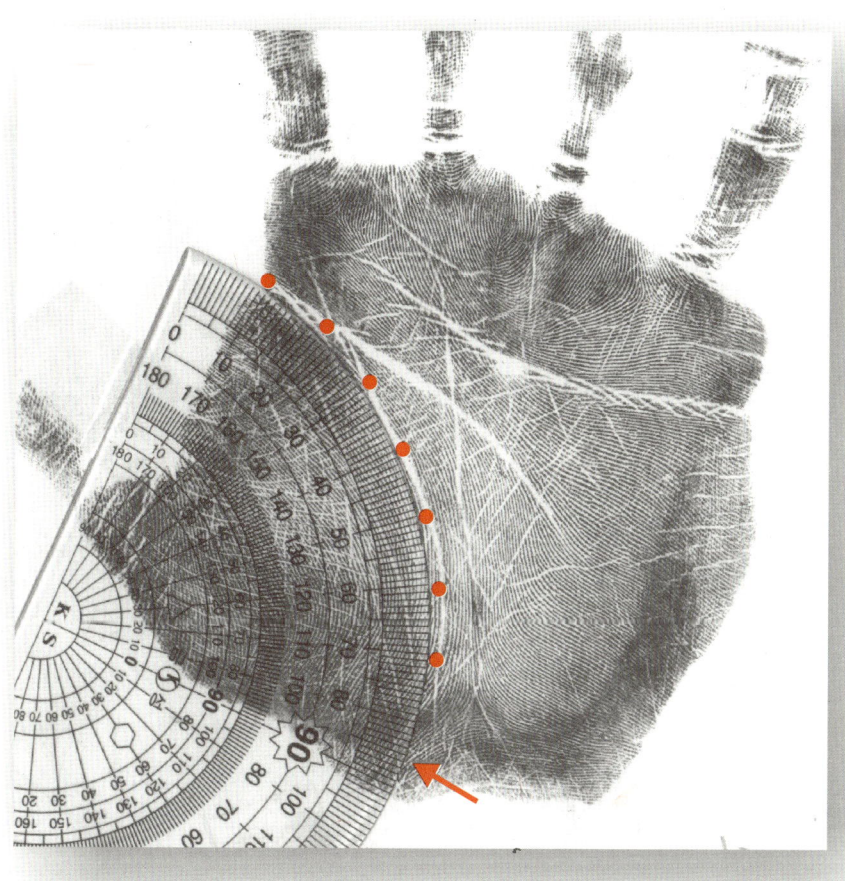

유년법 적용시 참고사항

1. 여기서 적용하는 나이는 만 나이가 아닌 보통 나이(즉, 태어나자마자 1살)이며, 생일이 양력 10월,11월,12월 등으로 늦은 경우엔 6개월~1년 정도의 나이차이가 발생하게 됨을 감안하여야 한다.

2. 실전에서는 A4 용지에 손금을 잉크지로 찍어서 세밀하게 손금분석을 하는게 정확성도 높고 유년법을 적용하기도 용이한 편인데, 여러 번 연습해보아 자꾸 익숙해지면 자연스럽게 10살 기점을 잡을 수 있게 될 것이다. 일단 손금을 찍은 후에는 유년을 쉽게 파악할 수 있도록 10살 단위로 끊어서 표시를 하며 현재의 나이에도 점을 찍어두도록 한다.

3. 이중생명선 형태에 있어선 바깥쪽 생명선 보다 원래의 부실한 모습의 안쪽 생명선의 나이대를 기준으로 하는 게 정확성이 높다. 특히 운명선을 타고가는 생명선의 경우엔 반드시 원래 생명선을 기준으로 하여 나이대를 측정해야 한다.

4. 생명선의 유년법은 시작기점을 잘못 잡으면 1~2년 정도의 나이차이가 발생할 경우가 많은데, 실전에서는 오류를 줄이기 위해 유년법의 기점이 될 수 있는 결혼의 시기라든지 굵은 장해선이 지나가는 시기를 피상담자에게 확인해 보는 것이 유년법 적용에 편리할 것이다.

5. 손바닥이 특히 두터운 사람이나 매우 크거나 작은 사람의 경우에도 동일한 기준을 적용하면 되지만 유년법에 오차가 생기기 쉬우므로 가급적 기점이 되는 나이 즉, 결혼을 한 나이 등을 물어보아 참고하도록 한다.

6. 생명선의 유년법에서 중요한 점은 각도를 기준으로 삼는데 있으므로, 생명선이 반원형이 아니라 마치 꺽어진 모습이거나 꾸부정한 모습일 경우에도 그 길이의 장단에 관계없이 각도를 기준으로 하여 나이를 측정하도록 한다.

7. 각도기가 없는 상황에서 직선자 하나만 가지고 유년을 잡으려면 검지 아랫마디의 넓이와 동일한 넓이 만큼 생명선 시작부위에서 측정하여 그 나이를 21살로 보면 된다.

유년법 크로스체크 하기

유년법을 정밀하게 구사하기 위해선 왼손과 오른손, 생명선과 운명선의 유년을 함께 비교하여 설정하는게 가장 좋은데 다음을 참고하기 바란다.

1. 유년법 적용에 있어 운명선과 생명선의 유년법이 가장 잘 맞는 편이다. 제대로 유년을 잡았을 경우엔 인생길의 변화를 6개월 이내로 까지 압축해 들어갈 수 있을 것이다.

2. 유년법 적용에 있어서 생명선 유년과 운명선 유년을 함께 참고하도록 한다. 이것은 인생길의 중요한 사건의 경우 대체로 생명선과 운명선에 함께 해당하는 나이대에 변화가 나타나는 경우가 많기 때문이다.

3. 양손의 유년을 함께 참고하여야 한다. 인생길에 중요한 사건이나 변화일수록 양손에 함께 그 시기가 나타나는게 일반적이기 때문이다.

4. 두뇌선의 유년법 적용에 있어서도 시작지점을 잡는 것은 생명선 유년법에서와 동일하게 적용하면 된다. 두뇌선에 있어서도 주요한 변화의 나이를 짐작할 수 있는 바, 유년법 적용시 생명선, 운명선, 두뇌선을 함께 참고하면 좋을 것이다.

5. 이렇게 유년법을 잘 적용하였을 경우 6개월 이내까지 잘 맞아 들어가는 것을 보게 될 것인데, 일단 유년을 제대로 잡았는데도 손금분석 결과와 실제의 상황이 다르다면 그것은 해석상의 오류일 가능성이 더욱 큰 것이다.

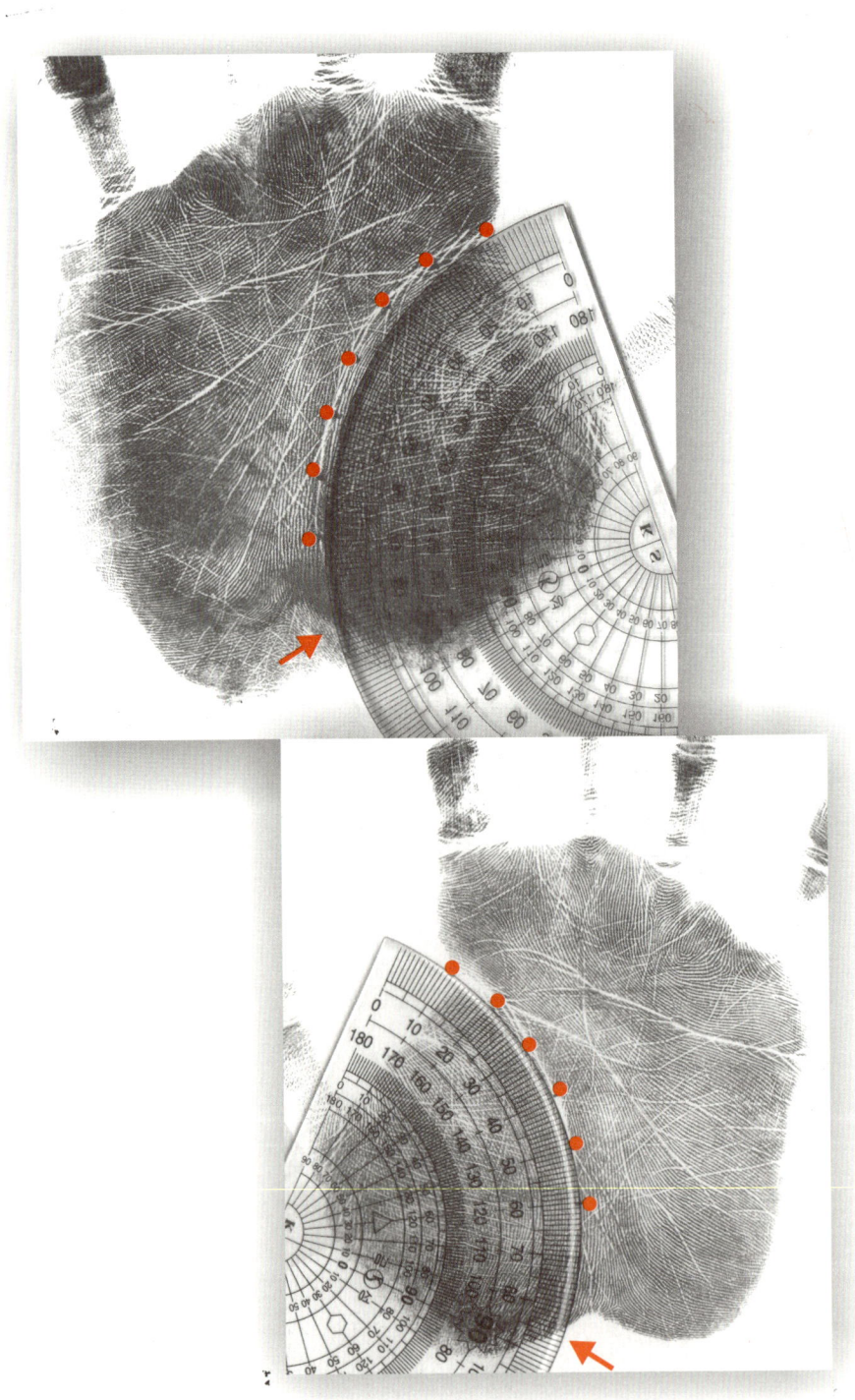

114　손금의 정석

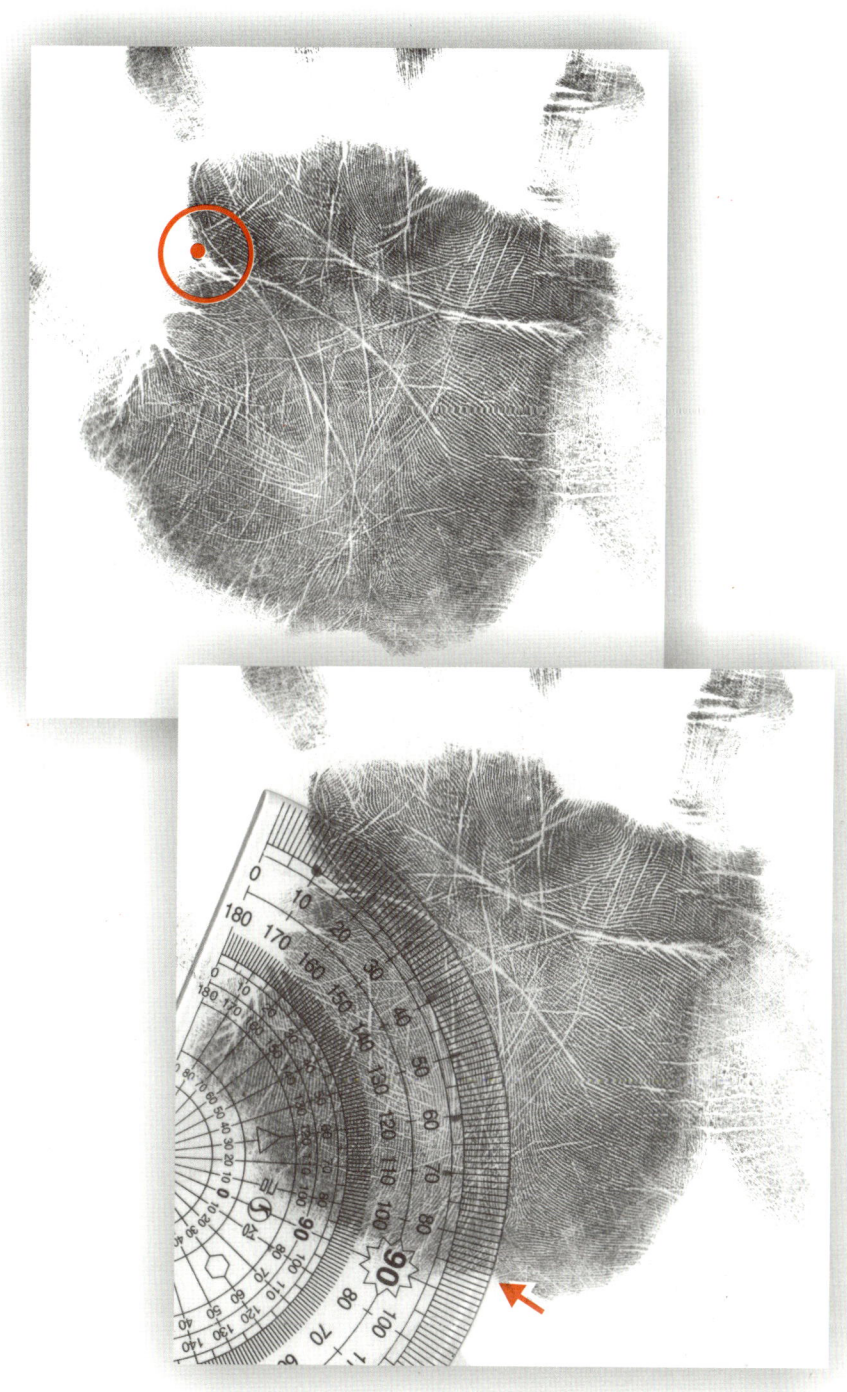

Chapter 02

두뇌선

　두뇌선은 기본삼대선의 하나로 사고능력과 사고방식, 관심영역, 태도, 그리고 재능과 적성을 나타내는 선이다. 두뇌선은 필수적인 선으로 모든 사람들이 반드시 가지고 있어야 하는 선에 해당한다.
　두뇌선이 강하고 굵게 잘 뻗어 있으면 강한 의지력과 자신감을 가지고 있고 삶에 대한 정열과 활기가 넘치며 낙천적이고 운명개척적 성향을 가지며, 정신적으로 강인하고 안정되어 있음을 의미한다. 두뇌선은 건강측면에 있어선 뇌신경을 대표하며, 신경정신과질환, 두부손상, 뇌졸증, 안과질환 등과 같이 뇌신경의 이상이나 손상과 관

관련된 질환이나 이상유무를 나타내게 된다.

두뇌선은 기본삼대선 중 가장 중요한 선이라고 할 것인데, 사람은 생각하는 동물이기 때문이다. 인생길의 어떠한 위협요소나 문제가 돌출되더라도 그것을 제대로 대처하려면 일단 먼저 현실문제를 제대로 파악하고 분석하며 합리적 대안을 설정하여 강한 의지력으로 실천해가야 할 것인데, 두뇌선의 상태는 바로 이러한 문제해결능력을 제대로 가지고 있느냐 아니냐를 판단하는 척도가 되기 때문이다. 손금이 아무리 나쁘더라도, 좋은 미래를 나타내는 선이 하나도 없더라도, 장해선만 가득하더라도, 두뇌선만 제대로 살아있다면 그 사람은 희망이 있는 것이다. 자신의 미래는 자신이 개척해가야 하는 것인 바, 정신이 살아있다면 인생의 얽힌 실타래를 풀어낼 수 있는 한줄기 희망이 남아있기 때문이다.

두뇌선을 볼 때 함께 살펴봐야 하는 것은 두뇌선과 생명선의 시작부위, 두뇌선 상향지선, 감정선과 두뇌선을 잇는 신비십자문양, 섬문양과 장해선 등이다. 생명선은 이중생명선, 운명선을 타고가는 생명선 등과 같은 변형된 형태가 많지 않은데 비해, 두뇌선은 막쥔금이나 막쥔금 아류, 이중두뇌선, 삼중두뇌선 등의 특이손금형태가 상당수 있으므로 두뇌선에 대한 기본적 지식 뿐만 아니라 특이손금에 대한 지식도 함께 갖추어야 손금분석에 있어 무리가 없을 것이다.

두뇌선과 지능수준의 관련성

두뇌선을 가지고 지능수준이나 지성의 정도를 어느 정도 판단하여 볼 수 있는데, 그림의 실례를 살펴보면 쉽게 이해가 될 것이다.

다음 그림에서 왼쪽의 두뇌선은 선 구성이 굵고 진하지만 선

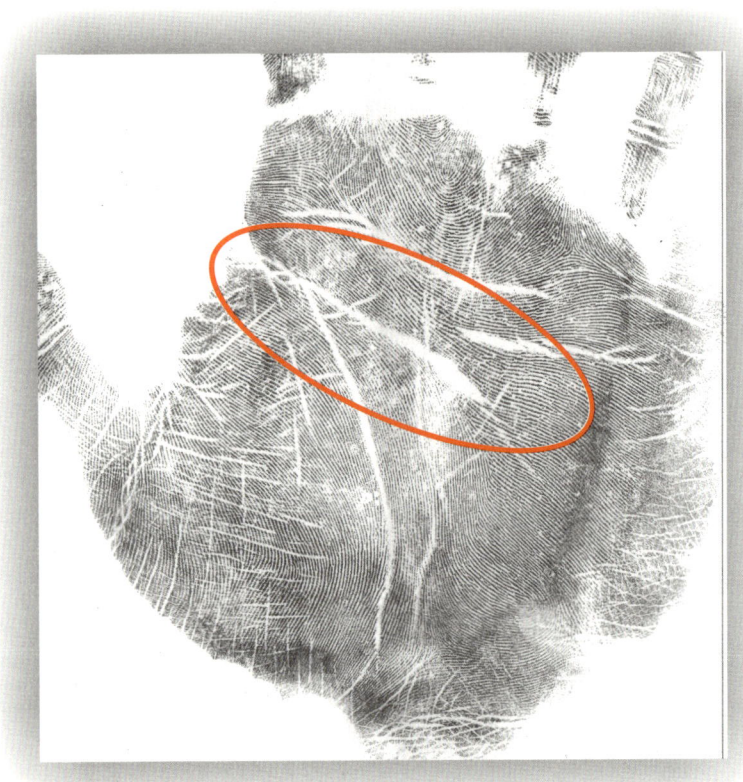

둔탁한 두뇌선
두뇌선이 굵고 뭉툭하다

의 형태가 거칠고 조잡하며, 선의 구성이 단순하고 끝이 뭉툭한 데 반해, 오른쪽의 두뇌선은 선의 형태가 분명하고 매끈하며, 선 자체가 만들어내는 변화가 많고, 선이 길며 선 끝에 예리한 맛이 있다. 왼쪽과 같은 두뇌선의 소유자는 기억력과 집중력에 있어 어려움이 많고 정신적 스트레스가 심할 것이다.

　일반적으로 육체노동을 많이 하는 사람의 경우 두뇌선이 굵고 둔탁한 경우가 많고, 정신노동을 많이 하는 사람의 경우 두뇌선이 섬세하고 변화가 많은 구성을 가지게 된다.

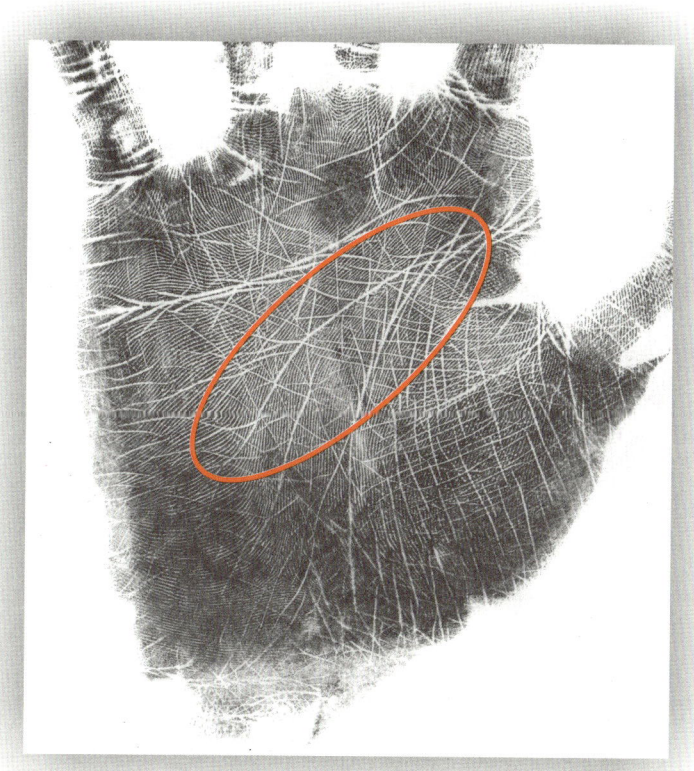

예리한 두뇌선
두뇌선이 가늘지만 예리하다

1. 두뇌선의 유형

두뇌선은 엄지와 검지 사이의 중간쯤 되는 부위에서 시작하여 제2화성구나 월구가 위치한 손의 가장자리를 향해 뻗어가는 모양이 일반적이다. 두뇌선은 생명선과 붙어서 시작하는 경우가 80~90% 정도 되며 생명선과 좀 떨어지거나 상당히 떨어져 시작하는 경우도 있다. 하지만 두뇌선이 없는 경우는 없다. 막쥔금과 같은 유형은 두뇌선과 감정선이 결합된 모습으로 두뇌선이 없다거나 감정선이 없다거나 하는 식으로 분석해선 안 될 것이다.

두뇌선 분석에 있어선 시작부위가 어떤 형태인지, 중간부위의 선 상태는 어떤지, 끝부위가 어디로 뻗어가고 있는지, 선의 길이나 가닥수는 어떠한지 등이 중요한 요소이다. 두뇌선 분석에 있어선 이렇게 중요한 항목별로 종합하여 해석하면 분석의 정확도가 매우 높을 것이다.

예를 들면, 두뇌선이 굵고 선명하여 강한 두뇌선에 해당하면서, 두뇌선의 길이는 길다란 편이고, 두뇌선 시작지점이 생명선과 좀 떨어져 있고, 두뇌선의 형태가 직선형으로 제2화성구 방향으로 휘어져 있다고 하자. 이럴 경우 다음의 두뇌선 분석방법을 따라 '강한 두뇌선'의 특성과 '길다란 두뇌선'의 특성과 '생명선과 떨어져 시작하는 두뇌선'의 특성과 '직선형 두뇌선'의 특성을 쭉 합쳐서 분석결과를 도출하면 된다. 이런 식의 분석법이 자꾸 숙달이 되면 나중엔 손금상 특징을 한눈에 쉽게 찾아내고 분석해낼 수 있게 된다.

가. 강한 두뇌선과 약한 두뇌선

두뇌선이 강하다는 것과 약하다는 것은 무엇을 나타내는가? 지능이나 사고력이 강하거나 약하다는 것인가? 선의 굵기를 나타내는 것인가? 여기선 단순히 선의 굵기, 선명도, 길이 등의 두뇌선의 상태를 가지고 강한 두뇌선과 약한 두뇌선을 구분하여 보았다.

강한 두뇌선

두뇌선이 굵고 선명하며 길면서 선끝이 예리한 모습이면 두뇌선이 강하다고 한다. 강한 두뇌선은 강한 정신력, 사고력, 삶

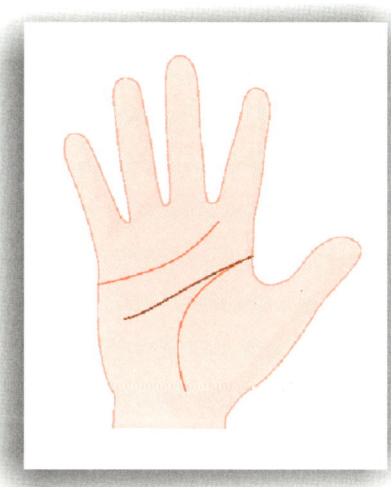

에 대한 자신감을 나타내며 다른 선들에서 나타나는 단점을 보완해주는 역할을 한다.

강한 두뇌선을 가진 사람은 활동적이고 사고력이 깊은 사람이 많으며, 선이 강하고 선명할수록 주관이 뚜렷하고 사고과정이 분명하며, 사실을 논리적으로 이해하고 합리적으로 행동하며 이해력도 빠르다고 본다.

그런데 굵고 진한 두뇌선을 가지고 있다고 해서 지능이 높거나 정신력이 강하다는 것은 아니니 주의해야 한다. 굵고 진하지만 선의 모습이 변화가 적어 단순한 구성을 가진 사람은 주관이 뚜렷하고 자신감도 강한 편이지만, 오히려 섬세함이 부족하고 지능도 상대적으로 떨어지는 경우가 많기 때문이다. 대개 육체적 활동을 많이 수반하는 직업에 종사하는 사람들은 손금의 구성 자체가 단순한 경우가 많은데, 두뇌선의 경우도 마찬가지이기 때문이다.

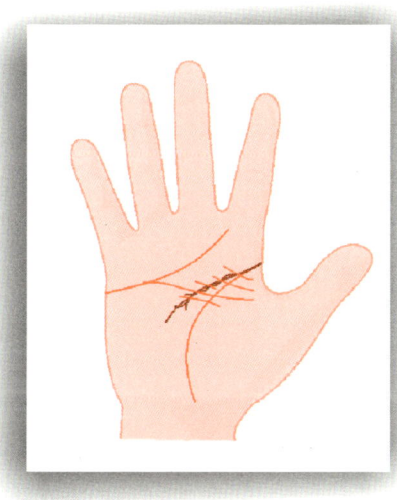

약한 두뇌선

두뇌선이 가늘고 연약하거나, 선에 굴곡이나 꺾여진 부위가 많거나, 섬문양이 선명하게 나와있거나 사슬문양으로 구성되거나, 선의 모습이 분명치 않고 흐릿하거나, 굵은 장해선들이 두뇌선을 많이 자르고 있거나, 두뇌선에 하향지선들이 많이 보일 때 두뇌선이 약하다고 한다.

약한 두뇌선은 판단력, 이해력, 사고력이 떨어지고, 신경계통의 불안정함을 나타내며, 소심하고 연약한 정신력과 정신적 에너지가 불완전하거나 불규칙한 것을 의미한다. 이런 두뇌선을 가진 사람들은 중대한 의사 결정에 있어 무척 힘들어하며 이성적 관점보다는 감정에 따른 결정을 하는 경우가 많고 목표에 대한 집중력과 삶에 대한 자신감이 떨어지기 쉬운 타입이다.

그런데 여기서 주의할 점은 약한 두뇌선이 지능이 낮거나 재능이 적다는 것을 나타내는 것은 아니라는 점이다.

보통의 공부벌레들은 오히려 굵고 진한 두뇌선 보다는 이렇게 가늘고 연약하며 섬세하고 변화가 많은 길다란 두뇌선 형태를 가진 경우가 많기 때문이다.

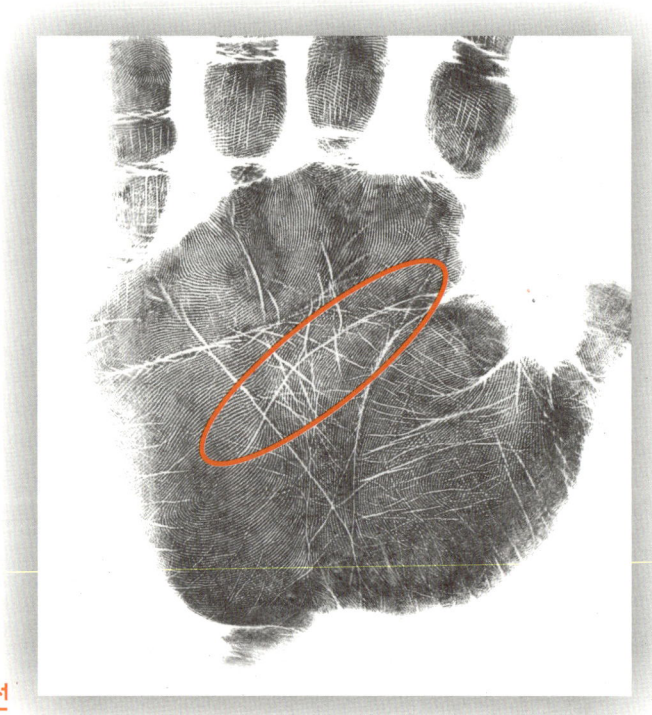

강한 두뇌선
두뇌선이 매끈하면서 굵고 선명하게 뻗어있다

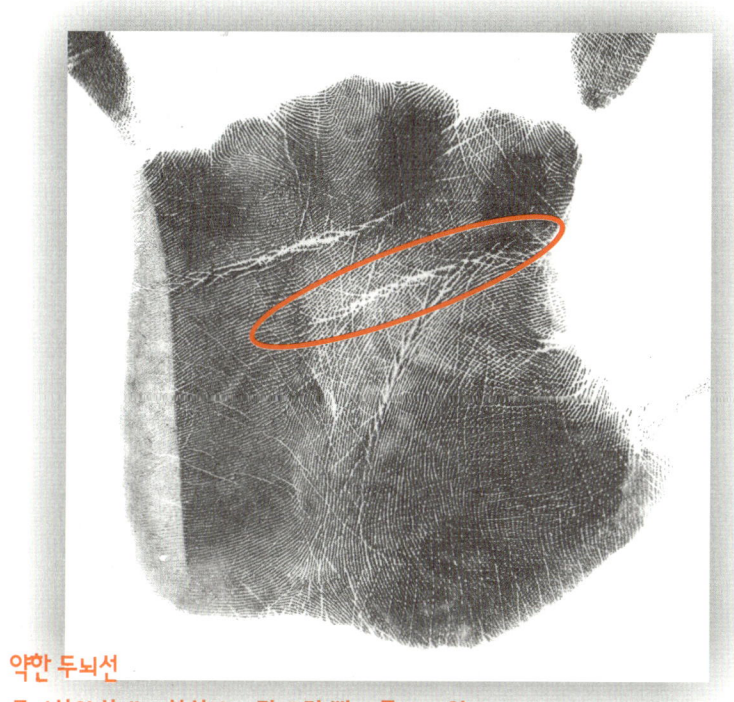

약한 두뇌선
두뇌선의 상태도 부실하고 길게 잘 뻗지 못하고 있다

나. 두뇌선의 길이

길다란 두뇌선

두뇌선의 표준길이는 생명선과 두뇌선 시작지점에서 뻗어나 가다가 약지와 소지 중간의 아래부위까지 도달하는게 일반적 이다. 이것 보다 긴지 짧은지를 가지고 두뇌선 길이의 장단을 판단한다.

긴 두뇌선은 지적 욕망이 강하고 자신의 관심영역 내에서 넓 고 다양한 것을 즐기며, 단기적 성과보다는 장기적 성과를 요하 는 일에 적합한 사람이 많은데, 탐구심과 학업적 성취욕구도 많

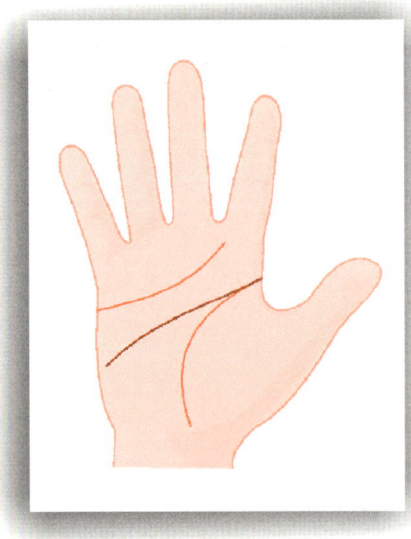

은 편이므로 젊은 시절에 공부를 충분히 해두는 것이 좋다. 두뇌선이 길어서 손바닥 끝까지 횡단한 경우도 종종 볼 수 있는데, 다른 손금 구성상의 문제가 없다면 대개 뛰어난 두뇌의 소유자로 남다른 비범한 재능을 가진 경우가 많다.

두뇌선이 길어지면 직선형 보다는 곡선형이 많아지게 되는데, 길면서 직선형이면 현실적 실용적 상업적 사업적 분야에 관심을 두게 되고, 길면서 곡선형이면 상상력 창의력 예술적 재능이나 손재주 글재주 등이 좋은 편이다.

짧은 두뇌선

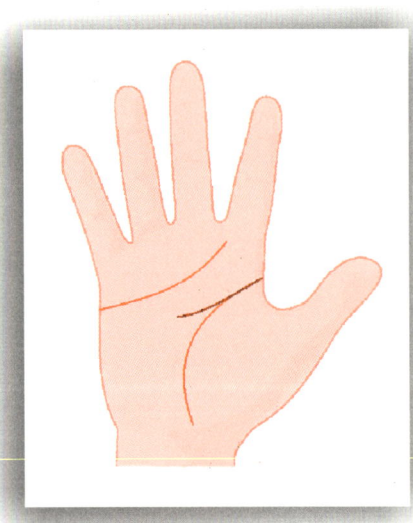

짧은 두뇌선은 긴 두뇌선 보다 실용적이고 물질적이거나 현실적인 문제에 관심이 많으며, 오랜 기간에 걸친 장기적 노력이나 연구성과보다는 단기적 노력이나 신속한 일처리를 요하는 분야에 적합한 사람이 많다.

짧은 두뇌선은 직감력이 좋은 편인데, 어떤 문제에 부딪혔을 때 오랫동안 고민을 하고 분석을 해서 답을 찾아낸다기 보다는 직감이나 직관적으로 문제분석과 대안탐색을 하고 곧바로 신속하게 행동하는 편이다.

또한 어떤 일이든 싫증을 빨리 내는 편이며 성격적으로도 급한 면이 많으며, 학업에 있어서도 임기응변과 벼락치기에 능한 타입이라고 하겠다. 두뇌선이 짧아지면 대개 곡선형 보다는 직선형이거나 약간 상향한 형태가 많아지는데, 수성구를 향해 두뇌선이 상향하는 모습을 보일수록 물질적 성향과 이기심이 강해진다고 볼 수 있다.

그런데 여기서 주의할 것은 두뇌선의 길이가 조금 짧은 정도가 아니라 극도로 짧은 경우인데, 이렇게 극도로 짧은 두뇌선은 일종의 장해를 받고 있는 두뇌선으로 봐야한다는 점이다. 극도로 짧은 두뇌선의 경우 신경계통이 연약하고 정신적 스트레스에 취약하며 사고능력이나 의지가 불안정하기 쉬운데, 사회적 성취나 성공에 대한 욕구를 줄이고 평생 안정한 환경에서 생활하는 게 더욱 나은 타입이라고 하겠다.

다. 두뇌선의 시작부위

두뇌선이 생명선과 붙어서 시작하는 경우

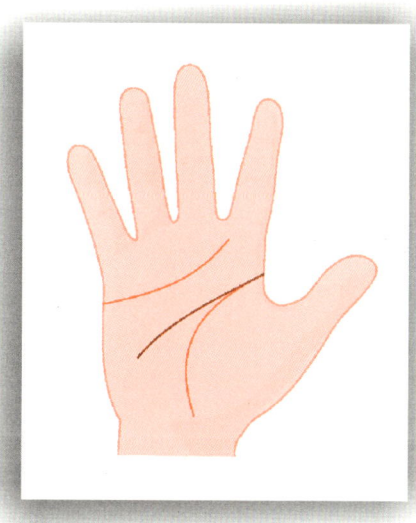

두뇌선과 생명선은 약간 붙어서 시작하는 모습이 일반적인데, 대개 그 붙은 선의 길이는 1~2cm 정도이며, 2cm를 넘어설 경우 좀 많이 붙었다고 볼 수 있다.

생명선은 건강과 가족, 집을 상징하며 두뇌선은 자아를 상징하므로 두뇌선이 적당히 붙어서 시작한다는 것은 어려서는 부모품에서 성장하다가, 사춘기가 지나면서 자아와 자신의 인생길에 눈뜬 후엔 부모품이나 가족의 영향에서 정신적인 자립 및 독립을 하게 된다는 것을 나타내는 것이다.

그런데 두뇌선과 생명선이 상당히 길게 붙어있는 경우엔 내성적이고 의타심이 많으며 주변환경의 영향을 많이 받는 성격으로 자아의식이 부족하고 인생에 대한 자신감도 적은 그런 성격을 나타낸다. 대개 이런 두뇌선은 어릴 때 많이 아팠거나 건강이 약한 타입이라든지, 부모의 간섭을 너무 과잉하게 받아 의타심이 강해졌거나 마마보이 같이 되었다든지, 또는 정신적으로 나약하거나 뇌신경체계가 연약하고 섬세하다든지 하는 경우에 많이 나타나게 되는데, 이러한 성격적 특성은 어려서부터 형성되어 온 것이라서 평생을 지속되는 측면이 있다.

두뇌선이 생명선과 떨어져 시작하는 경우

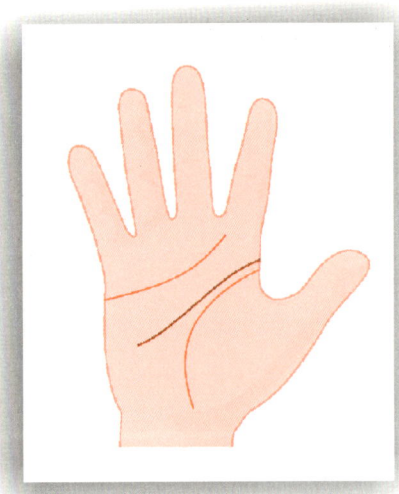

생명선에서 0.5cm 이내로 약간 떨어져 시작하는 두뇌선은 일찍 자아와 자신의 인생에 눈뜨고 독립심이 강하며, 구속 속박을 싫어하고 새로운 세계나 과업에 대한 도전심과 모험심이 강하며 관습이나 권위, 구태의연한 사고방식으로부터 탈피하려는 특성을 지닌다. 상명하복식의 꽉 짜여진 조직생활에는 적응을 잘 못하는 편이지만, 상업, 사업, 영업, 시장개척 같은 분야에서 발군의 재능을 발휘하는 사람이 많고, 적극적이고 문제해결능력이 뛰어나므로 일찍 사업에 뛰어들어 성공을 일구는 사람들도 많다. 어려서 부터 아이를 따로 재우며 독립심을 강조하는 서양에선 이런 손금을 가진 사람이 동양인의 경우 보다 훨씬 많은 편이다.

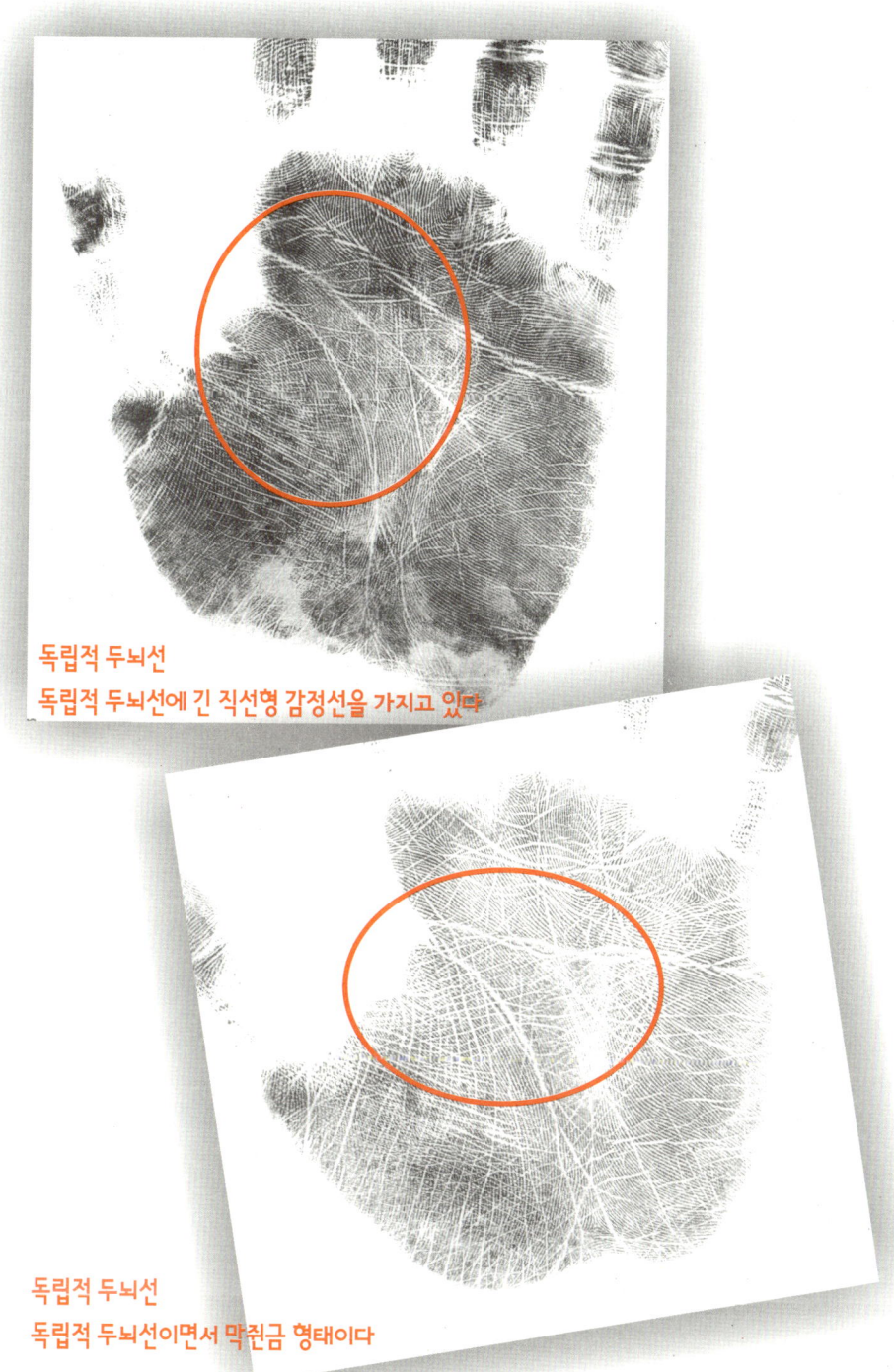

그런데 우리나라의 경우 이 두뇌선은 남자와 여자의 경우가 조금 다른 특성을 나타내는데, 남자의 경우엔 100명에 두세명 꼴로 이런 두뇌선을 가진 사람이 있을만큼 그 수가 적으며 대체로 외로움이나 고독감을 많이 느끼는 편이다. 여자의 경우엔 100명에 10~20명 꼴로 이런 두뇌선을 가진 사람이 상대적으로 많은 편인데, 대체로 남성적 권위나 속박감을 싫어하여 결혼이 은근히 늦어지게 되며, 결혼상대에 있어서는 연하 또는 나이 차이가 7~8살 이상 나는 연상과 맺어지는 것이 성격상 잘 어울린다고 본다.

두뇌선이 생명선과 0.5cm 이상으로 상당히 많이 떨어져 시작하는 경우엔 이러한 독립적 성향과 속박을 싫어하는 성향이 무척 강하게 나타나게 되는데, 전통이나 엄격한 규율, 부자유스러운 분위기의 학교교육이나 부모의 간섭을 극도로 혐오하는 경향이 있어 자칫 어려서 탈선하기 쉬운데, 이런 자녀들을 둔 경우엔 가정교육에 있어 부모들의 각별한 주의가 필요하다고 하겠다.

그런데, 여기서 두뇌선의 시작부위가 목성구 중심쪽으로 좀 더 올라간 모습의 독립적 두뇌선 형태가 되면, 타고난 리더십과 성공욕구, 명예심이 강한 것을 나타낸다. 실전에선 자주 만나기 좀 어려운 형태이지만 정치적 지도자들 중에 일본의 고이즈미 수상이나 중국의 장쯔민 주석 처럼 간혹 이런 손금타입을 가진 분들이 있다.

두뇌선이 생명선과 떨어졌고 늦게 시작하는 경우

이러한 타입은 좀 드문 편인데, 두뇌선이 시작하는 나이에 도달하기 전까지는 사고능력, 학습능력, 집중력, 자신감, 자립심 등이 약하다가 성년이 되어서야 비로소 자아정체성을 회복하

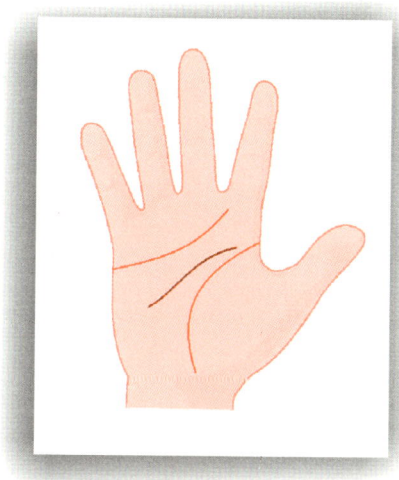

여 자신감도 생기고 지적능력과 사고체계가 안정되는 그런 타입이라고 하겠다.

이런 두뇌선 타입은 뇌신경이 형성되어가는 유아기의 민감한 시기에 일종의 장해를 받은 모습이라고도 볼 수 있는데, 오른손잡이의 경우 수동적 손인 왼쪽 손에만 이런 두뇌선이 나와있다면 그나마 다행이지만, 양손에 다 나와있다거나 오른손에 나와있다면 젊은 시절에 방황이 많고 관심분야가 바뀌기 쉬우며 인생길에 어려움도 많이 따를 수 있다.

두뇌선이 생명선 안쪽에서 시작하는 경우

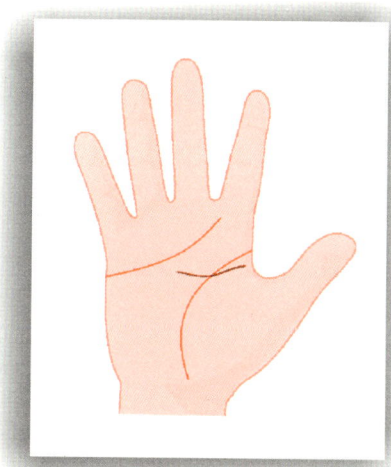

생명선 안쪽의 제1화성구에서 시작하는 두뇌선은 제1화성구의 특성을 받아 공격적이고 투쟁적이며 물질욕이 많고 이기적이고 소아적인 면모를 보이게 된다. 그런데 이런 두뇌선 형태는 뇌신경의 구성이 연약하여 정신적인 문제가 생길 소지가 많은 편인데, 유년기에 크게 아팠다거나 죽을 고비를 넘겼다든지 정신질환을 겪었다든지 하는 사례가 많다.

이렇게 출발한 두뇌선이라도 짧지 않고 길게 잘 발달되어 있으면 후천적인 학습과 지성에 힘입어 공격적이고 이기적인 심성을 잘 다스리는 편이지만, 두뇌선이 짧다면 짧은 두뇌선의 특성을 그대로 나타내게 되어 직감력이 좋고 다소 이기적이며 성격이 급하고 물질욕이 강한 면모를 보이게 될 것이다. 그런데 대개 이렇게 생명선 안쪽에서 출발한 두뇌선은 짧고 약간 상향하는 모습을 나타내기가 쉽다.

라. 직선형 두뇌선과 곡선형 두뇌선

직선형 두뇌선

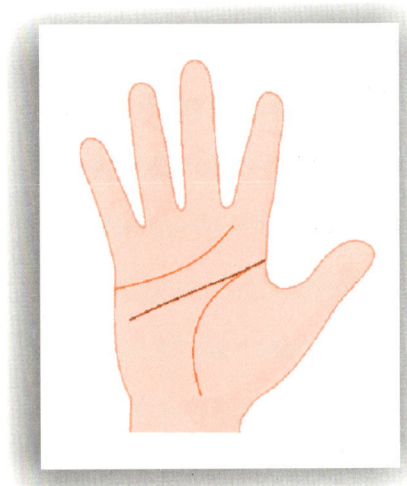

직선형 두뇌선은 제2화성구를 향해 두뇌선이 뻗은 모습을 말하는데, 제2화성구가 나타내는 특질인 현실적, 사업적 분야에 대한 관심과 함께 지구력, 끈기, 인내심과 같은 성격적 특성이 두뇌선에 반영되어 나타나게 되는 것으로 해석한다.

직선형 두뇌선을 가진 사람들은 실용적, 논리적, 현실적 사고력을 가지며 추리력과 분석력이 뛰어난 편이다. 이들은 집중력이 좋고 주의력이 산만하지 않아 공부나 업무에 곧바로 몰두할 수 있다. 대체로 자신감이 강한 편인데, 종종 그게 지나쳐 좀 거만하게 보이기 쉬우며 남을 얕보는 습성을 나타내기도 한다. 경영, 경제, 법학, 투자, 금융, 수학, 과학, 기술분야 및 사업가 영역에 적합한 편이며, 두뇌선이 굵고 길수록 사고능력이 뛰어나고 재능이 많다고 보면 된다. 그런데 이런 직선형 두뇌선은 대체로 관심분야가 다양하고 넓지는 않지만 한 우물을 깊이 파고들어가는 타입이 많다.

직선형 두뇌선
두뇌선이 직선형으로 강하게 뻗어 있다

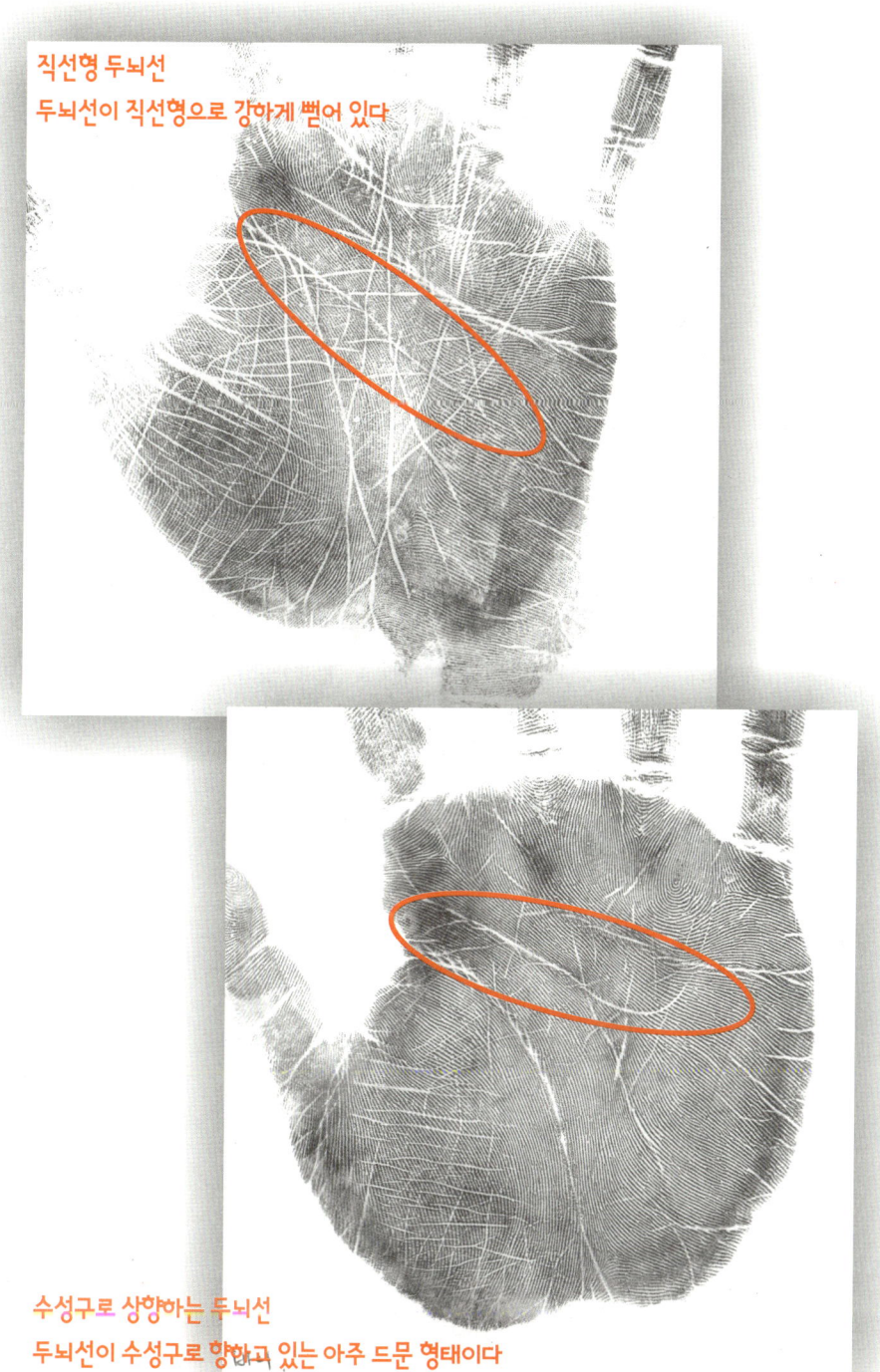

수성구로 상향하는 두뇌선
두뇌선이 수성구로 향하고 있는 아주 드문 형태이다

수성구로 상향하는 두뇌선

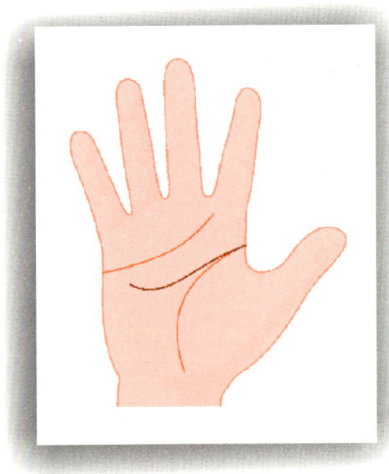

이 두뇌선은 두뇌선이 소지쪽의 수성구를 향해 뻗어 올라가는 모습을 말하는데, 수성구가 나타내는 상업 사업적 재능과 커뮤니케이션 능력, 과학적 재능, 풍부한 아이디어와 탐구심 등의 특질이 두뇌선에 반영되어 나타나게 되는 것으로 해석한다.

수성구로 상향하는 두뇌선을 가진 사람들은 상업 사업적 재능과 과학, 탐구, 말재주, 금융감각, 투자감각 등과 같은 재능이 뛰어난 편이다. 두뇌선이 길고 굵을수록 사업적 아이디어와 영업적 수완이 좋아 맨손으로 큰 사업을 일으키기도 하며, 재테크나 투자에 있어 남다른 재능을 발휘하기도 한다. 말재주도 좋고 임기응변에 능하여 문제해결능력이 뛰어난 편이지만, 대체로 겉과 속이 다르고, 매사에 이해타산적이며, 무의식 중에 남을 얕보는 성향이 드러나기도 한다.

그런데 이 두뇌선을 가진 사람들 중에는 물질욕이 너무 지나치게 강한데다 도덕관념이 약하여 수단방법을 가리지 않고 돈벌이에 혈안이 되거나 평생 구두쇠로 살아가는 인색한 경우도 종종 볼 수 있다. 대체로 신경계통이 약한 편이라서 노년기로 갈수록 뇌신경질환이나 뇌졸중 같은데 유의를 하면 좋을 것이다.

곡선형 두뇌선

약간 원만하게 흐르는 곡선형 두뇌선의 경우엔 제2화성구와 월구의 경계영역을 향해 뻗어나가는 경우가 많다. 이것은 제

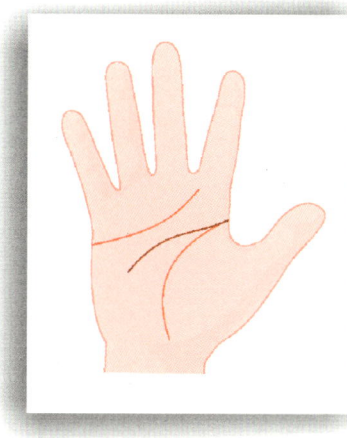

2화성구의 특질과 월구의 특질이 함께 나타나는 것으로 해석하면 된다.

이런 곡선형 두뇌선은 제2화성구의 현실적, 실용적, 경영경제적, 분석적 재능과 월구의 상상력, 창의력, 예술성, 손재주가 함께 나타나게 되어 폭넓은 직업분야에서 활동하기에 좋은 손금이라고 할 것이다. 휘어진 곡선의 정도가 가벼우면 대개 좀더 현실적 분야인 경영경제, 금융, 투자, 분석추리, 실용적 분야 쪽으로 흐르며, 휘어진 정도가 좀더 많으면 대체로 기술, 손재주, 기획력을 필요로 하는 쪽으로 흐르기 쉽다.

두뇌선이 길고 굵을수록 이런 재능과 사고력이 뛰어나다고 볼 수 있으며, 곡선이 휘어지면서 접촉하는 영역이 넓어질수록 관심분야가 넓고 다양하며 상식이 풍부한 편이다.

가파른 곡선형 두뇌선

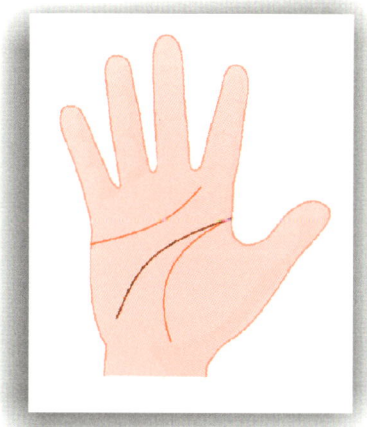

두뇌선이 많이 휘어져서 월구의 중심부로 깊숙히 내려가는 것은 두뇌선이 나타내는 관심영역, 사고방식, 재능, 적성 등에 있어 월구의 영향을 많이 받고 있는 것으로 본다. 월구는 잠재의식의 세계를 대변하고 있으며 상상력과 창조력, 정신적 영적 에너지의 원천으로 예술적 재능과 창작능력과 관련이 많은 영역이다.

월구형 두뇌선은 상상력, 창의력, 기획력이 뛰어나고 예능적 재능과 손재주가 많은 것을 나타내며, 무의식적 세계가 발달하고 영적 능력이 많은 편이다. 직업적으로 작가, 화가, 시인 등 창작의 영역이나 배우, 가수, 연예인 등 엔터테인먼트 분야나, 정신적 깨달음과 영적인 세계를 추구하는 종교인, 구도자들에게서 자주 볼 수 있는 타입이다. 업무적으로 사람들의 기분이나 상태를 민감하게 느끼고 대응해야 하는 서비스업 계통에 종사하는 사람들이나, 연구분야에 있어서도 실용적인 쪽 보다는 좀 미래지향적인 분야를 파고드는 사람들에게서 이런 두뇌선을 보게 되는 경우가 많다.

  월구두뇌선은 현실적 물질욕이 약한 사람이 많아 치열한 생존경쟁의 영역이나 사업가의 영역에서 성공을 추구하는 쪽과는 거리가 많이 멀다고 할 것이다. 이 두뇌선은 원래 정신적 영

월구형 두뇌선
두뇌선이 월구쪽으로 많이 휘어져 있다

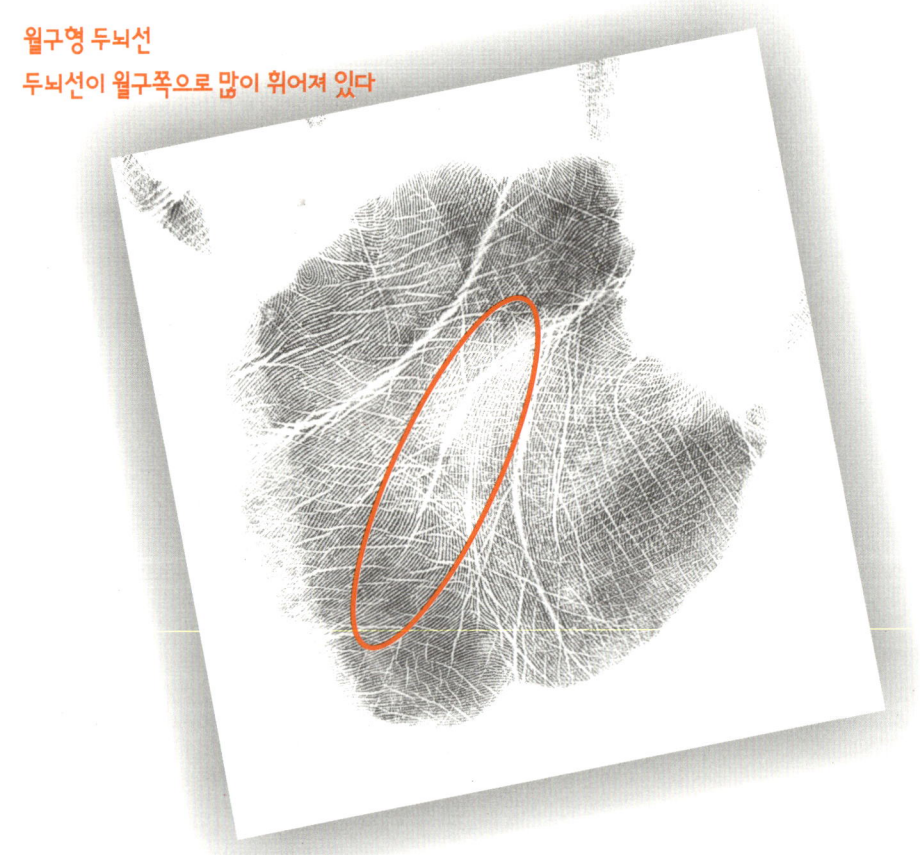

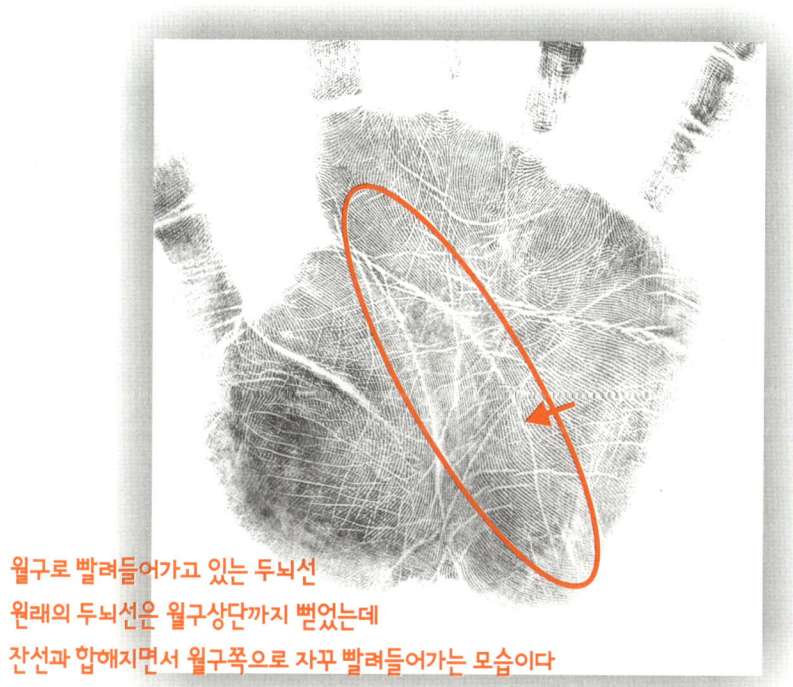

월구로 빨려들어가고 있는 두뇌선
원래의 두뇌선은 월구상단까지 뻗었는데
잔선과 합해지면서 월구쪽으로 자꾸 빨려들어가는 모습이다

적인 가치를 중요시하고, 삶에 대한 허무감과 고독감을 많이 느끼는 타입이라 일찍부터 종교를 가지고 신앙생활을 해나가는 게 인생살이에 도움이 된다고 하겠다.

이 월구두뇌선은 너무 깊이 월구 속으로 빠져 들어가지 않는 것이 정신건강에 좋다고 할 것인데, 이는 월구 자체가 휘어진 두뇌선을 끌어당기는 힘이 있어 자꾸 두뇌선이 길어지기 때문이다. 월구로 깊이 빠져든 두뇌선을 가진 사람은 깨달음과 영적 세계를 추구하는 종교인을 제외하고는 대개 우울증이나 환청, 환각, 치매, 자살충동이나 각종 정신신경성 질환에 쉽게 노출되는 경향이 있어 주의를 요한다. 생활습관에 있어서도 월구두뇌선은 밤늦게까지 잠을 못 이루는 타입이 많은데, 월구가 본래 달의 기운을 나타내고 있으므로 밤생활을 많이 하게 되면 월구두뇌선은 더욱 길어질 가능성이 많다고 할 것이다.

마. 두뇌선과 구의 상관관계

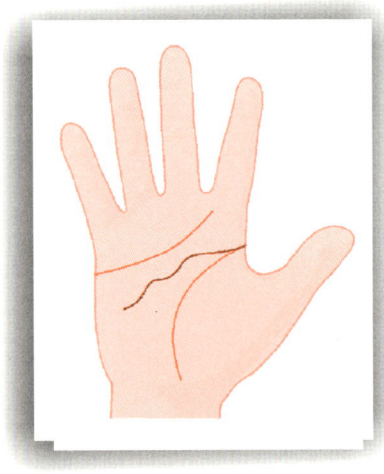

두뇌선이 어느 구의 방향으로 뻗었느냐는 그 사람의 재능이나 관심, 후천적 노력이 어느쪽으로 발달했는지를 살피는데 도움이 된다. 즉, 직선형이라면 제2화성구, 상향두뇌선이라면 수성구, 길게 휘어진 두뇌선은 월구쪽의 성향이 발달했다는 등으로 특정 구와의 관계에서 두뇌선의 발달여부를 살펴보는게 좋다. 이런 접근법은 위에서 말한 여러 두뇌선 타입들 이외의 두뇌선을 만나더라도 당황하지 않고 쉽게 분석을 해나가는데 도움을 준다.

예를들어 그림에서 처럼 두뇌선이 꾸불꾸불 춤을 추고 있을 때를 살펴보자. 이 타입은 두뇌선의 시작지점부터 시작해서 나이가 들어감에 따라 지적인 관심영역의 변화가 있는 사람인데, 처음 중지쪽으로 올라가는 모습은 토성구의 학문적 연구적인 기운에 이끌린 것이고, 그후 다시 월구쪽의 상상력 창의력쪽으로 방향을 틀었다가, 그후 다시금 올라가면서 태양구쪽의 예능적 심미적 분야에 이끌렸다가, 나중엔 결국 제2화성구의 현실적 실용적 상업적 영역에 관심이 머물게 된다는 의미로 해석을 해나갈 수 있을 것이다.

바. 두뇌선의 가닥수

두갈래 두뇌선과 세갈래 두뇌선

두뇌선에서 갈라져 나온 가닥이 있을 경우, 그 각각의 가닥이

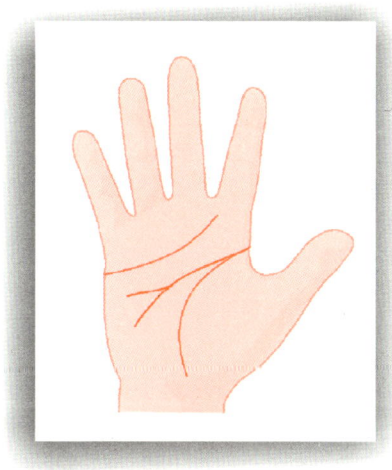

나타내는 성향이 함께 뒤섞여 나오게 된다. 즉 월구로 뻗은 두뇌선에서 제2화성구로 향한 두뇌선 가닥이 나와있을 경우 월구로 뻗은 두뇌선의 특성과 제2화성구로 뻗은 두뇌선의 특성을 함께 가지고 있는 것을 말한다. 두뇌선의 상태가 좋으면 대개 사고력이 깊고 똑똑한 사람이 많은데 상식이 풍부하고 논리적, 분석적 능력과 현실적 분야에 대한 관심과 함께 월구 두뇌선이 가지는 상상력, 창의력적인 요소도 함께 가지고 있다고 볼 수 있다.

만약 제2화성구로 향한 두뇌선에서 수성구로 향한 두뇌선이 나와있다면 제2화성구 두뇌선의 성향이 위주이지만 수성구 두뇌선의 성향도 많다는 것을 말한다.

두뇌선의 분석에 있어서 이런 두뇌선의 새로운 가닥이나 두뇌선 상의 지선의 경우 모두 그 각각의 선들이 어느 구를 향해 뻗어가는지, 또는 선 모양이나 상태는 어떤지를 살펴보아야 한다. 각각의 선들이 가진 특징은 서로 어울려 함께 나타난다고 볼 수 있는데, 주 두뇌선이 어디로 가고 있는지가 제일 중요하며, 여타 두뇌선 가닥들이나 지선들은 보조적, 보충적인 의미를 가진다고 보면 된다.

두뇌선 끝의 가닥수가 많아질수록 지적으로 섬세해지며 관심영역이 넓어지고 재능이 많아지는 반면, 중요 의사결정에 있어선 생각할게 많아지게 되므로 우유부단해지고 신속성이 떨어지는 단점이 나타나기 쉽다.

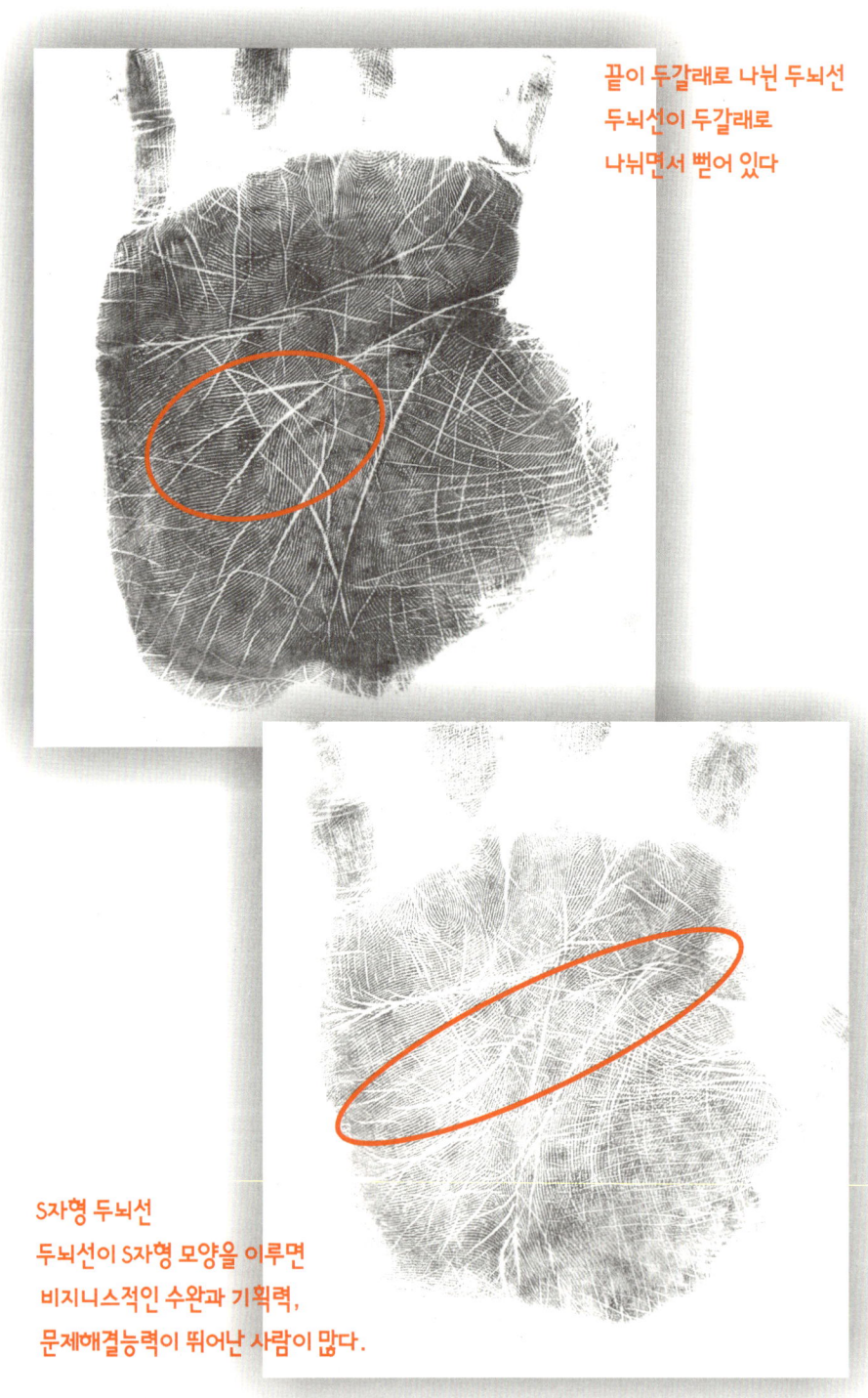

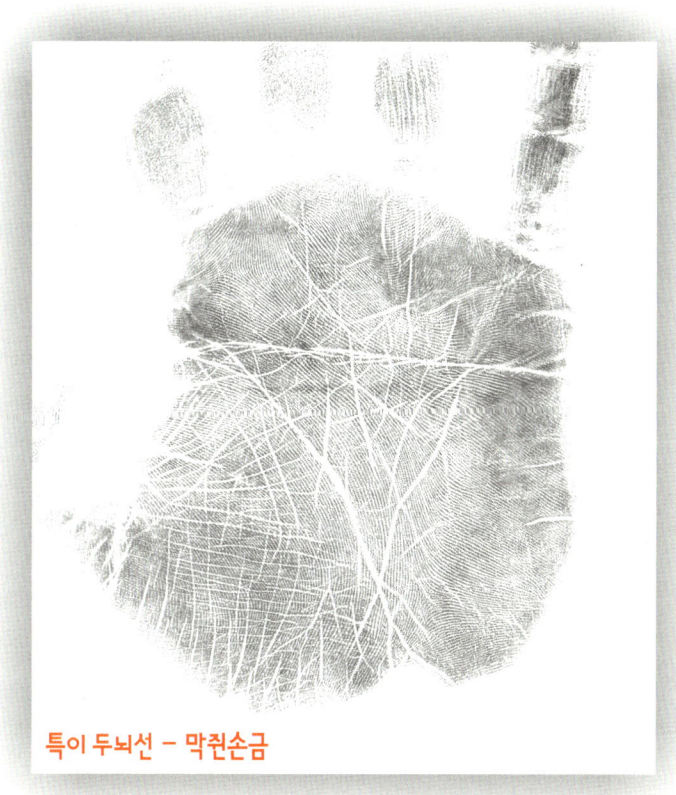

특이 두뇌선 – 막쥔손금

2. 특이두뇌선 형태

가. 막쥔손금

막쥔손금이란 두뇌선과 감정선이 서로 합해진 것을 말하는데, 두뇌선 시작지점에서 감정선 시작지점까지 손바닥의 끝에서 끝으로 진하고 굵은 선이 가로지르는 형태를 말한다.

막쥔손금은 두뇌선과 감정선의 결합된 모습이나 결합의 완전성 여부에 따라 그 구성형태가 상당히 다양하여 손금분석에 있어 주의깊게 살펴볼게 많다고 하겠다.

일반적으로 막쥔손금을 가진 사람들은 집중력과 자기통제력이 강하며 물질적 성공이나 사회적 성취에 대한 관심과 욕망이 무척 많은 편인데, 남다른 역량과 수완으로 사회적으로 크게 성공하는 사람도 많지만, 대체로 자기중심적인 성향과 아집이 강하고 다른 사람들과 조화로운 공존을 못하는 편이라서 인간관계에선 애로가 많은 경향이 있다.

막쥔손금은 다운증후군과 같은 염색체 장애와 관련된 경우도 드물게 있긴 있지만, 이 보다는 정상인에게 주로 나타나는 것인데, 만약 이 손금이 장애인의 손에서 발견될 경우엔 두뇌선과 감정선이 비정상적인 형태로 불안정하게 결합되었을 가능성이 많다고 볼 수 있다.

막쥔손금을 가진 사람은 다양한 직업군에서 활동을 하는데 정치가, 학자, 사업가, 스포츠맨, 영화배우, 예술가, 막노동자 등 사회 각계각층에서 찾아볼 수 있다. 막쥔손금의 구성이 좋고 어려서 교육을 잘 받은 경우엔 존경받고 품격높은 인생길을 걸어가는 사람이 많고, 막쥔손금의 구성도 좋지 않고 어려서 부터의 성장환경이 좋지 않은 경우엔 공사판 막노동자로 힘든 인생을 살아가는 등으로 이 막쥔손금을 가진 사람들의 인생길은 '모 아니면 도'와 같은 극과 극을 달리기 쉬운 타입이라고 하겠다.

따라서 이 막쥔손금의 분석에 있어선, 막쥔손금 구성 자체의 완전성 여부와 어려서 부터의 성장환경 모두가 중요한 영향요소가 된다. 그러면 막쥔손금의 경우 어떤 구성형태가 좋은지 한번 살펴보도록 하자.

좋은 형태의 막쥔손금

일자형 막쥔손금

막쥔손금의 구성이 잘 되었을 경우엔 대체로 감정선과 두뇌선이 서로 매끈하게 한 개의 선으로 잘 붙게 되며, 생명선이 금

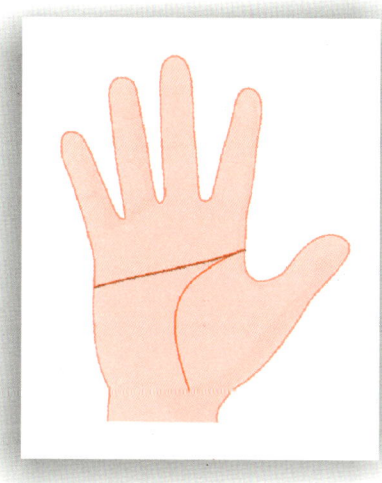

성구를 휘감으며 길게 잘 돌아가 있는 것을 볼 수 있다.

막쥔손금은 원래 간에서 열이 많이 나는 타입이라서 내부소화장기가 상하기 쉬워 생명선이 짧거나 헝클어지기 쉽다. 그런데 막쥔손금의 구성형태가 좋고 생명선도 좋다면 이 사람은 고귀한 집안혈통의 사람으로 조상의 음덕을 많이 타고난 사람이라고 볼 수 있다. 인생의 성공에 있어 중요한 기본적인 자질이 훌륭하다고 할 것이다.

물론 이런 좋은 구성의 막쥔손금이라 하더라도 인생길, 직업운, 재물운 등을 나타내는 세로삼대선, 즉 운명선, 사업선, 재물선이 잘 발달해야 사회적으로 큰 성공을 이룰 수 있을 것이다. 아무리 막쥔손금 구성이 좋더라도 세로삼대선이 좋지 않다면 인생의 굴곡이 심할 것인데, 이는 타고난 기본자질을 제대로 살리지 못하고 성장환경이나 후천적인 노력도 부족하여 전반적인 운세의 전개가 불리하기 때문이다. 즉, 아무리 좋은 씨앗이라도 싹트기 좋은 기름진 땅을 만나야 크게 성장하고 좋은 열매를 맺을 수 있는 법이다.

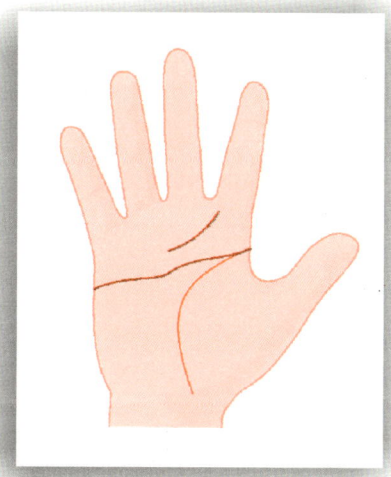

부드러운 물결모양의 막쥔손금

막쥔손금 구성이 직선형이 아니라 물결처럼 부드럽게 휘는 모습을 띠고 있다면, 이는 감성이 풍부하고 성격적으로 부드럽고 유연함을 나타낸다. 예능적 재능이 많아 엔터테인먼트나 예술

가로 성공하는 사람도 많으며 비즈니스맨의 경우에도 고상한 취향과 높은 예술적 안목을 지닌 사람이 많다.

이런 특성은 막쥔손금 위에 미적감각과 예능적 끼를 나타내는 금성대가 보기 좋게 걸쳐 있을 경우 더욱 두드러지게 나타나게 된다.

흔히 막쥔손금하면 무미건조하고 딱딱하며 강한 성격과 자기본위의 사람을 연상하기 쉽지만 이런 부드러운 막쥔손금을 가진 사람에겐 그런 표현이 적합하다고 할 수 없다.

막쥔손금에 감정선 또는 두뇌선이 남아 있는 형태

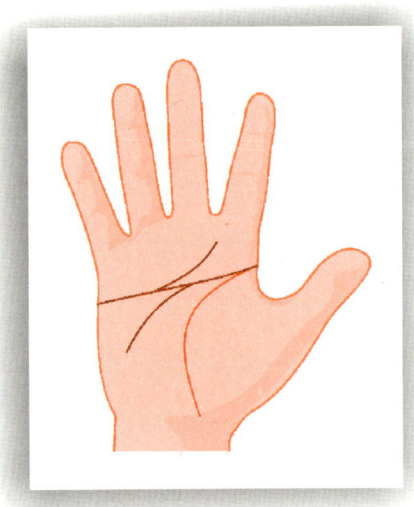

막쥔손금에 원래의 두뇌선이나 감정선의 지선이 남아있는 경우도 있다. 경우에 따라선 감정선만 남는 경우도 있고 두뇌선만 남는 경우도 있다.

두뇌선 가닥이 남아있는 경우엔 막쥔손금의 직선형 두뇌선 특성과 이 두뇌선 가닥이 나타내는 특성이 합해져서 재능이 더욱 많아지게 된다고 볼 수 있다.

예를 들어, 막쥔손금에 월구형 두뇌선 처럼 가닥이 나와있다면 주된 성향은 막쥔손금이겠지만 월구형 두뇌선의 특성을 함께 가져서 창의적, 예능적 재능과 손재주, 글재주가 좋다고 볼 수 있는 것이다.

한편, 감정선 가닥이 남아있는 경우엔 막쥔손금의 직선형 감정선 특성과 이 감정선 가닥이 나타내는 특성이 합해져서 좀 복잡한 감정적 성향을 나타내게 되는데, 감정선이 하나 더 생긴 것과 같으므로 대체로 막쥔손금이 나타내는 무미건조하고 딱

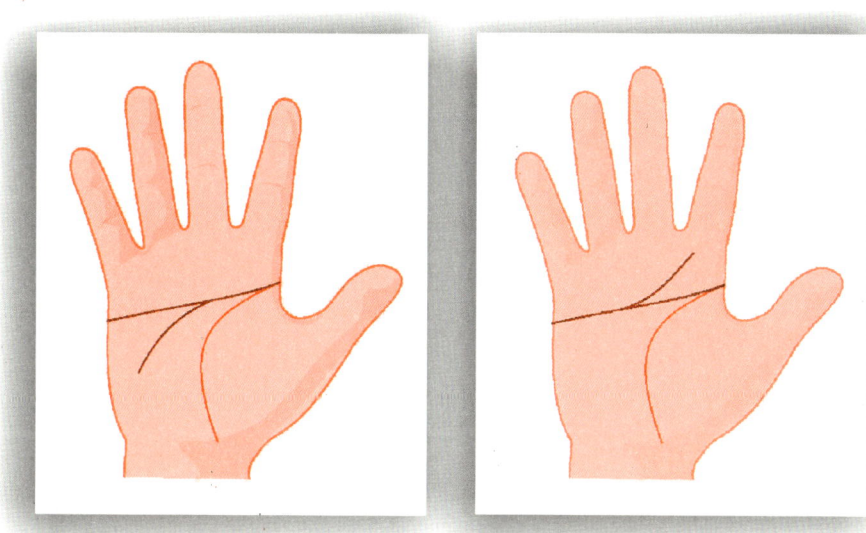

딱한 성향이 한결 부드러워지고 예능적 재능, 심미적 성향, 감성적 측면이 강해지게 된다.

막쥔손금 구성에 두뇌선과 감정선 지선이 각각 남아있는 경우엔 사회생활에 있어서 발군의 재능을 발휘하는 중요한 인재로 성장하는 경우가 많은데, 예를 들자면 삼국지의 '조조'와 같이 야심도 크고 능력도 좋으며 리더십도 있고 인간관계와 처세에도 능한 그런 타입으로 볼 수 있다.

그러면 막쥔손금에 두뇌선 지선만 남아 있거나 감정선 지선만 남아있을 경우엔 어떨까? 이것은 두뇌선과 감정선의 균형 측면에서 살피면 될 것이다. 즉, 두뇌선 지선만 남은 경우엔 그 지선의 모습과 길이, 방향에 따른 지적인 특성과 재능쪽이 더 강해질 것이고, 감정선 지선만 남은 경우엔 감성적 측면이 더 강해질 것으로 볼 수 있다. 따라서 막쥔손금에 감정선만 남은 경우라면 성격이나 직업적 특성에 감성적 예능적 심미적 성향을 더욱 가지게 된다고 볼 수 있다.

막쥔손금 사례 1- 막쥔금에 두뇌선과 감정선이 따로 나와있고
생명선도 잘 돌아가고 있어 막쥔금의 구성이 상당히 잘된 모습이다

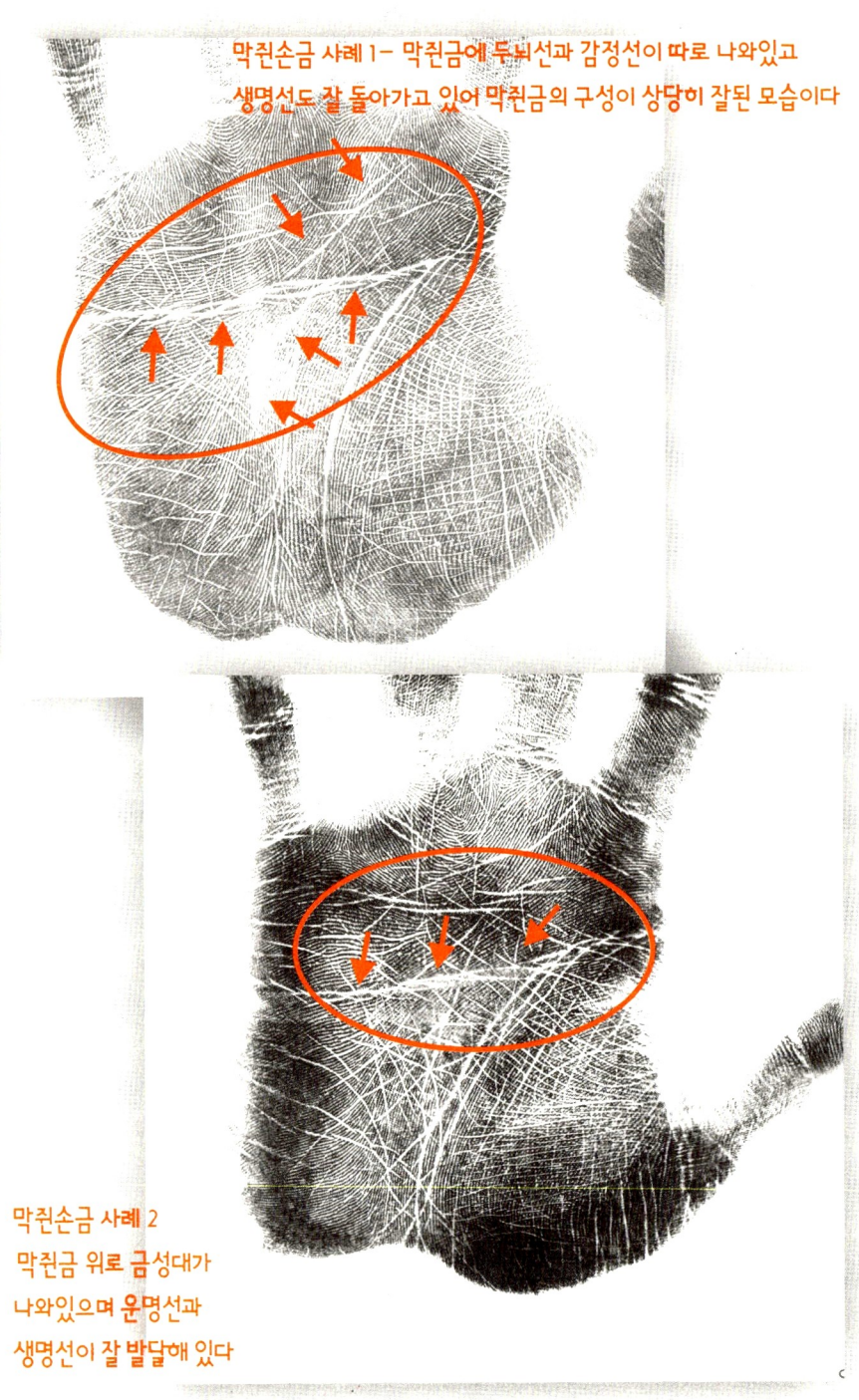

막쥔손금 사례 2
막쥔금 위로 금성대가
나와있으며 운명선과
생명선이 잘 발달해 있다

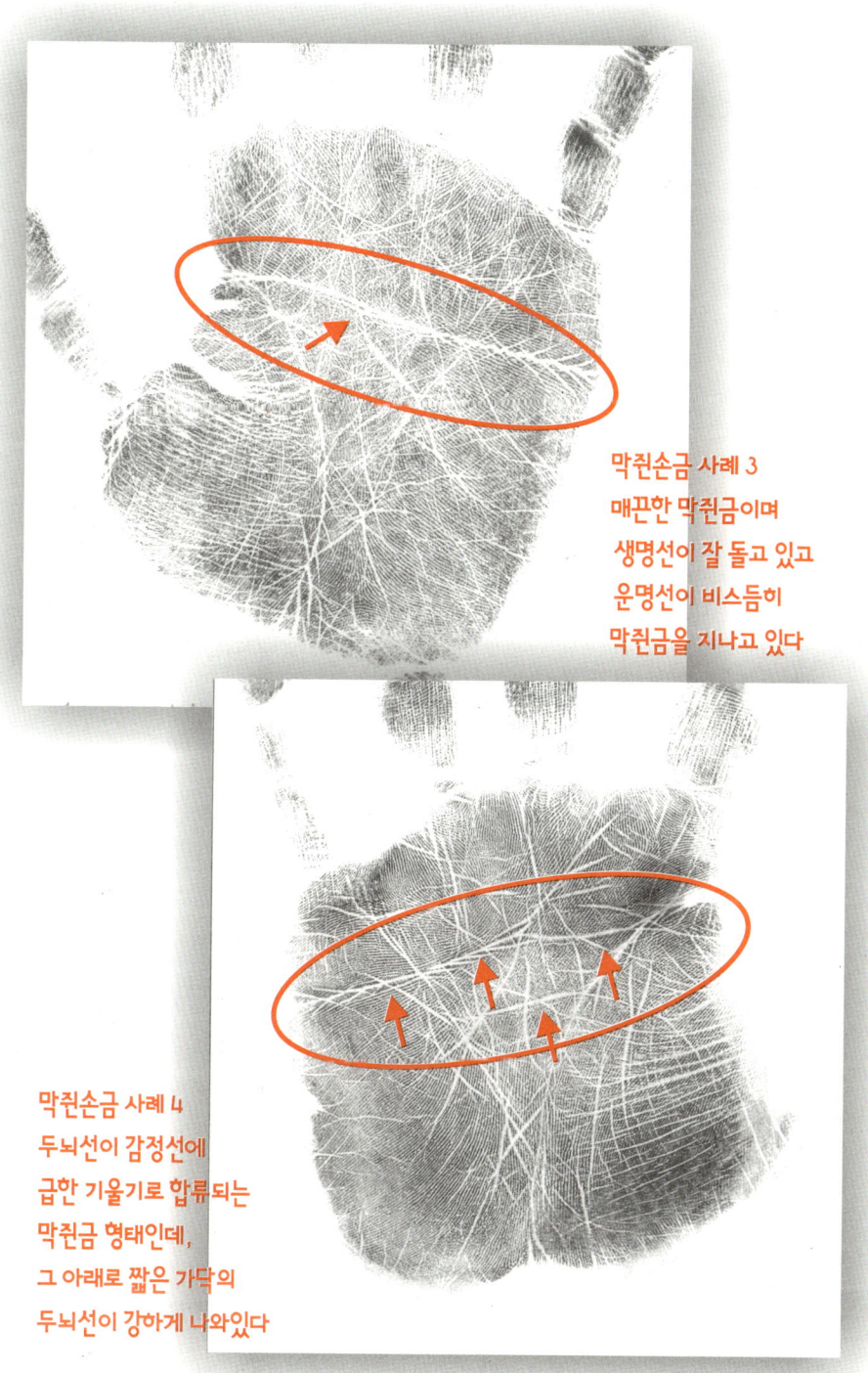

막쥔손금 사례 3
매끈한 막쥔금이며
생명선이 잘 돌고 있고
운명선이 비스듬히
막쥔금을 지나고 있다

막쥔손금 사례 4
두뇌선이 감정선에
급한 기울기로 합류되는
막쥔금 형태인데,
그 아래로 짧은 가닥의
두뇌선이 강하게 나와있다

나. 불완전 결합형태의 막쥔손금

똬리형 막쥔손금

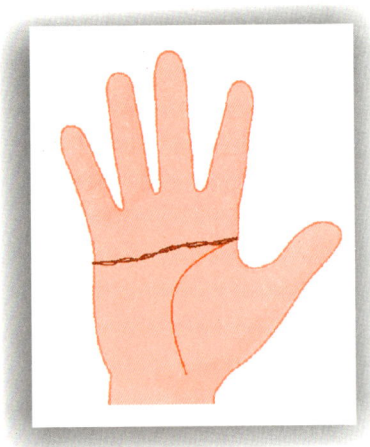

똬리형 막쥔손금은 두뇌선과 감정선이 불완전하게 결합한 형태로 선의 구성이 마치 똬리모양을 하고 있는 것을 말한다. 똬리모양 까지는 아니더라도 큰 섬문양이 여러개 보이고 있다면 역시 비슷한 해석이 가능하다.

똬리형 막쥔손금이 생기는 원인은 대체로 두가지 측면에서 파악할 수 있다.

첫째로는, 똬리형 막쥔손금은 두뇌선과 감정선이 합쳐지는데 있어서 감정선의 형태가 불완전한데서 비롯된다. 즉, 심혈관기능에 문제가 생기기 쉬운 똬리형 감정선이 두뇌선과 결합되어 만들어진 것이 바로 똬리형 막쥔손금인 것이다. 따라서 이 타입은 똬리형 감정선이 가지는 특성에 따라 심장기능이 약하고 혈액순환이 잘 되지 않는 편이며, 소심하고 내성적이며 다소 이기적이고 조급한 성격적 특성을 나타내게 된다. 이런 똬리형 막쥔손금은 심혈관 기능상의 헛점으로 말미암아 생명선의 상태도 헝클어지거나 짧게 구성 되기 쉬우며, 혈액순환 문제는 궁극적으로 두뇌선을 약화시키는 역할을 하게 되므로 막쥔손금이 가지는 강한 사고력과 의지력, 집중력같은 지적인 역량이 약해지는 측면이 있다고 하겠다.

일반적으로 두뇌선에 섬문양이 나와 있을 경우 학습 또는 업무능률이 떨어지고 인생길이나 직업에 대한 불만족감이 많아지고 외부적 스트레스에 대한 저항력이 약해지게 되는데, 똬리형 또는 섬문양이 많은 막쥔손금의 경우에도 유사한 해석을 적용할 수 있다.

　둘째로는, 막쥔손금을 구성하는 두뇌선과 감정선의 결합이 원활하게 되지 않아서 두뇌선과 감정선이 그대로 남아 있는 형태로, 불완전한 결합으로 인해 오히려 건강상 주의할게 많은 타입이 되어버린 것이다. 막쥔손금 아류들은 이렇게 꽈리형이나 감정선이 두뇌선을 자르는 형태를 가진 경우가 많은데, 그 원인은 두뇌선이 나타내는 뇌신경 계통쪽의 불안정성 때문이라기 보다는 감정선이 나타내는 심혈관계통의 불안정함에 기인하는 경우가 많다고 하겠다.

꽈리형 막쥔손금 사례 1- 막쥔금에 두뇌선 지선이 나와있어 재능이 뛰어난 모습인데 감정선이 꽈리형으로 불완전한 모습이라 꽈리형 막쥔금 모습이 되었다

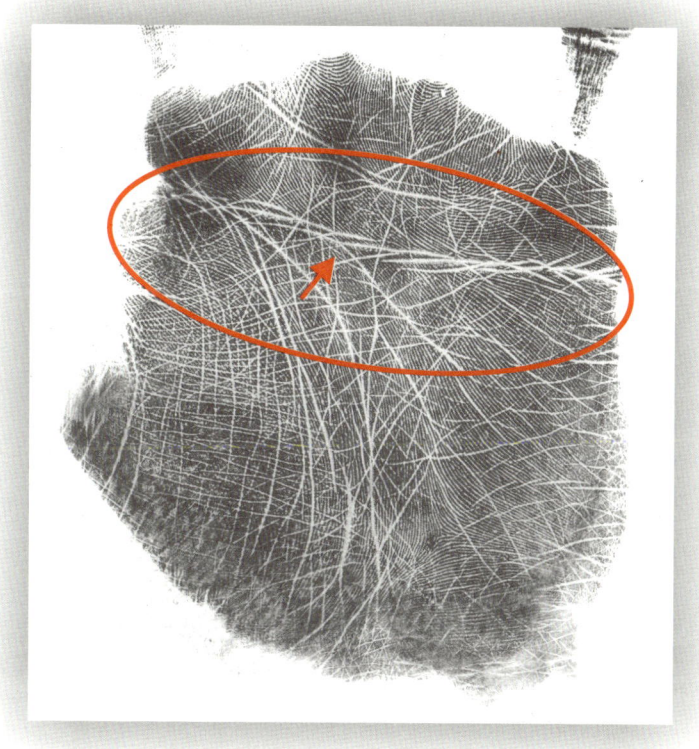

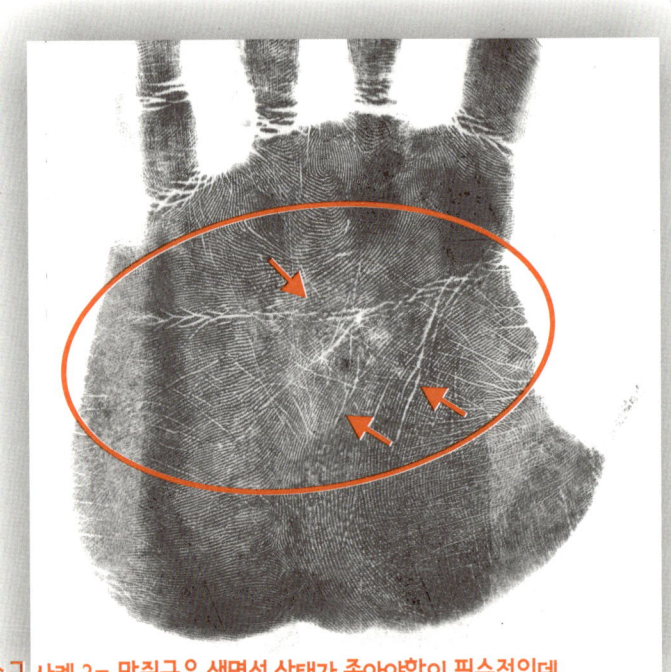

파리형 막쥔손금 사례 2 – 막쥔금은 생명선 상태가 좋아야함이 필수적인데, 이 손금에선 생명선이 가다가 끊어지며 바깥쪽의 생명선이 허물어지고 있는 모습이라 급병, 급사의 위험요소가 잠재해 있는 모습이다

그런데 이렇게 불안정한 구성형태로 인해 막쥔손금 아류로 분류된 손금의 경우에도 곧잘 막쥔손금에서 볼 수 있는 성격적 특성이나 재능이 드러날 때가 많다. 따라서 막쥔손금 아류의 경우에도 막쥔손금과 유사한 해석이 가능하며, 다만 선의 특성을 분석함에 있어서 감정선이 가지는 의미와 함께 건강상의 주의할 점을 놓치지 않는게 필요하다고 하겠다.

다. 막쥔손금 아류

감정선이 두뇌선을 자르는 형태의 막쥔손금 아류

감정선은 신체기관 중 심장기능을 대표하고 있으며, 두뇌선

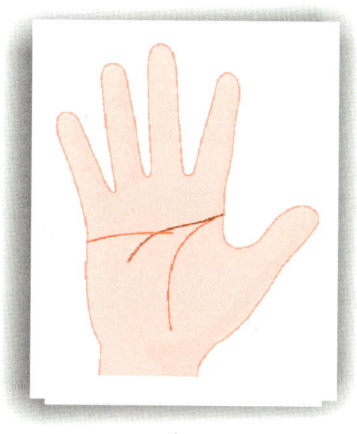

은 뇌신경을 대표하고 있는데, 이 감정선이 소지쪽에서 검지 방향으로 뻗어 가면서 위로 올라가지 않고 오히려 아래로 뻗어내려가는 경우 감정선이 두뇌선을 끊는 경우가 생길 수 있다. 이런 경우 뇌신경이 손상되거나 심장기능이 마비되는 것과 같은 대재앙이 일어날 수 있다. 즉, 손금의 가장 기본원칙으로 감정선의 주신과 두뇌신의 주선끼리는 절대 서로 만나서는 안된다는 것이다.

  감정선이 두뇌선을 자르게 되는 것은 심장기능의 불안정함에서 비롯되는데 심장기능이 좋았다 나빴다를 반복하다가 어느 순간 심장기능이 심하게 불규칙해지면서 뇌신경계통을 교

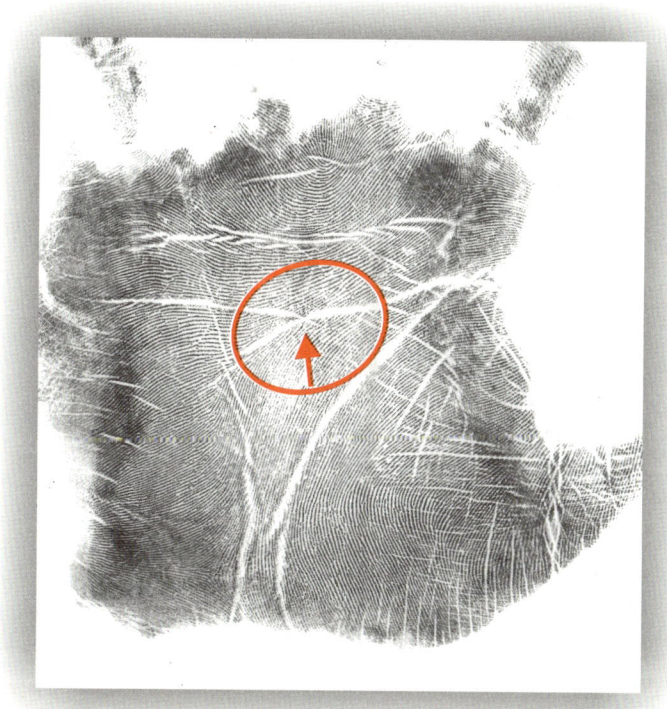

막쥔손금 아류 사례 1 – 이중감정선의 아랫가닥이 두뇌선을 살짝 끊는 모습이다

란하여 실신이나 돌연사, 뇌졸중 같은 증세를 일으킬 수 있으며 정신분열이나 여타 심각한 정신질환으로 이어질 수도 있어 주의를 요한다. 이 때, 감정선과 두뇌선이 만나는 접점부위의 앞뒤에 여러 개의 섬문양이 생겨날 수 있는데, 이런 섬문양들은 모두 두개 선의 합선에 따른 충격으로 인한 뇌신경계통의 교란 상태를 나타낸다고 볼 수 있다.

　주선이 아닌 두뇌선 지선과 감정선 주선이 만나거나, 두뇌선 주선과 감정선 지선이 서로 만나는 경우는 무방하여 큰 충격은 없는데, 그 대표적인 것이 신비십자문양이다. 신비십자문양의 경우엔 두뇌선과 감정선을 이어주는 선으로 말미암아 감정선

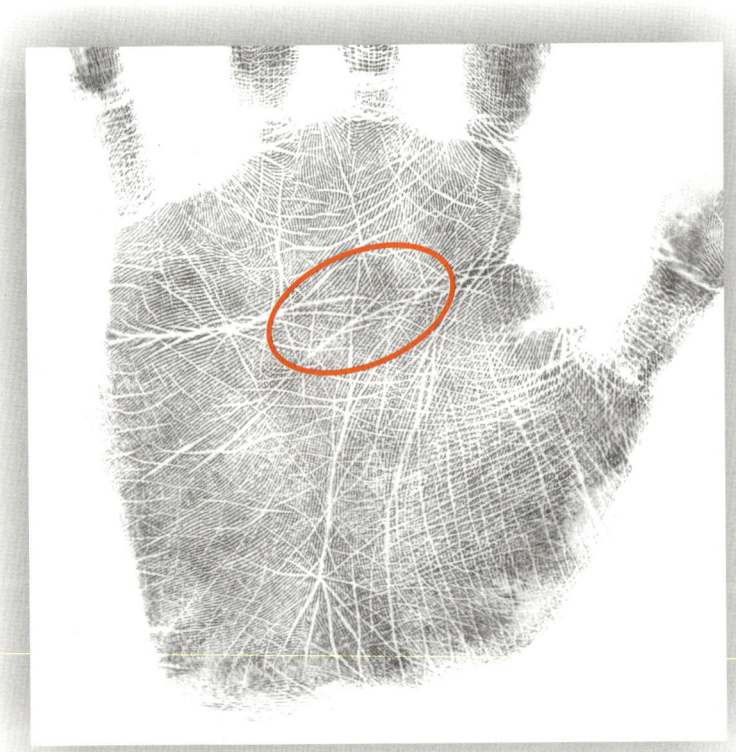

막쥔손금 아류 사례 2- 이중감정선의 아랫가닥에서 지선이 나와 두뇌선을 끊으면서 신비십자문양 형태를 이루고 있다

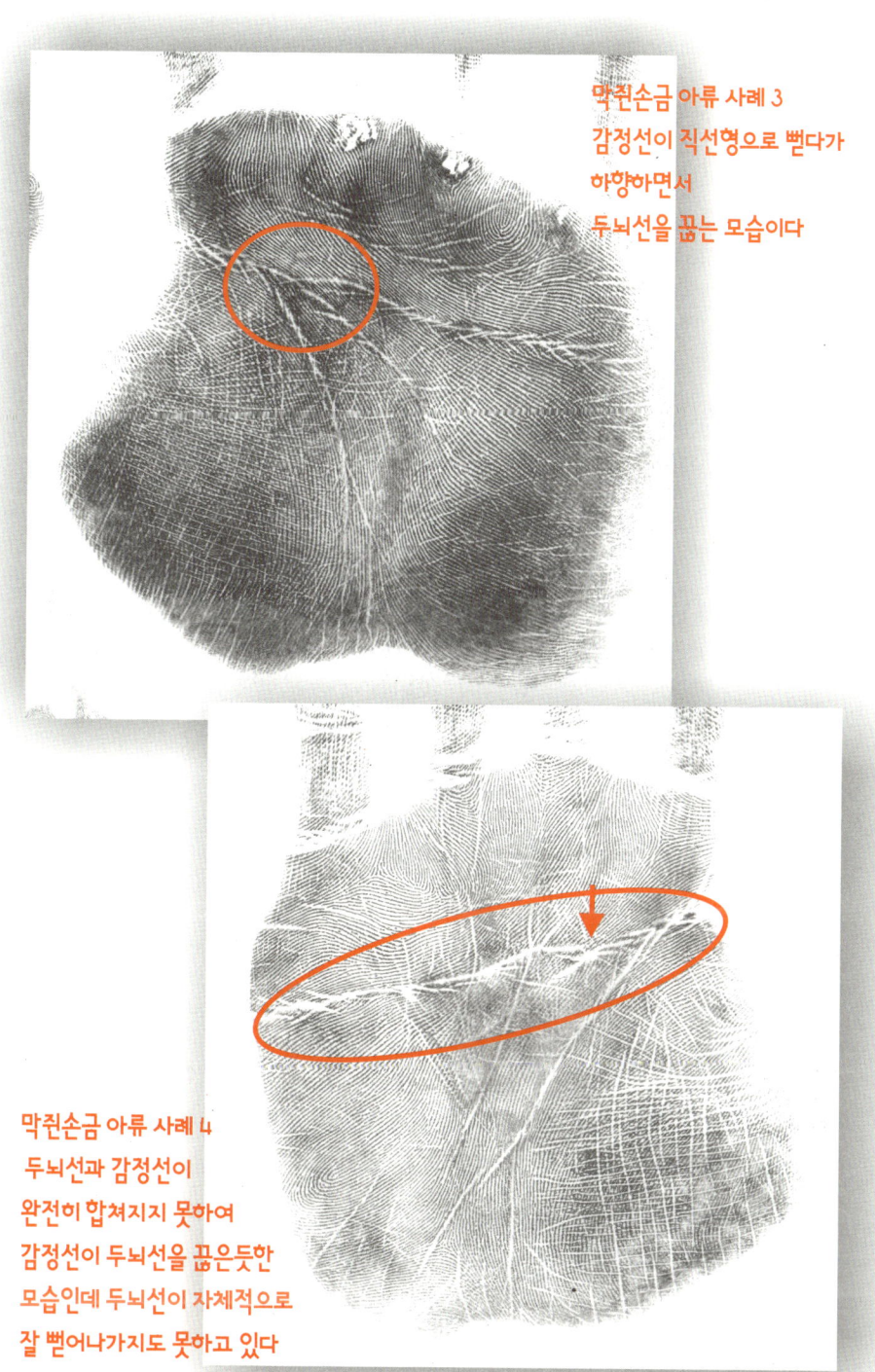

막쥔손금 아류 사례 3
감정선이 직선형으로 뻗다가
하향하면서
두뇌선을 끊는 모습이다

막쥔손금 아류 사례 4
두뇌선과 감정선이
완전히 합쳐지지 못하여
감정선이 두뇌선을 끊은듯한
모습인데 두뇌선이 자체적으로
잘 뻗어나가지도 못하고 있다

의 감성적 에너지가 자연스럽게 두뇌로 흘러 들어가게 되므로 직감력이나 영적감각이 강해지고 창의적 에너지가 강해지게 되는 것이다.

이런 관점에서 보면, 잘 구성된 막쥔손금이란 감정선과 두뇌선의 주선이 서로 잘 연결된 상태를 말하는데, 이 연결된 형태 자체가 안정적이고 순조로워서 심장기능이나 뇌신경기능에 나쁜 영향이 없는 것을 말하는 것이다.

따라서 이렇게 감정선이 두뇌선을 자르는 형태로 막쥔금이 형성되는 경우엔 엄밀하게 말하면 제대로 구성된 막쥔손금이라고 부를 수가 없는 것이지만, 막쥔손금의 구성형태가 워낙 다양하다 보니 정확히 막쥔손금과 막쥔손금이 아닌 것의 구분이 어려울 경우가 많다. 여기선 제대로 된 막쥔손금의 형태는 아니지만, 감정선의 주선과 두뇌선의 주선이 결합되면서 막쥔손금과 유사한 형태의 손금을 이룬 것을 모두 막쥔손금 아류라고 정의하기로 한다. 물론 그 특성들은 개별적인 손금분석에 의해서 정밀하게 판단해야 할 것이다.

라. 막쥔손금에 금성대가 있을 경우

막쥔금의 성향을 딱딱하게 생각하기 쉽지만 금성대가 있을 경우엔 사정이 다르다. 아름다운 형태의 금성대는 막쥔금의 강하고 흉폭한 특성을 부드럽게 만들며 심미적인 특성과 예능적 재능을 강화시켜주는데, 예술적 창의적 분야에서 활동하는 막쥔금을 가진 사람에게선 선명하고 매끈하며 우아하게 휘어진 금성대가 함께 있는 모습을 어렵지 않게 볼 수 있다. 이런 우아한 금성대는 막쥔금 소유자의 품격을 한층 높여주고 지적으로

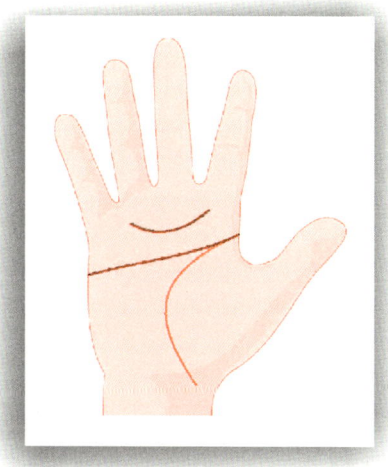

세련되게 하며 관심영역의 범위가 한층 넓어지게 하는 긍정적인 역할을 할 수 있다.

반면, 막쥔금에 금성대가 지저분하게 나와있는 경우, 즉 굵은 금성대가 여러가닥 끊어져 있거나 비뚤비뚤거리며 제멋대로 나와있는 경우엔 막쥔금의 흉폭함에 더해서 지저분한 금성대가 가지는 음침하고 충동적이며 탐욕적이며 사악한 성향이 드러나는 경우도 있으니 주의해서 분간해야 할 것이다.

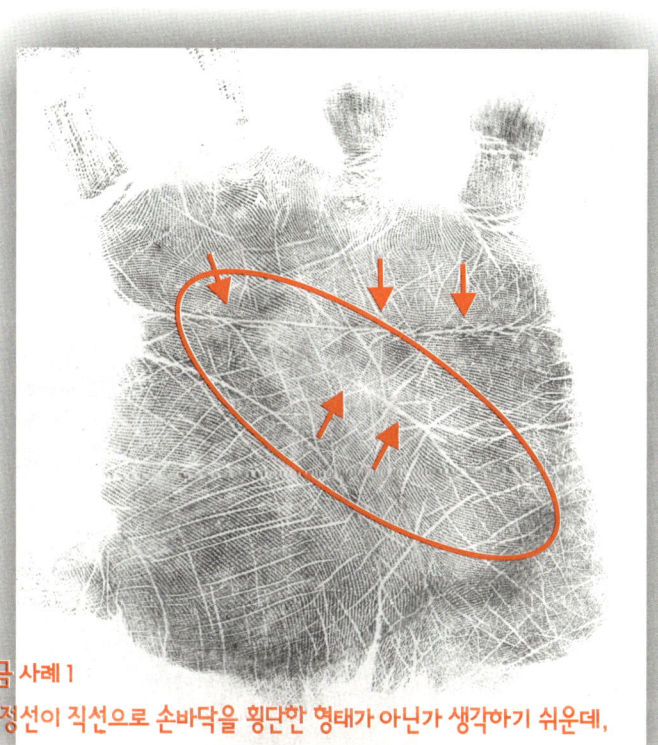

독립적 막쥔손금 사례 1
언뜻 보기에 감정선이 직선으로 손바닥을 횡단한 형태가 아닌가 생각하기 쉬운데, 막쥔금이면서 그 아래쪽으로 두뇌선이 한가닥 더 나와있는 모습이다

마. 독립적 두뇌선 형태의 막쥔손금

간혹 독립적 두뇌선이 막쥔 손금 형태로 발전한 모습의 손금을 볼 수 있는데, 유심히 관찰하지 않으면 마치 길게 손바닥을 횡단한 직선형 감정선이 아닌가 착각하기 쉽다. 독립적 두뇌선은 여성들의 손금에서 자주 관찰되고 있으니 당연히 이러한 형태의 막쥔 손금이 생길 수 있는 것이다.

막쥔 손금의 강한 성취욕구와 집중력, 승부욕에 더해서 독립적 두뇌선의 구속, 속박을 싫어하며 비범한 사고방식과 직업활동을 감안한다면 상당히 파격적인 인생행보나 성격적 특성이 나올 것이다.

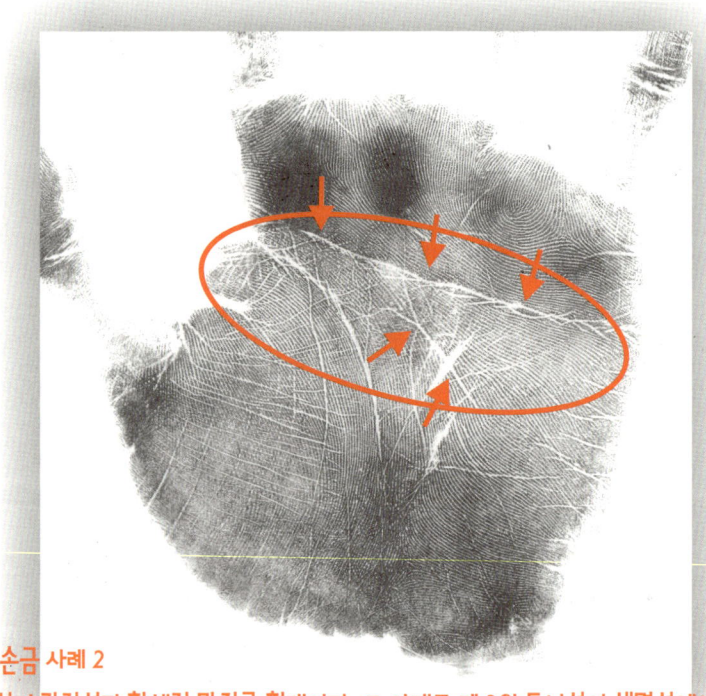

독립적 막쥔 손금 사례 2
독립적 두뇌선이 감정선과 합해진 막쥔금 형태이며, 그 아래로 제 2의 두뇌선이 생명선에서 좀 떨어져서 불안정하게 시작하고 있다

3. 이중두뇌선과 삼중두뇌선

이중두뇌선

이중두뇌선이란 두뇌선이 독립적으로 두가닥 나와있는 것을 말한다. 이런 이중두뇌선의 구성에 있어서도 좋은 형태와 나쁜 형태, 안정한 타입과 불안정한 타입이 극단적으로 나뉘게 된다.

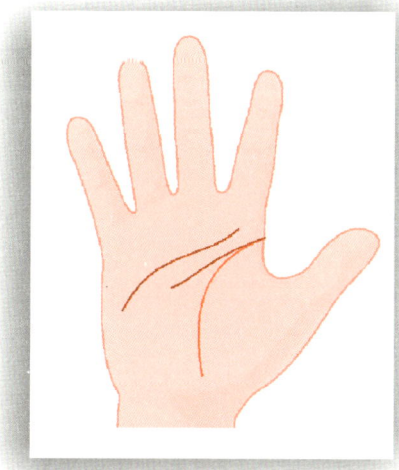

이중두뇌선의 구성이 잘 되었을 경우엔 대개 특이재능을 가지는 사람이 많은데, 일반인들에 비해 여분의 두뇌선을 하나 더 가진 셈이어서 대체로 기억력이 좋고, 동시에 두세가지 일을 벌이길 좋아하며, 외국어를 남들 보다 쉽게 배우는 편이다. 이런 특성은 이중 두뇌선이 오른손에 나와 있는 경우 두드러지게 발현된다.

탤런트나 가수 등 연예인들에겐 이런 이중두뇌선을 가진 사람들이 특히 많은 편인데, 생명선과 두뇌선의 시작지점이 떨어진 독립적 두뇌선 타입에다 이중두뇌선을 가진 사람이라면 좀 특출나다고 생각하면 되겠다.

마치 컴퓨터의 CPU가 두개인 것 처럼 한편으로는 말을 막 하면서 다른 한편으로는 미리 말할 것을 따져 생각하면서 대화를 한다든지, 한편으로는 A라는 리듬으로 움직이고 다른 한편으로는 B라는 리듬으로 움직이는 등의 엇박자 타입의 노래에도 능숙하며, 한쪽 귀로는 영어를 듣고 다른쪽 귀로는 일본어를 듣고 이해를 한다는 등의 이중적인 사고와 행동이 쉽게 될 수 있는 타입이라고 하겠다.

 따라서 좋은 구성의 이중두뇌선을 가지면 단연 사회생활에서 돋보이게 되고 재능이 좋으므로 성공하기가 쉬워질 것이다.

 어린아이들의 두뇌선은 연약한 상태인데 어릴 때 외국으로 이민을 간다든지 하는 급격한 생활문화권 변화에 따라 이중두뇌선이 형성되기도 한다. 즉, 기존의 연약한 구성의 두뇌선 부위가 떨어지면서 이중두뇌선으로 변화하기도 하는 것이다. 새로운 언어체계를 사용하여야 하고 문화관습도 전혀 다른 나라에 적응하려다 보니 기존의 두뇌선만으로는 소화가 잘 되지 않아서 자연스럽게 하나의 두뇌선이 두가닥으로 떨어져 발전해 가는 것이다.

대체형 이중두뇌선

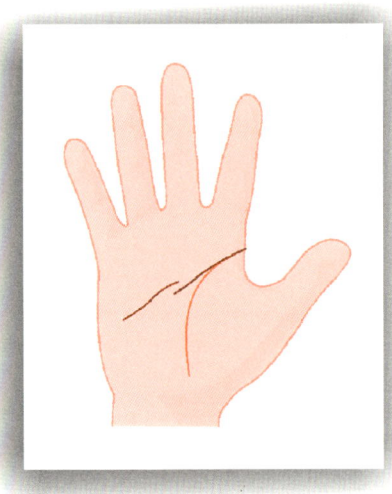

 이중두뇌선이라고 해도 그 구성에 있어 두뇌선 두가닥이 함께 흘러가는 모습이 아니고, 본래의 두뇌선이 다른 두뇌선 가닥으로 대체되는 듯한 모습이면 이중두뇌선의 장점이 많이 사라지게 되어 별달리 뛰어난 재능을 발휘하지 못할 수도 있다.

 이러한 대체형의 이중두뇌선의 경우엔 두뇌선의 흐름이 달라지는 시점을 전후하여 사고방식이나 가치관, 직업적 적성이 현저하게 변화되는 경우가 많다. 이런 대체형 이중두뇌선을 가지고 있으면 대학을 가고 나서 처음 목표했던 전공분야를 바꾸거나 사회진출 이후에 갑자기 직업분야를 바꾸는 경우가 많은데, 그런 변화의 시기를 전후해서 갑자기 자기정체성이나 자신감의 상실 등의 시기를 겪는 경우가 많다.

불완전한 구성의 이중두뇌선

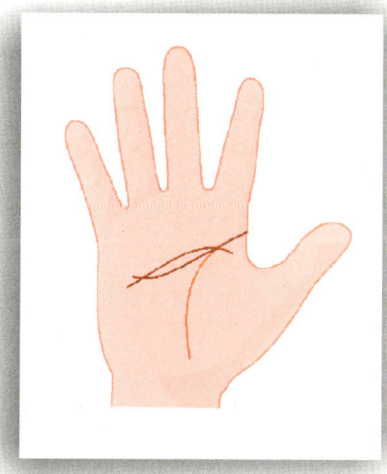

이중두뇌선이라고 모두 머리가 좋고 지능이 뛰어난 것은 아니다. 이중두뇌선을 구성하는 두뇌선의 진행방향이 서로 어긋나서 마치 큰 섬문양처럼 된 경우가 있다. 이런 타입의 이중두뇌선은 특이하게도 미술적 재능이 뛰어난 사람이 많은데, 일반적 형태의 이중 두뇌선이 가지는 기억력, 사고력, 어학적 재능 등은 별달리 나타나지 않는 경우가 많다. 두뇌선이 큰 섬문양 형태라서 뇌 신경계통이 연약함을 나타내기도 하므로 관련질환에도 주의함이 좋겠다.

소심한 타입의 이중두뇌선

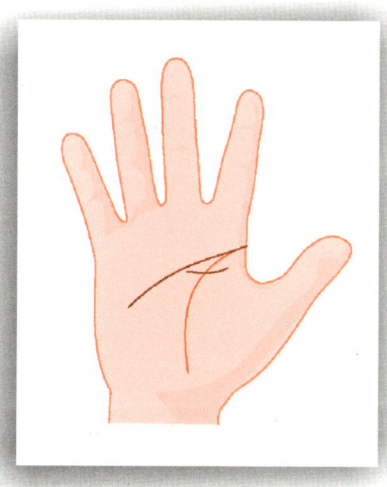

이중두뇌선의 두가닥 중 어느 한가닥이 연약한 구성을 가지거나 너무 짧거나 하면 제대로 그 재능을 발휘하기가 어려워진다. 대표적인 형태가 한가닥이 짧게 생명선 안쪽의 제1화성구에서 시작하고 다른 한가닥은 생명선과 좀 떨어져 시작하는 경우다. 짧은 두뇌선은 대개 상향하게 되는데 물질욕과 직감력이 강하며 다소 이기적이고 자기방어에

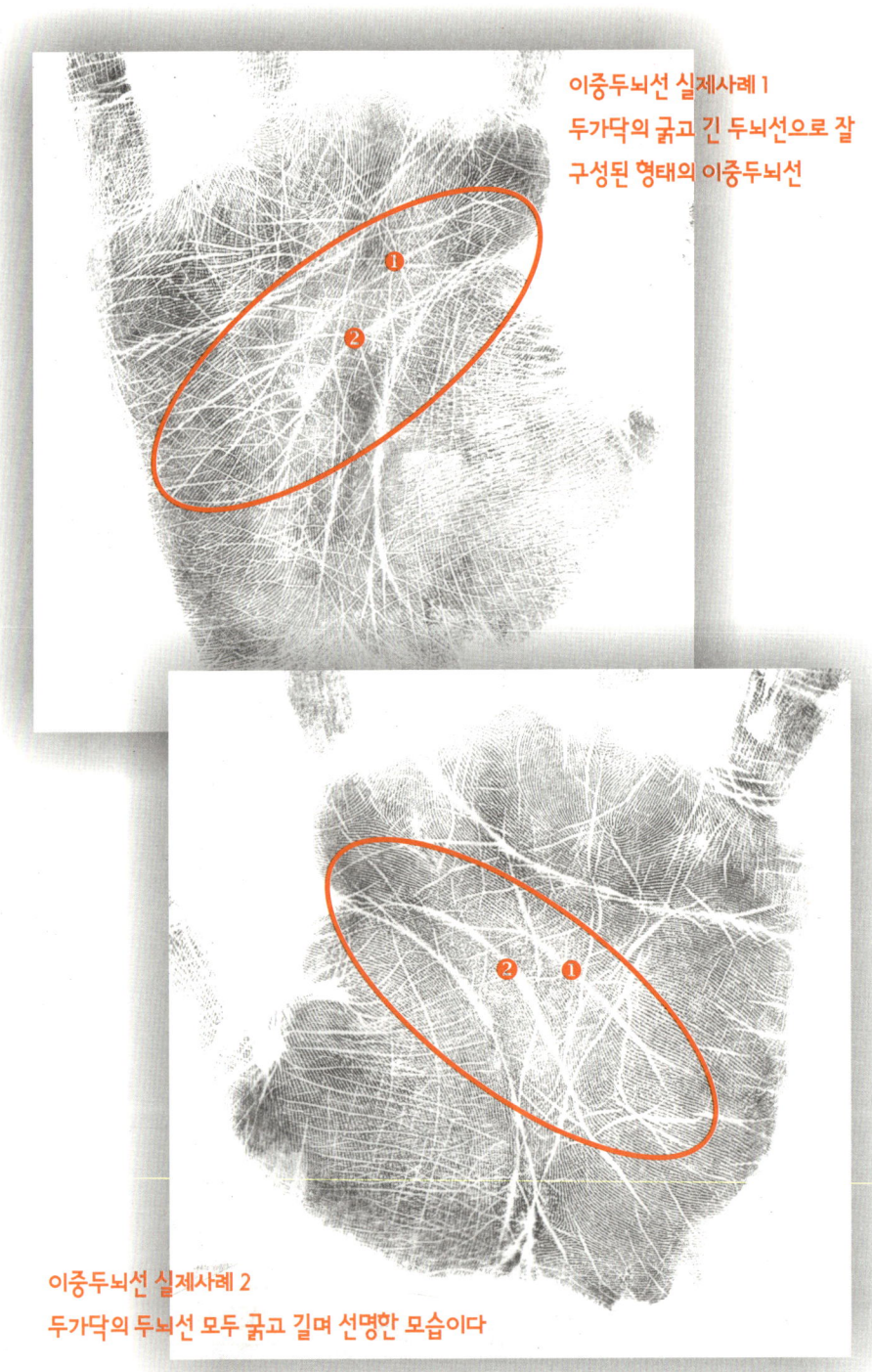

이중두뇌선 실제사례 1
두가닥의 굵고 긴 두뇌선으로 잘
구성된 형태의 이중두뇌선

이중두뇌선 실제사례 2
두가닥의 두뇌선 모두 굵고 길며 선명한 모습이다

이중두뇌선 실제사례 3
독립적 두뇌선이 길게
제2화성구로 뻗어 있는데,
그 아래로 생명선에서 출발하여
수성구로 향하는 두뇌선이 길게 나와있다

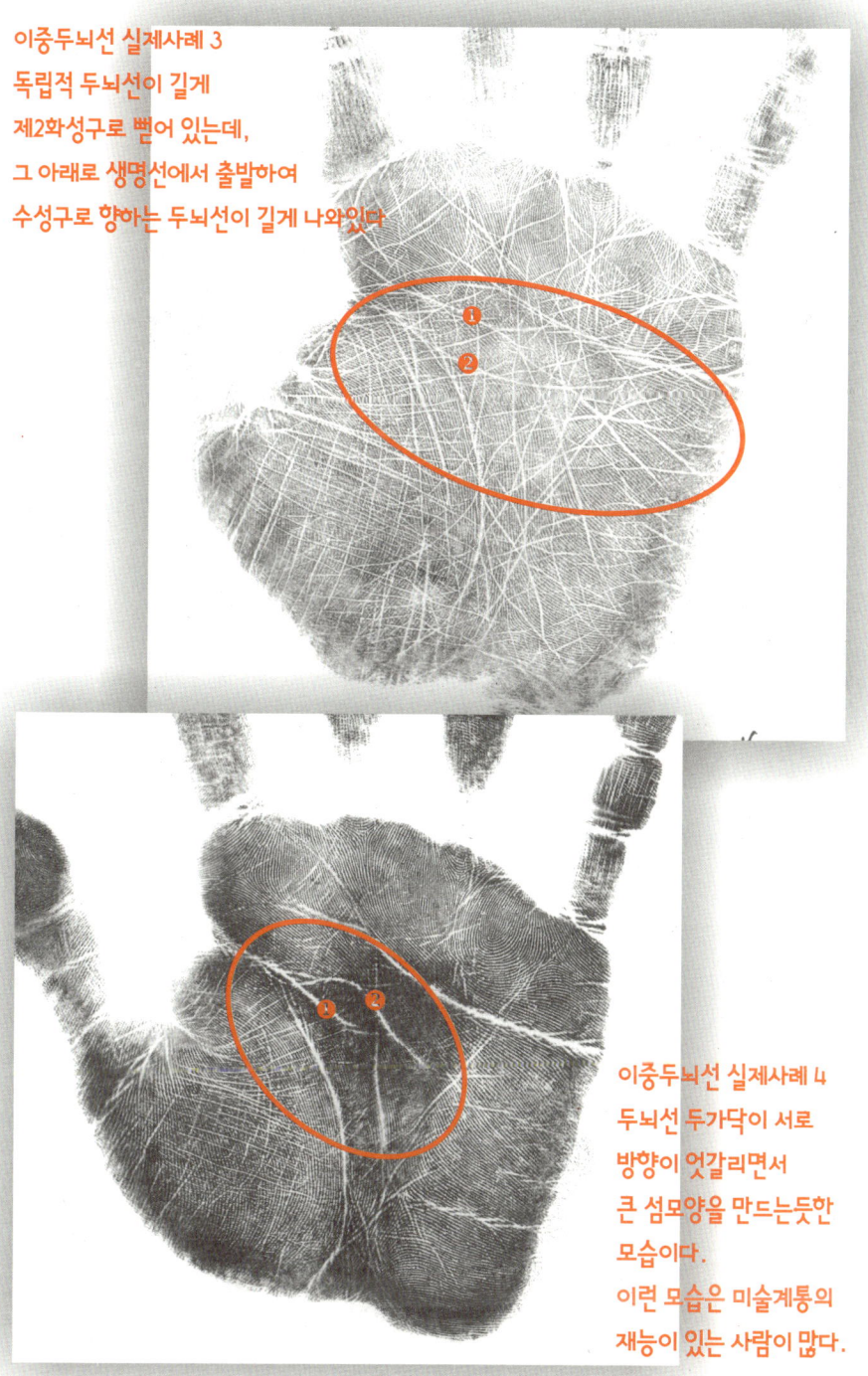

이중두뇌선 실제사례 4
두뇌선 두가닥이 서로
방향이 엇갈리면서
큰 섬모양을 만드는듯한
모습이다.
이런 모습은 미술계통의
재능이 있는 사람이 많다.

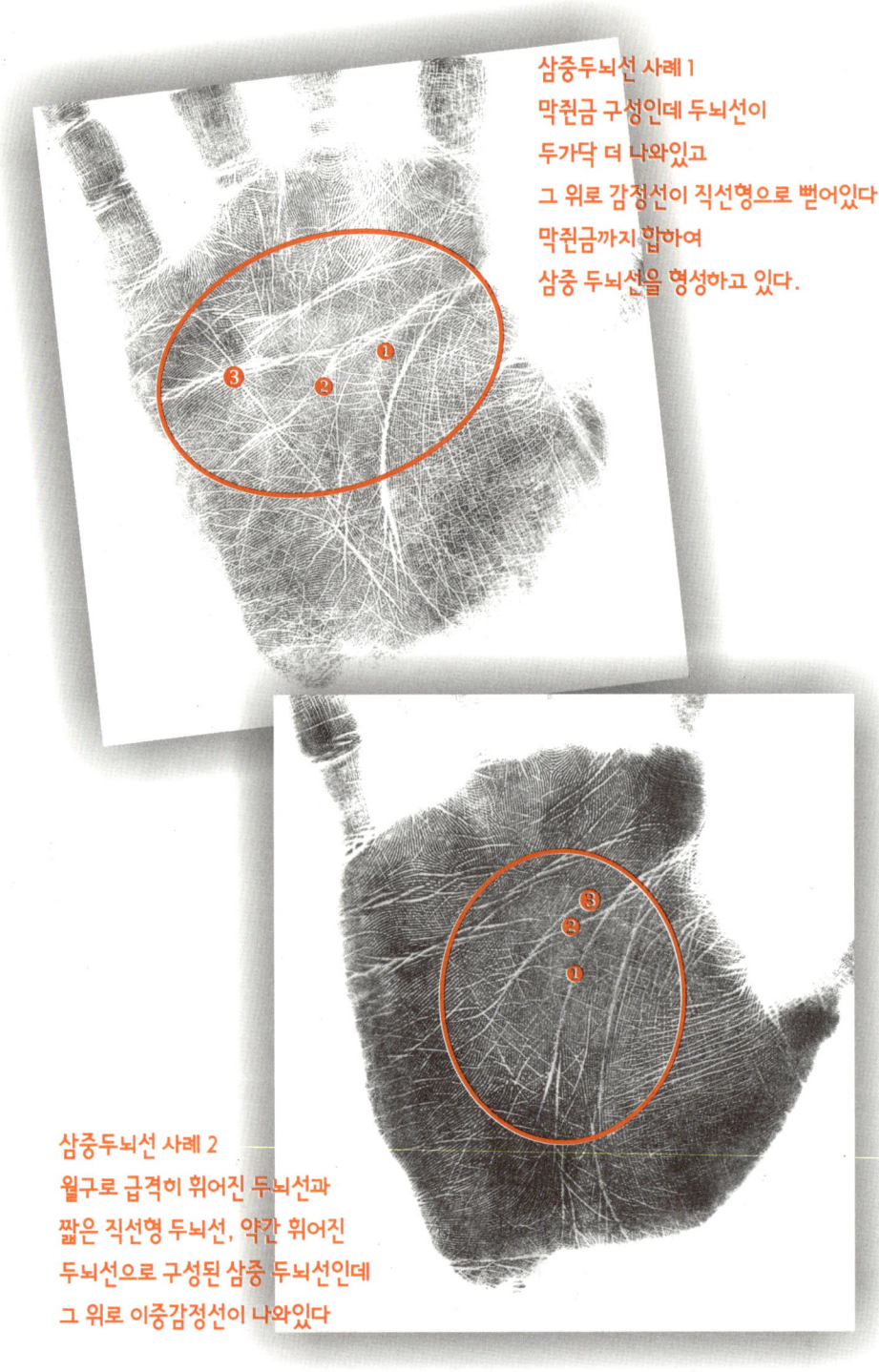

삼중두뇌선 사례 1
막쥔금 구성인데 두뇌선이
두가닥 더 나와있고
그 위로 감정선이 직선형으로 뻗어있다
막쥔금까지 합하여
삼중 두뇌선을 형성하고 있다.

삼중두뇌선 사례 2
월구로 급격히 휘어진 두뇌선과
짧은 직선형 두뇌선, 약간 휘어진
두뇌선으로 구성된 삼중 두뇌선인데
그 위로 이중감정선이 나와있다

능한 타입인데, 뭔가 말다툼 같은 것이라도 있게 된다면 이런 사람은 거의 싸움닭처럼 강하게 달려드는 경향이 있다. 그런데 이중두뇌선의 짧은 한가닥이 굵거나 선명치 않고 가느다란 모습을 보이는 것이 소심한 타입의 두뇌선에 해당하는데, 이런 두뇌선은 평상시엔 별 이상이 없지만 뭔가 주변환경이 극악하게 변하게 된다든지 자신의 계획대로 인생길이 전개되어 가지 않을땐, 길다란 두뇌선 대신에 가느다란 두뇌선이 작동하게 되어 소아적이고 유약하며 근시안적인 특성을 드러내기도 한다. 즉, 어떤 기계의 주된 회로가 일시적으로 망가졌을 경우 보조적인 대체회로가 움직이는데 이게 성능이 너무 떨어지는 탓에 기계가 필요한 제 기능을 수행해내지 못하는 것과 유사하다고 보면 된다.

삼중두뇌선

   삼중두뇌선을 가진 사람도 심심찮게 볼수 있다.
   두뇌선 세가닥이 모두 좋은 상태라면 흔히 보기드문 특이재능이 개발되었을 가능성이 많다. 이것도 역시 오른 손에 나와있을 경우가 좋다.
   그런데 두뇌선에도 유년법이 적용되는데 여러가닥의 두뇌선 중에 특정 나이대에 주로 활동하는 두뇌선이 몇가닥이 되는지도 중요하다. 따라서 두뇌선 세가닥이 특정시기에 모두 살아있는 모습이라면, 특히 학업에 전념하거나 사회적 기반을 잡는데 중요한 시기인 젊은 시절에 두뇌선이 세가닥 살아 있다면, 분명 이 사람은 남들 보다 몇배의 지적능력을 발휘하여 성공의 문을 활짝 열게 될 가능성이 많은 것이다. 다른 두뇌선들과 마찬가지로 이 삼중두뇌선의 각 가닥들이 어느 방향으로 뻗어가는지, 선의 상태가 얼마나 좋은지, 삼중 두뇌선이 어느 손에 나와있는지 등은 재능이 어느 방향으로 발달했는지를 판단하는데 중요한 요소일 것이다.

그런데 두뇌선이 이렇게 여러가닥이 되면 일단 뇌신경체제는 섬세하고 연약하며 다소 불안정할 가능성이 높다. 따라서 이런 이중두뇌선과 삼중두뇌선에 있어선 어려서부터 두뇌신경을 잘 관리해주도록 하는 노력이 필요하겠다.

4. 두뇌선에 나타나는 장해선, 상향지선, 하향지선, 섬문양 등

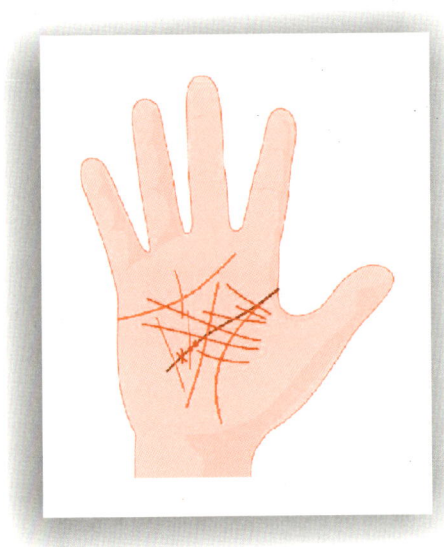

일단 두뇌선의 형태가 확정되어 버린 이후엔 두뇌선 자체가 이동한다든지 선 모양이 변화한다든지 하는 것은 무척 어려운 일이다. 두뇌선 끝부분에 지선이 길어지거나 새로 생겨날 수도 있겠지만, 한가닥 선이 두가닥으로 변한다든지 시작지점이 갑자기 생명선과 떨어진다든지 하는 식의 변화는 거의 불가능한 것이다. 그 대신에 두뇌선에는 장해선이나 상향지선, 하향지선, 섬문양이나 별문양 등과 같은 작은 변화들이 생겨날 수 있다.

두뇌선이 지적인 활동과 성취감, 도전과 시련, 문제에 대한 승리나 패배 등을 기록하는 데이터 저장소 역할을 하게 되므로 이런 지선들과 문양들을 잘 판독하여 보면 과거에 경험하였거나 미래에 생길 일에 대한 좀더 세밀한 추정이 가능하게 된다.

이제 두뇌선의 장해선, 대장해선, 상향지선, 하향지선, 섬문양, 별문양, 우울증세에 대해 살펴보자.

두뇌선의 장해선과 별문양

두뇌선상의 별문양은 얼굴부위나 뇌신경 계통에 대한 충격이나 정신적 충격을 나타내는데 별문양이 보이면, 일단 사고나 급병수를 조심해야 한다. 만약 머리를 다치는 사고를 당한 경우, 사고 후에 두뇌가 완전히 회복된 경우엔 두뇌선이 새롭고 강해지게 된다. 별문양은 마치 폭죽이 터진 것과 같은 것이라서 사고로 안면부위를 다친다든지, 총에 맞는다든지, 뇌졸중으로 쓰러진다든지 하는 것을 연상할 수 있다.

두뇌선에 일자(/) 또는 십자(X) 장해선이 생긴 것은 정신적 고통이나 고민거리, 직업적 어려움, 재물적 손실, 생활방식이나 태도의 큰 변화를 의미한다.

두뇌선에 마치 점을 한두개 찍은듯이 보이는 경우엔 급병이나 사고수를 의미하는데 주로 머리에 열병이 나는 것과 같은 일이 생기기 쉽다. 두뇌선과 생명선에 있어 장해선이 지나가는 시기가 서로 비슷한 경우가 많은데 이것은 정신적 고통이나 생활상의 고통이 함께 동행하기 쉽기 때문이다.

그런데 장해선이 길게 나와서 생명선, 두뇌선 뿐만 아니라 운명선과 재물선, 또는 사업선 까지 자르는 모습을 보이는 것을 대장해선이라고 부른다. 이런 대장해선은 인생의 큰 상처나 고통을 남기기 쉬운데 생명선, 두뇌선, 운명선, 재물선, 사업선 등 각각의 유년법에서 그 해당하는 영향의 시기를 짐작해볼 수 있다.

두뇌선의 섬문양

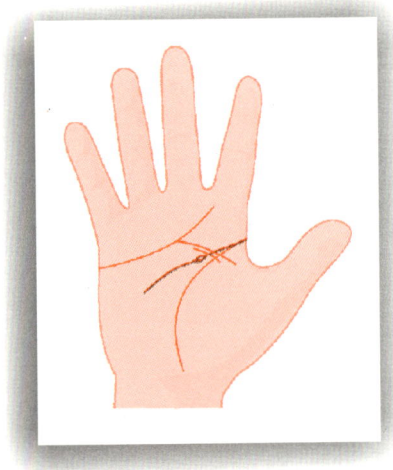

섬문양이란 하나의 선이 둘로 갈라져 흘러가다가 다시 합쳐지는 모습을 말하며 두가닥의 다른 선이 서로 꼬여서 만들어지는 형태는 섬문양으로 부르지 않는다. 대개 섬문양이 시작되기 전에 굵은 장해선이 두뇌선을 끊고 지나가는 경우가 많다. 이런 굵은 장해선은 두뇌에너지 흐름을 차단하며 경제적 어려움, 직업이나 사업상의 어려움, 인생길의 고민과 같은 중요한 장해의 시기를 나타내는데, 이게 원만하게 잘 해결이 되지 않다보니 인생길에 있어서의 장기적 침체기를 나타내는 섬문양으로 이어지게 되는 것이다.

  섬으로 나타나는 부분은 경제적 불만족, 재물적 손실, 직업적 불만족, 근심걱정이 많은 시기를 나타내며, 섬이 길면 길수록 문제를 해결하는데 소요되는 시간이 더욱 오래 걸리는 것을 나타낸다. 두뇌선의 유년을 적용해 보면 섬문양의 시작시기와 지속기간을 대체로 정확히 알 수 있다.

  섬문양이 일단 생기고 나면 그 해악은 대단히 큰데, 두뇌활동의 효율성을 상당히 저하시키므로 학습능률, 업무능률을 저하시키고, 사고력과 집중력, 자신감을 떨어뜨리며, 두뇌에너지의 흐름도 불규칙하게 만들게 되니 주의할 일이다.

  이런 섬문양은 미연에 방지하는게 좋은데, 일단 섬문양이 만들어질 조짐이 보이면 머리와 마음을 평온하게 하며 뇌신경에 충분한 영양분을 공급하고 비생산적이고 소모적인 걱정근심을 과감히 떨쳐 놓아버리고 일찍 잠자리에 드는 생활습관이 도움이 될 것이다.

섬문양은 주로 자신의 내면세계를 나타내는 왼손에 많이 나오게 되는데, 왼손은 우뇌가 관장하므로 우뇌를 강화시켜주는 단전호흡이나 참선, 요가 같은 수련법이 섬문양을 완화시키거나 방지하는데 좋은 효과를 줄 수 있을 것이다.

두뇌선의 지선

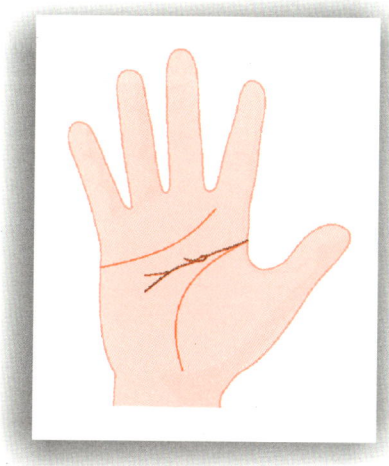

두뇌선은 후천적인 학습이나 경험, 사고영역의 변화 등에 따라 지선이 생겨나는 경우가 많다. 이런 지선들은 두뇌선의 중간부위에 위 또는 아래로 생겨나기도 하며, 두뇌선의 끝부위에 새로운 지선이 나오기도 한다.

두뇌선의 끝 부위에 생겨나는 지선은 주요한 지적 관심영역이나 지적특성의 변화로 좀더 근본적인 변화를 암시한다.

반면, 두뇌선 중간에 생겨나는 선은 정신적 에너지가 창조적 방향으로 흘러가고 있는지, 아니면 비생산적인 방향으로 흘러가고 있는지를 가늠해 보는 단서가 될 수 있다.

두뇌선의 상향지선은 정신적 에너지가 생산적 방향으로 실제적인 성과를 위해 잘 쓰여지고 있음을 나타내어 지적인 성취감이나 재능의 계발을 나타낸다. 검지쪽으로 올라간 상향지선은 사회적 또는 학문적 성취를 나타내며, 중지쪽으로 올라간 지선은 학문적 연구에 뛰어나거나 직업적 성공이나 성취감을 나타내며, 약지쪽으로 올라간 지선은 작가적 재능이 뛰어나거나 창의적 활동의 성과나 자기실현을 나타내며, 소지쪽으로 올라간 지선은 사업적 수완이나 투자감각이 뛰어남을 나타내거나

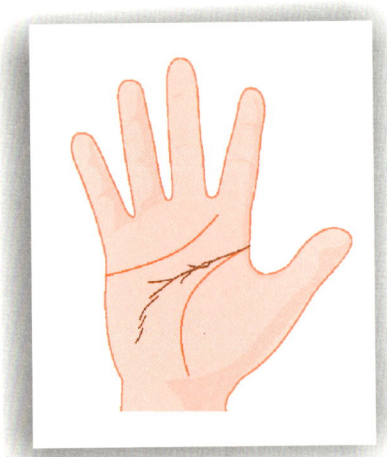

재물적 성공을 나타낸다.

이런 상향지선이나 하향지선은 두뇌선 유년법을 적용하면 쉽게 그 지선이 생기는 나이대를 알 수 있으므로 미리 이런 변화에 대비할 수 있을 것이다.

두뇌선 섬문양의 끝부분에서 위로 살짝 올라간 지선은 두뇌선 섬문양의 시기에서 벗어나서 장기적 침체기의 원인이 되었던 근심걱정에서 벗어나거나 새로운 돌파구를 마련한 의미가 있으니 무척 반가운 싸인이라고 하겠다. 하지만 두뇌선 섬문양의 상향지선이 만들어진 이후에도 두뇌선 섬문양 기간동안의 후유증으로 인해 어느 정도의 지적 정신적 능력저하는 어쩔 수 없는 경향이 있는데, 일단 한번 섬문양의 시기를 겪고 나면 전성기 때의 지적 정신적 능력수준으로 복귀하기는 어렵다고 하겠다.

반면, 두뇌선에 하향지선이 생기면 정신적 에너지가 삶의 행복이나 인생의 목표달성에 잘 쓰여지지 못하는 것을 의미하여 의욕침체, 의기소침, 매사 일이 잘 안풀리거나 위축된 우울한 시기를 나타낸다. 이런 하향지선이 자꾸 길어지다가 어느날 위로 고개를 들고 올라가면 섬문양이 만들어질 수 있으므로 주의해야 한다.

두뇌선의 끝부위에 두뇌선과 약간 떨어져서 아랫쪽으로 두뇌선과 평행하게 지선이 생길 경우가 있는데, 이것은 우울증세를 나타내는 싸인이므로 주의가 필요하다.

문제두뇌선1
불안정한 구성의 두뇌선 사례
짧은 두뇌선 -
두뇌선이 상당히 짧은 형태인데,
두뇌선이 끝나는 지점 근처에
중대사고나 급병,
정신질환 등이 염려된다

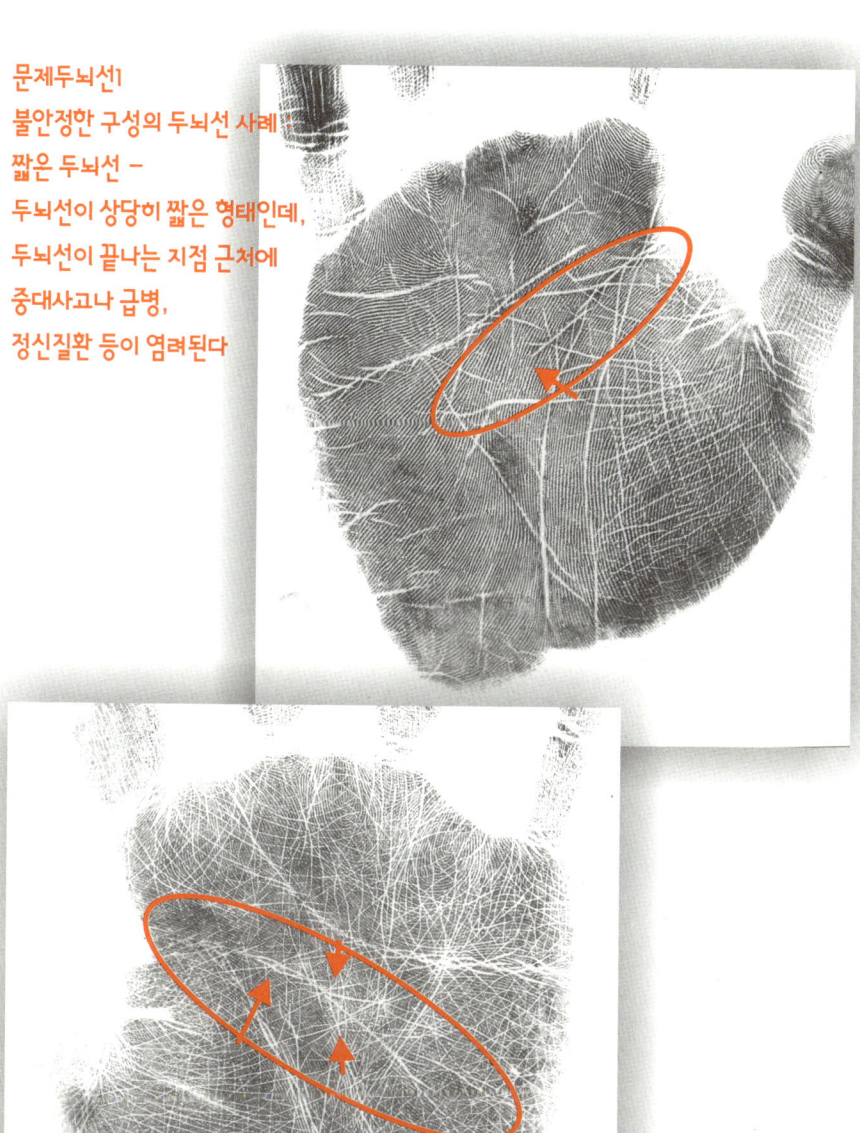

문제두뇌선2
불안정한 구성의 두뇌선 사례 – 주요삼대선이 모두 덧칠된 듯이 선들의 상태가 좋지 않고, 두뇌선에 긴 섬문양과 장해선이 많아 사고력과 의지력이 저하되고 기혈순환상태가 상당히 불순하며 정신적 스트레스를 받고 있는 모습이다

문제두뇌선 3
불안정한 구성의 두뇌선 사례 -
왼손의 두뇌선이 여러가닥인데
모두 정상적인 구성이 아니라서
정신질환의 염려가 있다.
오른손 두뇌선이 좋지 않다면
정상적인 사회생활이
어려울 수도 있어 보인다.

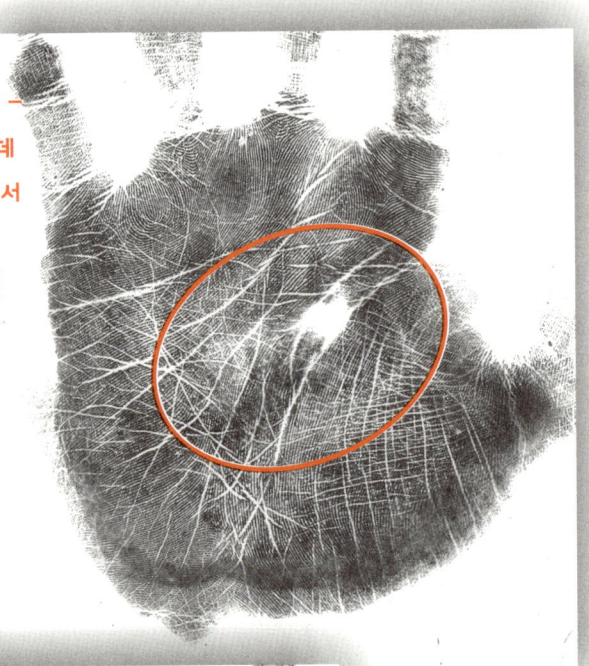

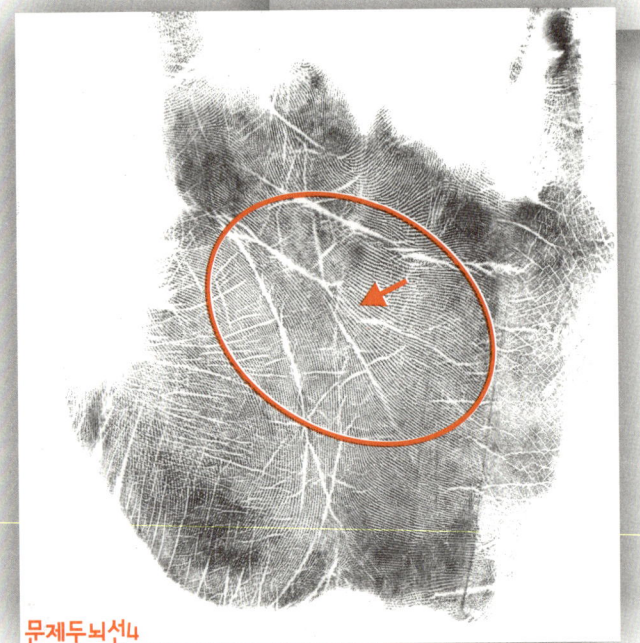

문제두뇌선4
불안정한 구성의 두뇌선 사례 - 두뇌선이 중간에서 크게 끊어졌는데
머리에 타격을 주는 사고나 급병, 급사를 주의해야 할 것이다

5. 두뇌선의 유년법

생명선 유년법을 적용한 후에는 두뇌선 유년법 잡기가 한층 쉬워진다. 왜냐하면 생명선이나 두뇌선이나 동일한 출발기점을 채택하기 때문이다. 다만, 생명선의 유년법과 달리 두뇌선에서의 유년법은 손바닥의 넓이에 영향을 받게 된다. 보통의 경우, 즉 손바닥의 넓이가 8.5cm~9.5 cm 정도 범위에 들어가는 경우엔 두뇌선 유년법을 별다른 조정 없이 적용해도 큰 오차가 발생지 않지만 손바닥이 너무 좁거나 너무 넓은 경우엔 손바닥 넓이를 8.5cm 정도로 조정해서 적용할 필요가 있다.

두뇌선의 유년법을 잘 적용하게 되면 생명선이나 운명선의 유년법 상의 의미들과 서로 연관성을 살필 수 있게 되므로 더욱 구체적이고 정밀한 손금분석이 가능해지게 된다.

유년을 제대로 잡는 비법 공개

두뇌선에 대한 유년법에 대해서도 다양한 전문가들의 견해가 있지만, 필자가 오랜 경험과 연구를 토대로 터득하여 적용하고 있는 유년법을 아래에 공개하니 제대로 배우고 익혀서 활용하기 바라는 바이다. 다만 이 비법도 필자만의 노하우이므로 후학들이 함부로 자신의 비법인양 우기지는 말기 바란다.

두뇌선 유년법 적용에 있어 다음과 같은 점을 참고하기 바란다.

1. 10cm~15cm 정도 되는 평범한 직선자를 준비한다.
2. 생명선과 두뇌선의 시작부위, 즉 손바닥 옆부분을 살펴본다. 엄지손가락을 검지 반대방향으로 최대한 제쳐보면 엄지와 검지사이를 지나가는 경계선이 보일 것이다. 생명선이 시작되는 그 경계선 중심부를 시작지점으로 삼는다.(나이 0살) 대략 손바닥 옆면의 중심부에서 약간 손바닥쪽으로 나온 위치가 될 것이다.

2. 위의 위치에 직선자를 갖다 대고 0cm를 맞춘다.

3. 두뇌선의 흐름을 따라서 1cm (10mm) 단위로 나이를 표시한다. 1mm에 1살씩 기준하면 된다. 즉, 직선자의 1cm, 2cm는 각각 10살, 20살에 해당하는 것이다.

4. 손바닥을 잉크지 등으로 찍은 경우에는 손바닥 옆부분이 찍히지 않으므로 생명선과 두뇌선의 시작지점을 대략 10살로 보면 된다. 생명선과 두뇌선 시작지점 자체가 너무 골이 깊이 패여 움푹 들어간 모습일 경우엔 1~2살 정도 더 바깥쪽으로 나가서 10살 기점을 잡도록 한다.

유년법 적용시 참고사항

1. 여기서 적용하는 나이는 만 나이가 아닌 보통 나이(즉, 태어나자마자 1살)이며, 생일이 양력 10월, 11월, 12월 등으로 늦은 경우엔 6개월~1년 정도의 나이차이가 발생하게 됨을 감안하여야 한다.

2. 실전에서는 A4 용지에 손금을 잉크지로 찍어서 세밀하게 손금분석을 하는게 정확성도 높고 유년법을 적용하기도 용이한 편인데, 여러 번 연습해보아 자꾸 익숙해지면 자연스럽게 10살 기점을 잡을 수 있게 될 것이다. 일단 손금을 찍은 후에는 유년을 쉽게 파악할 수 있도록 10살 단위로 끊어서 표시를 하며 현재의 나이에도 점을 찍어두도록 한다.

3. 두뇌선이 직선형인 경우엔 비교적 유년법을 쉽게 적용할 수 있지만, 월구두뇌선 처럼 각도가 예리하게 꺾어지는 경우엔 두뇌선의 모양을 따라가면서 유년을 적용하여야 한다. 즉, 손바닥의 길이 보다는 두뇌선 자체의 길이를 기준으로 하여야 한다는 것이다.

4. 두뇌선의 유년법은 시작기점을 잘못 잡으면 1~2년 정도의 나이차이가 발생할 경우가 많은데, 실전에서는 오류를 줄이기 위해 먼저 생명선의 유년법을 적용한 후에 그 시작지점을 두뇌선 유년법의 시작지점으로 잡는 방법을 흔히 사용한다.

5. 독립적 두뇌선의 경우처럼 두뇌선 시작지점이 생명선의 시작지점과 떨어져 있을 경우엔 해당 두뇌선이 시작하는 지점을 기준으로 한다.

6. 두뇌선이 늦게 시작하는 경우, 즉 두뇌선이 생명선이 시작한 지점에서 0.5cm나 1cm의 거리를 두고서 늦게 시작하는 경우에 있어서도 두뇌선 유년법의 기점은 생명선 유년법에서 적용한 생명선 시작지점의 기점과 동일하게 적용한다.

7. 손바닥이 특히 두터운 사람이나 손바닥이 매우 크거나 작은 사람의 경우에는 조정이 필요하다. 보통의 경우, 즉 손바닥의 넓이가 8.5 cm~9.5 cm 정도 범위에 들어가는 경우엔 두뇌선 유년법을 별다른 조정 없이 적용해도 큰 오차가 발생치 않지만 손바닥이 너무 좁거나 너무 넓은 경우엔 손바닥 넓이를 8.5cm 정도로 조정해서 적용할 필요가 있다.

8. 직선자가 없는 상황에서 유년을 잡으려면 검지 아랫마디의 넓이와 동일한 넓이 만큼 두뇌선 시작부위에서 측정하여 그 나이를 21살로 보면 된다.

9. 이중두뇌선이나 막쥔금에 있어서도 동일한 기준으로 유년법을 적용하면 된다.

유년법 크로스체크 하기

두뇌선 유년법을 정밀하게 구사하기 위해선 왼손과 오른손, 생명선과 운명선의 유년을 함께 비교하여 설정하는게 가장 좋은데 다음을 참고하기 바란다.

1. 유년법 적용에 있어서 생명선과 운명선 유년을 두뇌선 유년과 함께 참고하도록 한다. 이것은 인생길의 중요한 사건의 경우 대체로 생명선, 운명선, 두뇌선의 해당하는 나이대에 함께 변화가 나타나는 경우가 많기 때문이다.

2. 양손의 유년을 함께 참고하여야 한다. 인생길에 중요한 사건이나 변화일수록 양손에 함께 그 시기가 나타나는게 일반적이기 때문이다.

3.. 두뇌선의 유년법 적용에 있어서도 시작지점을 잡는 것은 생명선 유년법에서와 동일하게 적용하면 된다. 두뇌선에 있어서도 주요한 변화의 나이를 짐작할 수 있는 바, 유년법 적용시 생명선, 운명선, 두뇌선을 반드시 함께 참고하는게 좋다.

4. 이렇게 유년법을 잘 적용하였을 경우 6개월 이내까지 잘 맞아 들어가는 것을 보게 될 것이다. 두뇌선의 장해선, 섬문양, 상향지선과 하향지선, 신비십자의 영향시기 등은 두뇌선 유년법을 통해 아주 정밀하게 분석이 가능한 영역이다.

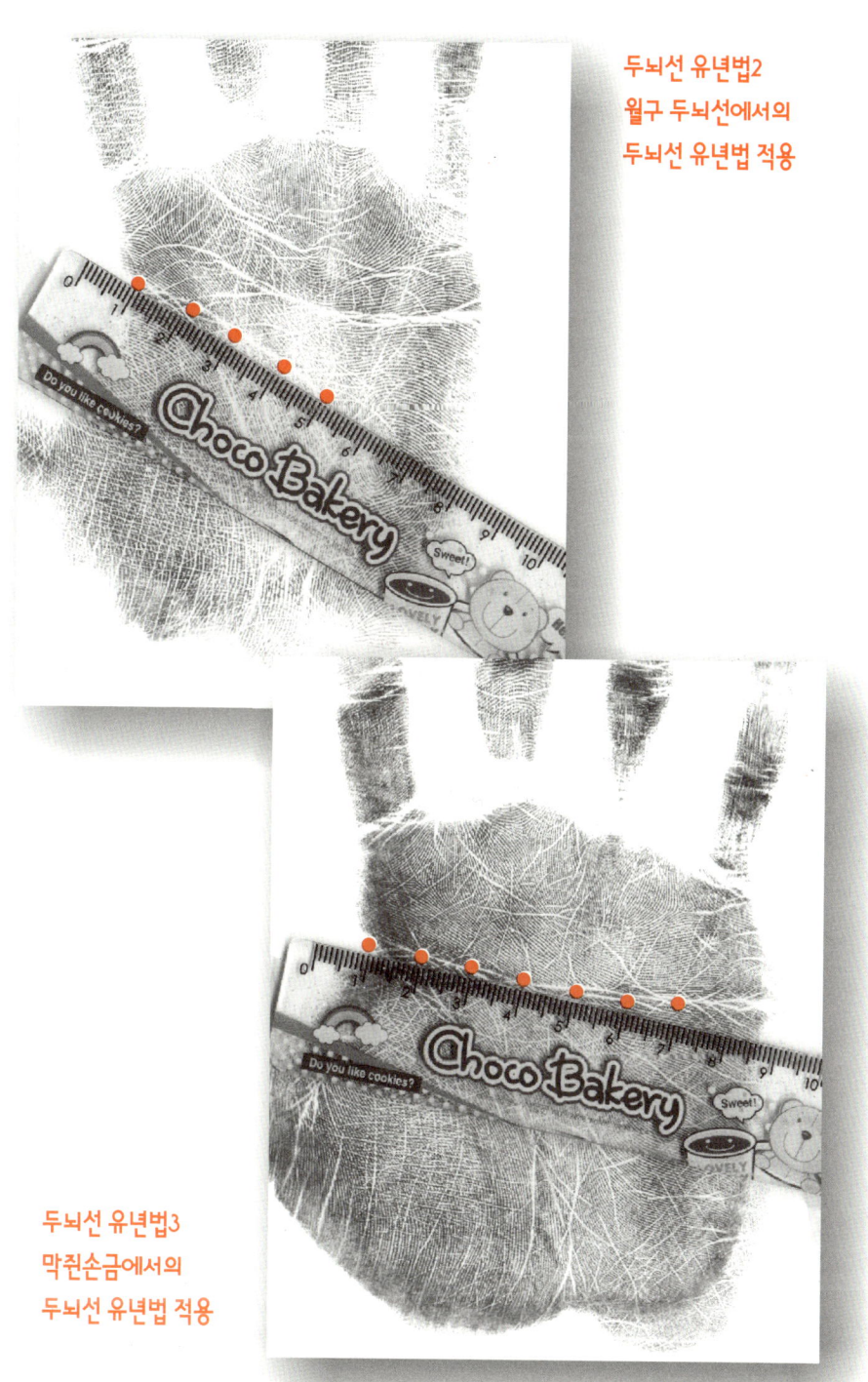

두뇌선 유년법2
월구 두뇌선에서의
두뇌선 유년법 적용

두뇌선 유년법3
막쥔손금에서의
두뇌선 유년법 적용

2부 | 기본 삼대선 **173**

Chapter 03

감정선

　감정선은 기본삼대선 중 손바닥의 맨 윗쪽에 위치하며 감수성, 성격, 애정성향, 인간관계에 대한 태도, 사회적 성향 및 기타 감정적인 상태에 대한 정보를 알 수 있는 곳이다. 감정선은 필수적인 선으로 모든 사람이 가지고 있어야 하는 손금 선이다.
　감정선이 강하고 굵게 잘 뻗어 있으면 자기 개성이 분명하고 활달한 편이며 성격적으로 밝고 안정되고 활달한 성향을 가지고 있음을 의미한다. 감정선은 성적 관심과 표현방식을 표시하기도 하는데 당신이 뜨겁고 정열적인지, 냉정하고 차가운지, 수동적이고 순종적인지, 강하고 지배적인지, 첫 눈에 사랑에 빠지는 타입인지 아니면 오랜 시간을 두고 사랑을 받아 들이는 타입인지, 감정이 이성을 앞지르는 타입인지 또는 이성이 감정을 지배하는 타입인지의 여부를 알 수 있다.

감정선은 건강측면에 있어선 심장혈관계통을 대표하며, 심장기능, 혈액순환, 뇌졸증, 우울증, 안과질환, 소화신경 이상이나 호흡기 손상과 관련된 질환이나 이상유무를 나타내게 된다. 감정선이 건강측면에서 차지하는 비중은 매우 큰데, 많은 질병들이 허약한 심혈관기능에서 시작된 혈액순환문제로부터 야기되는 경향이 있기 때문이다. 사실 감정선을 통해서 성격적 특성을 파악하는 것도 실제로는 심장혈관기능의 좋고 나쁜 상태가 장기간에 걸쳐 성격적 특성을 형성하는데 큰 영향을 미치기 때문이다.

그런데 감정선이 나타내고 있는 것은 이런 감정적 특성이나 건강측면의 특성 뿐만이 아니다. 감정선은 마음의 상태를 나타내는 거울과 같아서 어떤 사람의 마음이나 영혼의 상태가 흐트러진 모습인지, 영성이 강한 모습인지, 어두운 그림자가 인생을 짓누르고 있는지 등을 함께 살펴볼 수도 있기 때문이다.

감정선을 볼 때 주로 살펴봐야 하는 것은 감정선의 구성형태와 선의 길이, 선의 상태인데, 금성대, 신비십자문양, 감정선 하향지선, 비애선(일명 배신선), 감정선 위쪽 부위의 장해선들, 그리고 섬문양 등도 함께 살펴봐야 할 것이다. 두뇌선이 막쥔손금이나 막쥔손금 아류, 이중두뇌선 등 특이손금형태가 많은 것처럼 감정선도 막쥔손금, 막쥔손금 아류, 이중감정선, 삼중감정선 등 특이손금형태가 많다. 따라서 기본 선들을 제대로 분류하고 분석할 수 있는 지식을 갖추어야 기본삼대선을 온전히 해석해낼 수 있게 된다고 하겠다.

그런데 여기서 감정선과 두뇌선이 서로 적절한 균형과 상호 제어상태를 유지하는지를 제대로 분석할 줄 알아야 하는데, 감정선이 더욱 강한 사람인지 두뇌선이 더욱 강한 사람인지를 따져보고 그 두개 선이 만들어내는 균형상태를 통해 그 사람의 성격적 특성을 간파할 수 있어야 할 것이다.

감정선과 두뇌선은 서로 밀접한 관련을 가지는데, 두뇌선이 대표하는 뇌신경계통은 인체에서 엄청난 영양분을 소모하는 곳이고 감정선이 대표하는 바로 이 심장혈관계통을 통해서 필요한 산소와 영양분을 공급받기 때문이다.

Q&A 왼손과 오른손의 감정선이 다른 모양이면?

감정선은 우리의 감정패턴을 나타내는데, 오른손은 외부적으로 드러난 감정패턴이며, 왼손은 우리의 잠재된 내면적인 감정패턴을 이루고 있다고 본다. 따라서 양손의 감정선이 서로 많이 다른 경우엔 다소 이중성격적인 측면이 나타날 수 있다.

또한 감정선은 심장 신경 기능과 밀접한 연관을 가지는데, 심장은 우리 몸의 왼쪽편에 위치하므로 왼손의 감정선이 바로 이 심장 신경과 혈액순환 상태를 분석하는데 있어서 더욱 중요하다고 하겠다.

1. 감정선의 선 상태

가. 강한 감정선과 약한 감정선

강한 감정선

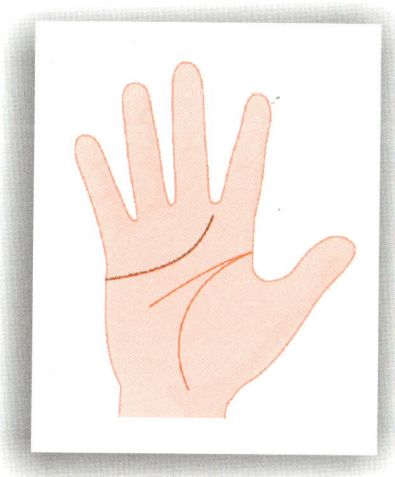

감정선이 뚜렷하고 깊게 새겨졌으며 길이가 긴 경우엔 강한 감정선을 가지고 있다고 볼 수 있는데, 심장활동이 왕성하여 활동력이 풍부하며 정이 많고 열정적이며 따뜻한 피가 흐르는 관대한 사람이라는 것을 나타낸다. 아주 남성스럽거나 또는 아주 여성스러운 사람들에게서 자주 볼 수 있으며 변덕스럽지 않고 일단 한번 사랑에 빠지면 그게 오래 지속되는 타입으로 심신이 안정되어 인간적으로 신뢰할 수 있는 타입이라고 하겠다.

그런데, 감정선이 강한게 지나쳐서 두뇌선을 압도하거나, 감정선이 강한데 반해 두뇌선은 허약한 구성의 경우엔 감정적 성향이 지적인 성향을 지배하거나 압도하고 있음을 나타내게 되는데, 이 경우 깊은 생각없이 또는 결과를 생각하지 않고 감정적, 충동적, 막무가내식으로 행동하는 경향이 있다. 이런 경우엔 대체로 감정선의 색갈이 다른 선 보다 상당히 어둡고 붉은 기운을 띠는 경우가 많은데 열정적 기질이나 성급한 기질을 나타내는 것이다.

이렇게 감정선과 두뇌선 사이의 균형이나 상호제어는 중요한 문제인데, 일단 감정선과 두뇌선 사이의 균형이 깨어지고 나면 감정선이 강하다는게 오히려 성격적 결함으로 작용할 수 있기 때문이다.

약한 감정선

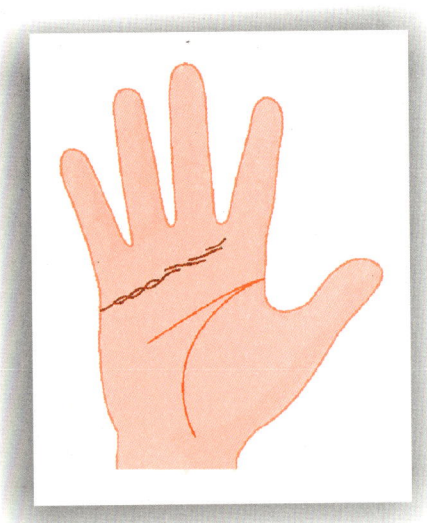

감정선은 기본삼대선 중에 가장 불안정하고 허약한 구성을 가지기 쉬운 선인데, 감정선이 여러 번 덧칠을 한 듯이 이어지거나, 사슬모양으로 형성되거나, 선의 형태가 뚜렷하지 않고 흐릿하다든지, 섬문양이 뚜렷이 보이거나, 하향지선이 길게 흘러내려오거나 하는 등의 모습을 가진 사람들이 많다.

이런 경향은 복잡한 사회생활에 시달리며 심신의 스트레스가 심해지는 현대인에게 있어서 더 잘 나타나고 있으며, 남자 보다는 신체적 감성적으로 연약한 여성에게 더욱 잘 보이고 있다.

허약한 감정선 구성에서는 작은 충격에도 감정적 혼란상태가 쉽게 유발될 수 있는데, 심장혈관 기능이 약한 편에 속하므로 대체로 소심하고 내성적이며 다소 차갑고 변덕이 심하며 신경질적이고 예민하며 정서불안정과 감정기복이 오래가는 등의 성향이 드러나기 쉽다.

감정선이 직선형이냐 곡선형이냐 긴지 짧은지에 상관없이 허약한 감정선의 경우 다소간에 위의 특성을 함께 가지고 있다고 할 수 있다. 허약한 감정선의 경우엔 감정선의 색갈이 아주 옅게 보일 수 있는데, 특히 심장기능의 이상이 있는 경우엔 색갈이 하얗거나 푸른색 빛깔을 띠는 경우가 많다.

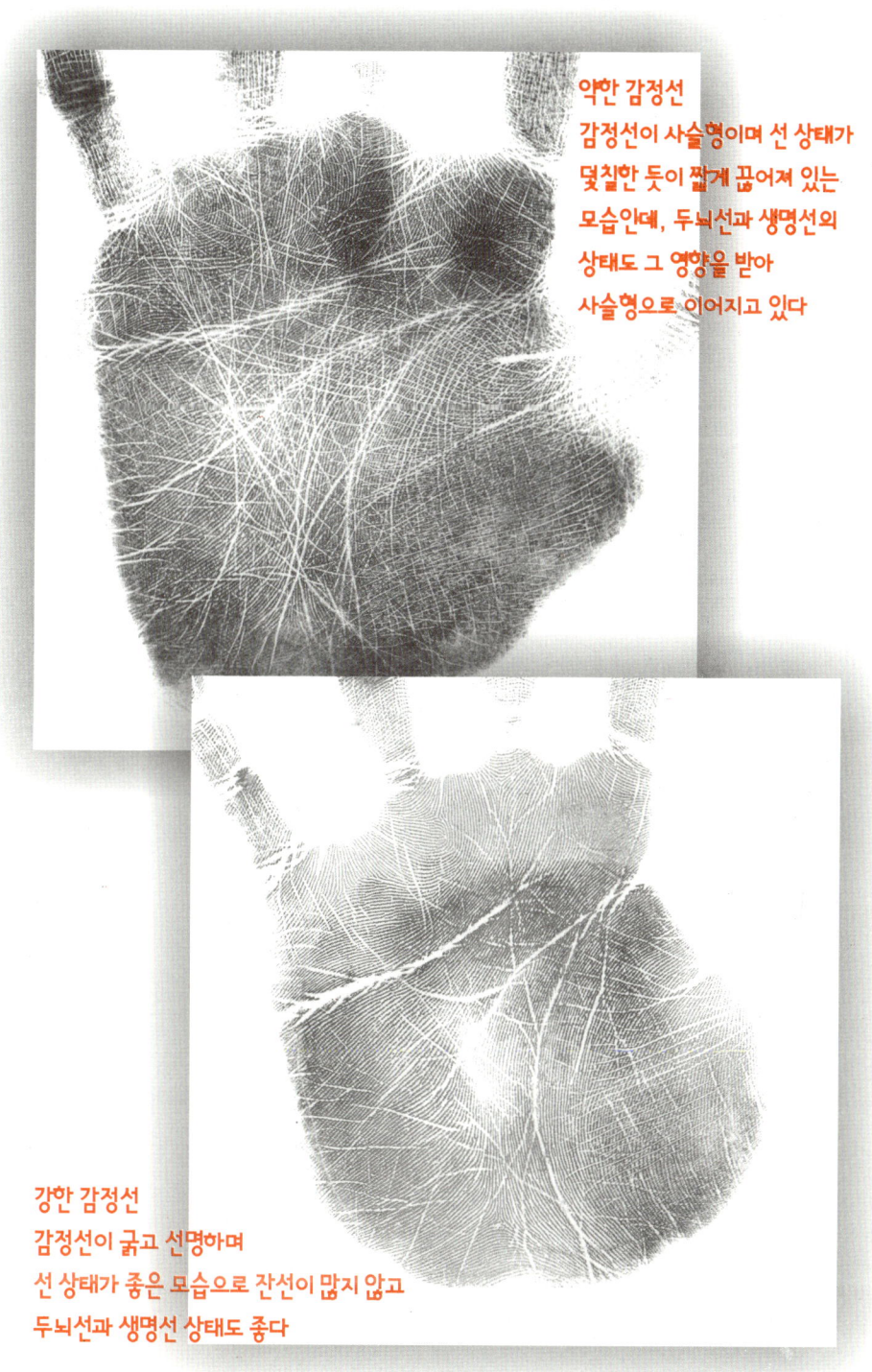

약한 감정선
감정선이 사슬형이며 선 상태가
덧칠한 듯이 짧게 끊어져 있는
모습인데, 두뇌선과 생명선의
상태도 그 영향을 받아
사슬형으로 이어지고 있다

강한 감정선
감정선이 굵고 선명하며
선 상태가 좋은 모습으로 잔선이 많지 않고
두뇌선과 생명선 상태도 좋다

허약한 감정선의 배후에 심장혈관 기능이나 혈액순환 등의 신체적인 특성이 개입되어 있음을 주목해야하는데, 허약한 감정선은 두뇌선, 생명선도 점차 허약한 구성으로 만들어가기 쉬운 때문이다.

나. 감정선의 선 상태 분석

　감정선의 선 자체의 상태는 감정선이 건강한지 아닌지를 판단하는데 아주 중요하다. 감정선은 신체기관상으로는 심장과 혈관기능을 대표하고 있는데, 혈액순환 문제가 심하면 심할수록 감정선이 흐트러지게 되어 감정선이 마치 덧칠한 것 처럼 여러가닥의 선으로 갈라지게 되며, 선에 섬문양이나 사슬문양 같은게 길게 이어지기 쉽다.
　그런데 감정선의 선 상태가 나빠지게 되면, 그 해악은 매우 큰 편인데, 앞의 그림에서 보는 것 처럼 생명선이나 두뇌선의 선 상태도 함께 불량해지기 쉽기 때문이다. 즉, 심장기능 저하와 혈액순환 불순문제가 뇌신경 뿐만 아니라 소화기 계통, 부인과 계통 등에 모두 쉽게 그 악영향을 미치기 때문이다.
　종종 우리의 심장이 마음과 영혼의 상징이듯이 감정선이 흐트러지고 상태가 나빠지게 되면, 우리의 마음상태와 영혼의 상태도 헝클어진 모습을 하기 쉬운데, 뜻하는대로 인생사가 잘 흘러가지 않고 우환이 깃들게 되는 경우가 많다. 따라서 감정선이 굵고 힘차며 끊어짐이 없이 잘 흘러가는게 중요하다고 하겠다.
　그렇다면 이미 헝클어진 모습의 감정선을 하고 있는 경우엔 어떻게 이것을 정상적인 강한 모습의 감정선으로 되돌릴수 있을까?
　감정선이 대표하고 있는 심장혈관기능을 강화할 수 있도록 적절한 운동과 식습관, 생활방식을 교정하고, 우리의 마음을 수양하여 안정시키며, 우리의 영성(靈性)을 강화시키는게 필요하다고 하겠다.

2. 감정선의 유형

 감정선은 소지아래 2cm 정도 내려간 손바닥의 옆면에서 시작하여 검지 아래쪽을 향해 뻗어가는 선을 말하는데, 사람들은 무척 다양한 형태의 감정선을 가지고 있어서 세상 사람들 중 똑같은 모양의 감정선을 가진 사람은 단 한 사람도 없다고 할 정도이다. 따라서 이런 다양한 감정선의 성향을 분석해내기 위해선 인위적으로 구분을 짓고 특성화를 시도해야 할 것인데 다음과 같은 유형화 방법이 도움이 될 것이다.

- 감정선이 직선형인지 곡선형인지 구분
- 감정선 길이가 검지와 중지의 경계선을 기준으로 보아서 긴지 짧은지 구분
- 감정선의 휘어짐의 정도가 약한지 심한지 구분
- 감정선 끝의 가닥수가 적은지 많은지 구분
- 감정선 시작지점이 표준형 보다 높은지 낮은지 구분
- 감정선 자체의 선 상태가 좋은지 나쁜지 구분
- 특이감정선에 대한 유형구분

가. 직선형 감정선과 곡선형 감정선

 직선형 감정선과 곡선형 감정선의 가장 큰 차이점은 감정표현방식이 직선적인지 부드러운지 여부이다. 직선형 감정선은 감정표현방식이 직선적이라 말을 직설적으로 하는 편이고, 좋

고 싫음이 분명하며 자신의 의견을 상대방에게 강요하는 편이라, 인간지향적이라기 보다는 과업지향적이라고 할 수 있다.

　반면 곡선형 감정선은 감정표현이 부드럽고 자신의 감정을 타인에게 잘 드러내지 않으며 자신의 의견을 상대방에게 고집하지 않고, 과업지향적이라기 보다는 인간지향적이라고 할 수 있다.

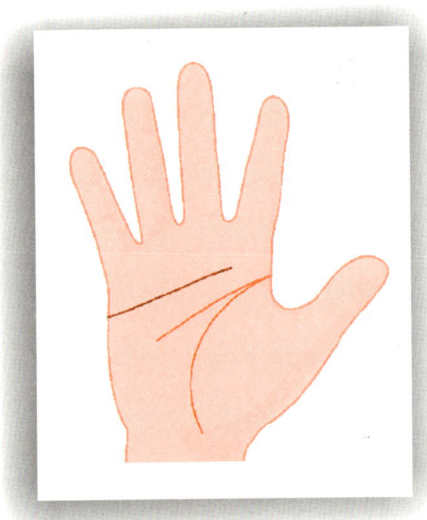

직선형 감정선

　직선형 감정선은 성격표현이 직선적이고 말을 직설적으로 하는 편이며, 사고방식이 다소 냉정하고 합리적이며 인간 중심적이라기 보다는 과업 중심적인 타입이라고 하겠다.

　직선형 감정선의 길이가 길수록 목성구로 깊이 들어가게 되는데, 목성구가 나타내는 권력욕, 명예욕, 성공 욕구, 리더십 자질 등이 강해져서 자신의 이상과 신념을 강하게 추구하는 이상주의자가 되며, 아집과 독선, 질투심과 소유욕이 강해지고, 상대방의 감정을 자상하게 배려하기 보다는 자신의 감정을 주체 못하는 쪽으로 흐르기 쉽다.

　애정문제에 있어서는 직선형 감정선이 긴 사람일수록 상대방의 성적인 매력 보다는 사고방식이나 인생철학의 동질성을 중요시하는 경향이 있는데, 자주 알고 만나는 익숙한 사이에서 마음의 문이 열리는 사람이 많고, 마음에 맞는 상대를 찾지 못하면 적당히 현실과 타협하지 않고 차라리 평생 혼자 지내기도 하는 타입이다.

곡선형 감정선

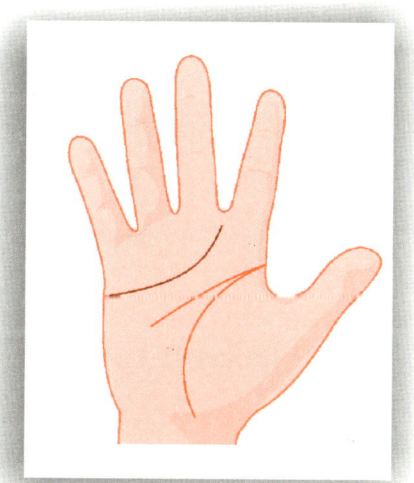

곡선형 감정선은 감정표현이 부드럽고, 타인을 이해하는 마음의 폭이 넓고, 자신의 의견을 상대방에게 무리하게 강요하지 않고, 자신의 감정을 타인에게 잘 드러내지 않으며, 사람사이의 관계를 중요시하므로 과업지향적이라기 보다는 인간지향적이라고 할 수 있다.

애정성향에 있어서 곡선형 감정선은 정열과 로맨스를 중시하며 주도적이고 적극적인 사랑을 하는 편이며, 사랑에 일단 한번 빠지면 강렬한 사랑의 느낌에 걷잡을 수 없이 몰입하는 경향이 있어 현실적 문제를 도외시하기 쉬우며 은근히 스킨십을 중요하게 생각하는 경향도 있다. 일단 결혼이 늦어질 경우, 자신의 이상형이 나타날때까지 끝까지 기다리는 쪽 보다는 적당한 선에서 타협점을 찾는 사람이 많다.

곡선형 감정선의 곡선의 경사가 가파르게 올라가면 처음엔 무덤덤하다가도 급격하게 뜨거워지고 급격하게 식는 성향이 나타나게 되므로 애정문제에 있어선 다소 신중함이 필요하다고 하겠다.

나. 감정선 길이와 휘어진 각도

감정선의 길이와 휘어진 각도는 함께 살펴봐야 선의 형태와 그 특성을 제대로 파악해낼 수 있다.

(1) 표준형 길이 + 직선형 : 냉철한 비즈니스형

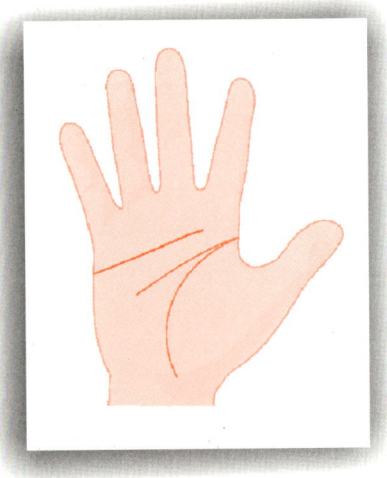

합리적이고 이성적이며 다소 냉철한 타입으로 주관이 분명하며 감정이나 온정에 얽매이지 않고 자신의 분분을 다하는 비즈니스형 감정선이라고 할 수 있다.

성격이 다소 급한 편이라서 말을 깊은 생각없이 곧바로 내뱉기 쉬워 의도치 않게 상대방의 감정을 자극하는 경우가 종종 생길수 있는 점은 주의해야 할 것이다. 대체로 이해득실의 계산에 능하며 남 앞에 나서길 좋아하지 않고 분수에 넘치는 무모한 일은 잘 하지 않는 편이며, 자신의 할 도리만 다하는 타입이다.

너무 이해타산적이고 남에게 손해를 잘 보지 않으려고 하는 게 흠이라서 상대방들에 잘 해주고도 좋은 소리 듣기 어려운 유형이기도 하다. 두뇌회전이 빨라 상황에 따른 신속한 대응이 가능한 장점을 가지고 있어, 어떤 문제가 생길 때에도 신속 해결하고 돌파하므로 급박한 흐름의 비즈니스에 강한 타입이라고 하겠다.

(2) 표준형 길이 + 약간 휘어진 곡선형 : 온건한 비즈니스형

합리적이고 이성적이며 냉철한 타입이지만 감성미와 애정미도 어느 정도 함께 갖추고 있고 타인을 배려하는 마음이 많아 부드럽고 매력적인 인품의 소유자라고 하겠다.

성실하고 신중하며 합리적, 이성적으로 의사결정을 하는 타입으로, 비즈니스적인 면과 인간적인 면을 함께 중요시하며 인

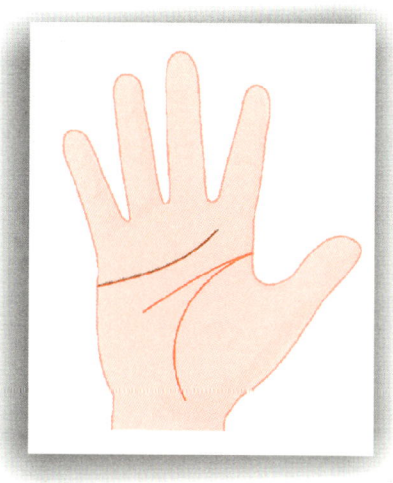

간관계에 있어 온건하며 넘치지도 않고 모자라지도 않는 중용의 도리를 지키는 편이지만, 이상과 야망을 추구하는 정열이나 욕심이 조금 부족한 감이 있어 아쉬운 타입이라고 하겠다. 이런 타입은 속마음을 얼굴이나 표정에 잘 보이지 않는 타입으로 상대방에게 다소 무겁고 차가운 첫인상을 줄 수도 있으며, 자신의 생각을 상대에게 잘 강요하지 않는 타입이다.

이 타입에서 감정선이 조금 더 길어져 목성구로 향하게 되면 지도자적인 자질이 더욱 발현되며 대인적인 품격으로 대중을 이끌게 되는 사람이 많다.

(3) 표준형 길이 + 많이 휘어진 곡선형 :

일명, 장남, 맏딸, 맏며느리 손금

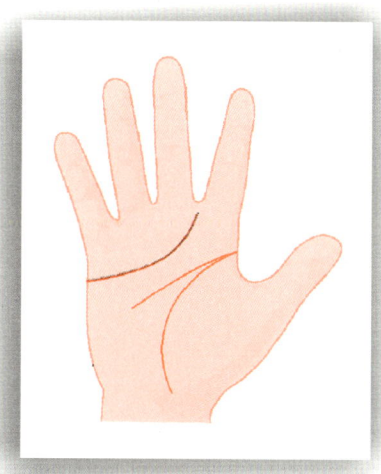

이 타입의 감정선을 맏딸 또는 맏며느리형 감정선이라고 표현하는데, 우리나라에 있어선 실제로도 이 타입을 가진 장남, 맏딸, 맏며느리가 매우 많은 편이다. 애성면에서는 로맨스를 중시하고 말보다는 행동으로 애정을 확인하고자 하는 사람이 많다. 좀 보수적이며, 이상이나 이념 보다는 현실적 문제와 실리를 더 중요시하며, 주변환경에 순응하여 살아가며 주위사람들과 조화로운 관계를 이루고자 한다. 인정이 많고 세심하여 친인척간이나 주변사람들을 많이 챙겨주고 도와주며 살아가는 사람이 많다. 이 타입은 애정문제에 있어 진지하고 책임감이나 의무감을 많이 느끼므로 이성친구가 생기면 결혼과 연관지어 생각을 많이 하게 되며, 이성친구와 '키스 한번 했으면 꼭 결혼해야 한다'는 식이 되기 쉬운데, 성실 신중한 성격탓으로 애정문제에 있어 큰 실수는 잘 하지 않는 편이라고 하겠다.

(4) 아주긴 직선형 감정선 + 직선형 (목성구 횡단)

끝장을 보고야 마는 타입

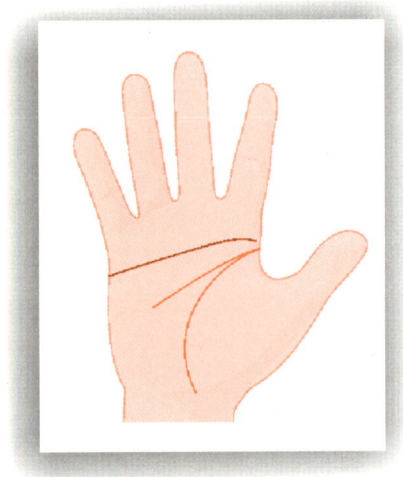

긴 직선형 감정선이 좀더 길어져 마치 손바닥을 횡단한 모습이 되면, 언뜻 보기엔 막쥔금과 유사해 보이게 된다. 그런데 막쥔금은 두뇌선과 감정선이 결합된 형태인데 반해, 이 타입의 감정선은 두뇌선이 분명하게 존재하고 있음이 전혀 다른 점이라고 하겠다. 간혹 두뇌선이 약간 불안정하게 나와있거나 짧게 나와 있어서 막쥔금에 또다른 두뇌선 지선이 있는게 아닌가 하고 헷갈릴 수도 있으니 유심하게 관찰하여 보아야 할 것이다. 막쥔금이 두뇌선과 감정선이 결합되어 두뇌선이 나타내는 지적능력이나 사고력 등을 함께 가지고 있는데 반해, 이 횡단형 감정선은 감정적인 측면만 강하다는 것을 나타내는 것이다.

이 감정선의 경우 감정적 성향이 지나쳐서 자기고집이 쎄고 질투심이 강하며 감정적 요소가 개입된 의사결정 사안에 있어서 현실을 무시하고 자신의 고집대로 맹목적으로 끌고가며, 화가 치밀어 오를 경우 이것을 잘 참지 못하여 기어코 일을 저지르고야 마는 등의 성격적 단점이 나오기 쉬운데, 타인에게 머리를 숙이거나 타협할 줄 모르는 성향으로 일시적으로는 성공할 수도 있으나 장기적으로 봐서는 '공든 탑을 일시에 무너뜨릴 수 이있는' 위험성을 지닌 타입이라고 할 수 있다. 다만, 이게 한쪽 손에만 나와있고 다른 쪽 손은 좀더 합리적이고 이성적인 유형이라든지, 강한 두뇌선이 감정선을 잘 제어하고 있다든지 하면 사정은 조금 나을 수 있다. 어떻든 난세의 영웅격이라서 스스로 승부할 자리를 잘 찾아들이가야겠다. 일찍부터 스스로를 다스리기 위한 마음수양에 힘쓰거나 신앙생활을 통해 심성수양을 하면 좋을 것인데, 자신의 마음을 다스리기 위한 뼈를 깎는듯한 고통을 잘 이겨낸 경우엔 매우 높고 고귀한 이상과 대인의 품격으로 많은 사람들을 이끌어가며 사회적으로 괄목할만한 성과를 이루는 훌륭한 인재로 성장하기도 한다.

애정면에 있어선 이상주의자적인 성향이 강해 동질적 가치관이나 인생목표를 가진 사람을 선호하지만, 질투심과 독점욕이 강하므로, 이런 타입의 사람과 결혼을 하고자 할 때엔 질투심을 적절히 자극하고 이용한다면 손쉽게 결혼에 골인할 수도 있을 것이다.

(5) 긴 감정선 + 직선형 (목성구 중심부)

리더타입, 이상주의자

검지 손가락 아래에 위치하는 목성구는 명예욕, 권력욕, 성공욕구와 리더십의 발달여부를 나타내는 곳인데, 이 목성구의 중심부를 향해서 감정선이 뻗는 경우 바로 이런 목성구의 기질이 감정성향에 강하게 반영되어 나타나게 된다.

강한 성취동기와 사회적 성공욕구, 야망, 높은 이상과 함께 리더십 자질도 뛰어난 사람이 많은데, 남 밑에서 지휘받는 것을

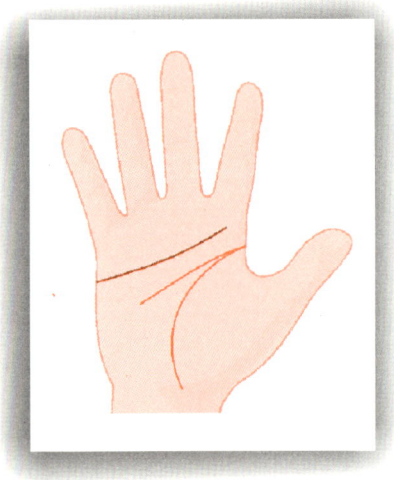

힘들어 하여 어떤 조직에서든 자신이 직접 대장이 되어 뭇사람들을 지휘해야만 직성이 풀리는 타입이라고 하겠다.

성장과정에서 성격적으로 잘 다스려지지 못한 경우 아집과 독선이 강해서 독불장군격이 되기 쉬운데, 평소 대범하고 소탈하며 온화한 인격을 갖추고 있는듯 하지만, 자신에게 대항하거나 자신의 이상이나 계획에 동조하지 않는 사람을 용납하지 않는 배타적인 성향이 있다.

이런 직선형 감정선은 출세와 성공을 향해 매진하는 경향이 있어 종종 일 중독자가 되기 쉽다.

애정문제에 있어서도 이상주의적 성향이 강한 편인데, 신중하며 플라토닉한 사랑을 하는 편이라 사랑에 빠질 사람에 대한 높은 기대수준을 가지고 있는 경우가 많으며, 좋아하는 사람이 생겨도 일찍 행동으로 옮기지 않고 천천히 애정을 키워가는 타입인데, 소유욕과 질투심이 강한 편이라서 일단 자신이 한번 정한 상대를 절대 남에게 빼앗기지 않으려는 강한 질투심을 보이기도 한다. 자주 만나 익숙한 사람에게 마음의 문이 열리는 경우가 많으므로 결혼이 늦어질 경우엔 친구 오빠나 동생, 직장동료, 동호인멤버 등을 먼저 찾아보는게 좋다고 하겠다.

감정적 성향이 지나치게 흠이라서 강한 이성적 두뇌선이 견제해주지 않는다면 중요한 일을 종종 감정적으로 그르치기 쉬운데, 특히 감정이 개입된 민감한 사안에 있어서 다른 사람들과 충돌이 일어날 경우 아예 끝장을 보고야 말겠다는 그런 성향이 나타나기 쉬워 주의를 요한다. 뭐든 지나치면 좋을게 없는 법, 무릇 이런 손금타입은 진지한 마음수양이 인생의 성공과 행복을 위해 중요하다고 하겠다.

(6) 긴 감정선 + 약간 휘어진 곡선형

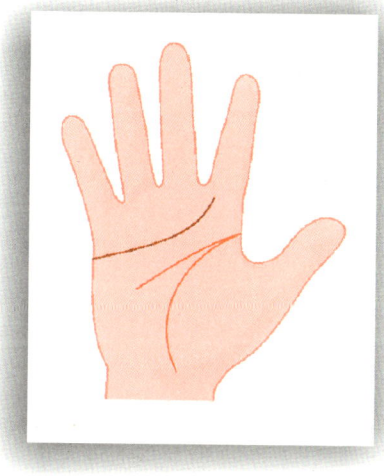

(목성구 중심부 상단까지) : 귀족형

　이상이 높고 마음이 넓으며 인품이 고상하고 타인을 배려하는 따뜻한 심성이 많아 매력적이고 지도자적인 자질의 소유자라고 하겠다.
　온건하고 절제할 줄 알며 대의를 위해 희생하고 참고 견딜 수 있는 강인함도 있으며 성실, 신중하고 프라이드가 높아 비지니스적인 면과 인간적인 면을 모두 중시하지만 눈앞의 이익보다는 이상을 더욱 추구하는 편이라고 하겠다.
　애정문제에 있어서도 배우자를 고르는 안목이 높아서 상대방의 인품과 사회적 지위, 능력 등을 중시하고 오랫동안의 차분한 관찰을 통해 천천히 애정을 발전시켜가는 편이며, 서로간에 밀고 당기고 하면서 사랑의 묘미를 느끼는 타입이기도 하다.

(7) 긴 감정선 + 많이 휘어진 곡선형

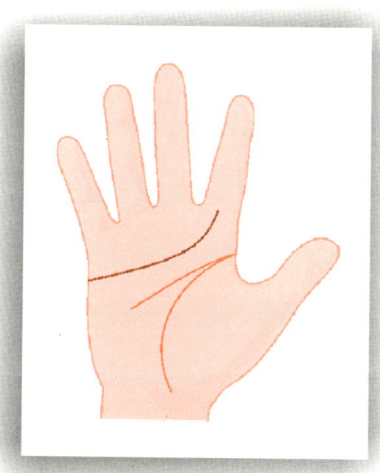

(검지 바로 아래까지 올라감) : 연애지상주의자

　감정선이 권력욕, 명예욕, 리더십을 나타내는 목성구의 상단에 뻗은 모습이라 목성구의 특성이 많이 드러나게 된다. 이상이 높으며 기품이 좋고 인정이 많고 사려깊으며 상대방을 배려하는 마음이 많은 감정선이다. 자신 보다는 타인을 먼저 생각하고 배려하다가 은근히 손해를 많이 보기도 한다. 오래도록 참고 기다릴줄 알며 상대방을 자상하게 배려해주고 헌신할 줄 아는 타입으로 마치 자상한 누님같은 느낌을 주어 연애상대로 적격이라 하겠다.

그런데 이 타입은 한번 사랑에 빠지면 자기절제를 못하여 격정적인 사랑의 소용돌이에 휘말리기 쉽고, 일단 상대방을 한번 신뢰하게 되면 맹목적으로 되기 쉬워 사기결혼의 꼬임에 빠질 우려도 있고 남에게 속임을 당하거나 배신을 당하기도 쉬워 연애나 인간관계에는 다소 주의가 필요한 타입이라고 하겠다.

(8) 짧은 감정선 + 직선형 (중지 중간아래) : 냉정 소심

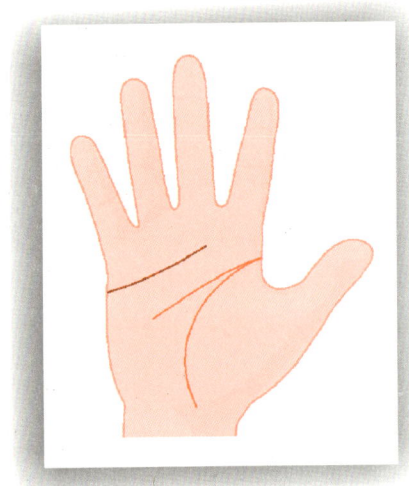

감정선이 검지와 중지 사이까지에 다다르지 못하면 좀 짧다고 볼 수 있는데, 감정선이 중지까지만 뻗은 경우엔 다소 이기적이고 냉정하며 책임감이 부족한 사람이 많다. 짧은 감정선은 심장의 활력이 약한 것으로 보아 냉정하고 자기중심적이며 소심한 특성이 있다고 보기 때문이다.

성격이 직선적이며 정직하고 감정표현이 서툴고 말수가 적으며, 남앞에 잘 나서지 않고, 사회적인 성공이나 이상을 실현하는 쪽 보다는 개인적인 행복이나 만족감을 더욱 중시하는 경향이 있다.

그런데 이런 짧은 직선형 감정선은 판단이 단순명쾌하며 이성적이고 민첩하여 순간적 대응을 잘하므로 신속한 일처리나 사리판단이 필요한 직업계통에서 활동하는게 좋다고 하겠다.

장기적인 인간관계 보다는 짧은 동안의 가벼운 만남을 선호하는 편으로, 애정문제에 있어서도 정신적 사랑보다는 육체적 사랑에 탐닉하며 상대방을 배려하기 보다는 자기본위로 흐르기 쉬워 애정관계가 잘 지속되지 못하는 편인데, 사랑의 감정과 신체적 욕구를 별개로 생각하므로 애인이나 배우자 이외에도 일시적 쾌락추구의 기회를 마다하지 않는 경향이 있다고 하겠다. 신중하게 결혼상대를 선택치 않으면 평생 부부간에 트러블이 있는 경우가 많은데, 결혼길이 늦게 풀리거나 독신으로 사는 경우도 상당수 볼 수 있다.

이런 짧은 감정선이라도 감정선 자체가 굵고 깊다든지 두뇌선이 잘 발달하였다면 감정선의 이러한 난섬요소를 잘 커버할 수 있으므로 감정선 하나만 보고서 사람의 성격적 특성을 다 짚은듯이 섣불리 판단하지 않는게 좋을 것이다.

그런데 이런 짧은 감정선이 직선형이라기 보다는 약간 휘어진 곡선형 모습이라면 직선형 타입보다 좀더 부드럽고 정감과 인간미가 많아지며 상대방을 배려하는 마음이 많아지게 된다.

(9) 짧은 감정선 + 많이 휘어진 곡선형 : 감정급변형

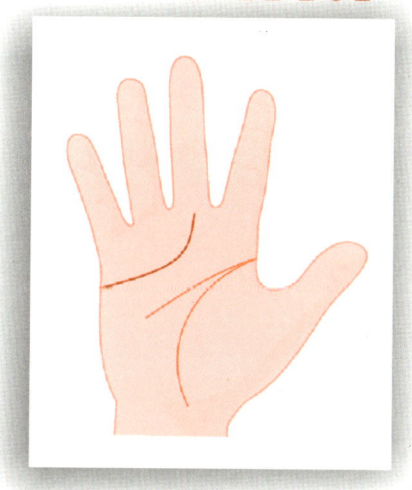

짧은 감정선으로 인해 소심하고 이기적이며 냉정하고 자기중심적인 특성이 나타나게 된다.

감정선이 급격히 휘어지는 것은 어느 순간 쉽게 확 타올라버리거나 확 식어버리는 기질을 나타내는데, 순진한 사람이 어느날 갑자기 성질이 폭발해서 일을 저지르게 되기 쉽거나, 뭔가 미친듯이 몰두했다가도 이내 식기 쉬운 모습이라고 하겠다.

애정문제에 있어서도 정신적 사랑 보다는 육체적 즐거움에 탐닉하는 경향이 있으며, 한눈에 반해 아주 미칠듯이 몰두하다가도 이내 그런 기분이 식어 언제 그랬냐는듯이 냉담해지기도 할 수 있다.

　이런 타입은 애정이나 관심이 오랫동안 지속되기 힘드므로 결혼생활이 불행한 경우가 많아 배우자의 선택에 있어서나 직업적인 진로선택에 있어 다소 주의가 필요한 타입이라고 하겠다.

(10) 하향하는 감정선 : 어둡고 불우한 유년기?

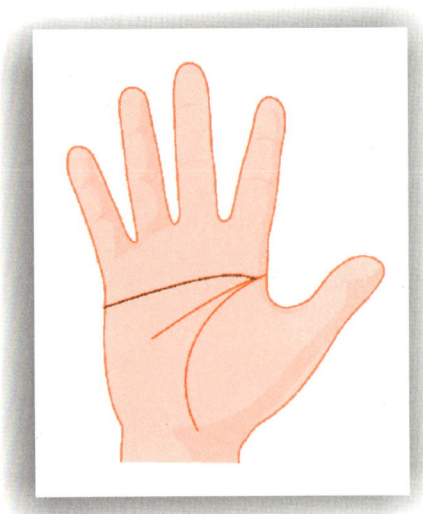

　감정선의 주선이 하향하는 모습인 경우 성격적으로 어두움이 많고 비극적인 경향이 있는데, 특히 가정문제 등으로 불우한 유년시절을 보낸 사람이 많다. 감정선은 심장기능을 대표하므로 심장기능이 떨어지는 것을 나타내며, 사람들에게서 상처를 쉽게 받으며, 한번 상처를 받으면 오래가는 타입이라 할 수 있다. 인간관계에 있어서 서로간의 비극적인 결말을 무의식적으로 생각하는 경향이 있어 관계발전을 저해하는 경향도 있으며, 다른 사람들과 어울려 뭔가 잘 해보려는 의욕이 지나쳐서 상처를 받기도 하는 타입으로 건강한 인간관계 훈련이 필요하다고 하겠다.

　이런 하향하는 감정선 타입은 막쥔금 아류들에서도 많이 볼 수 있는데, 만약 손금이 막쥔금이나 막쥔금 아류에 해당한다면 막쥔금에 대한 분석이 더 우선적이며 이런 하향감정선의 특성은 부수적으로 참고하도록 하여야 할 것이다.

감정선 타입 1
표준형 길이의 직선형 감정선 (냉철한 비지니스형)

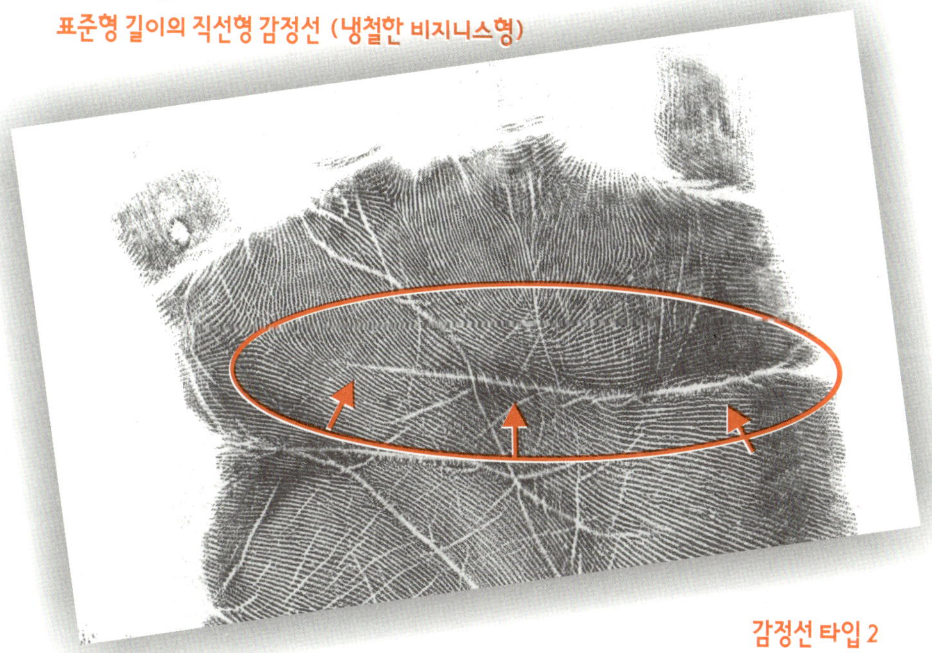

감정선 타입 2
표준형 길이의 곡선형 감정선 (온건한 비지니스형)

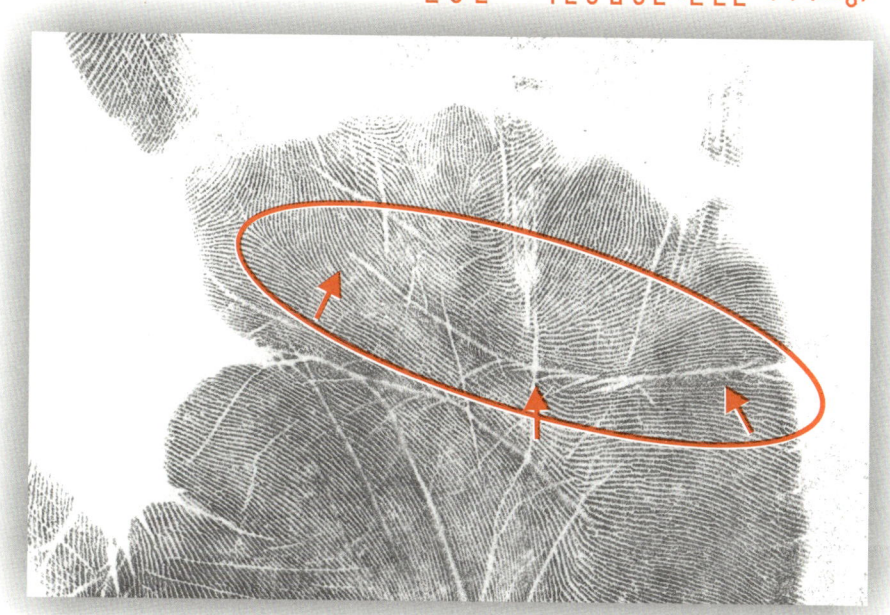

감정선 타입 3
표준형 길이의 많이 휘어진 곡선형 감정선 (장남, 맏딸, 맏며느리 손금)

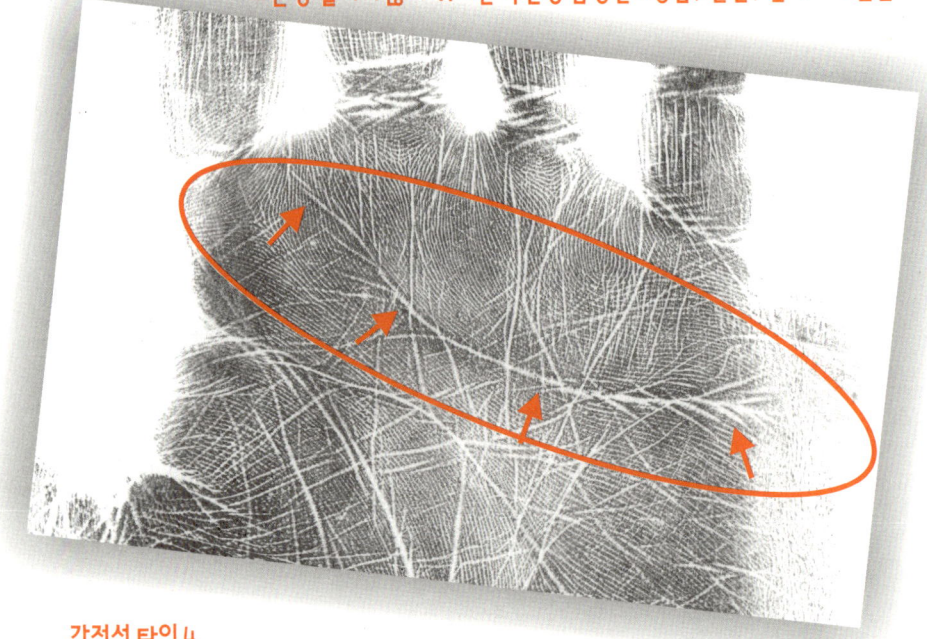

감정선 타입 4
아주 긴 직선형 감정선 (리더 타입, 끝장을 보고야 마는 성격)

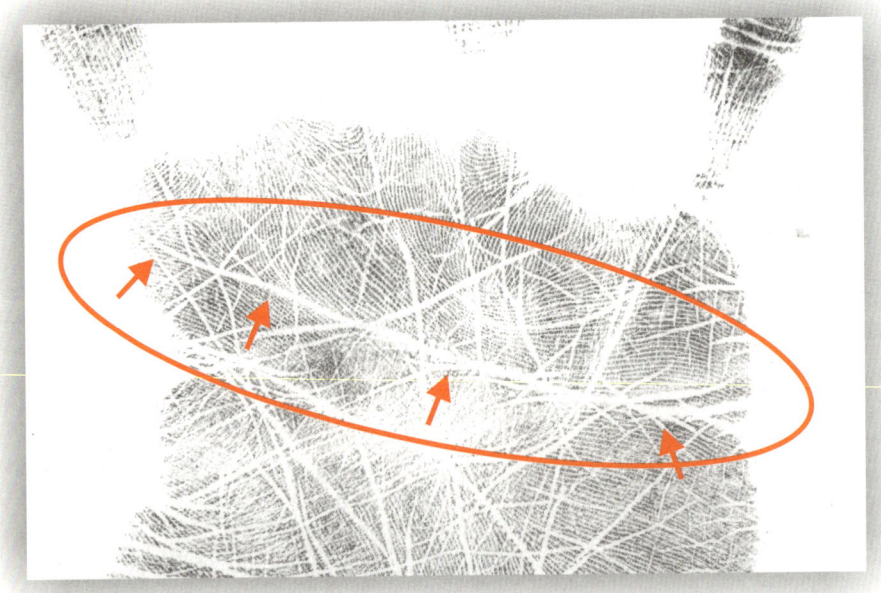

감정선 타입 5
긴 직선형 감정선 (리더 타입, 이상주의자)

감정선 타입 6
길고 약간 휘어진 곡선형 감정선 (귀족형)

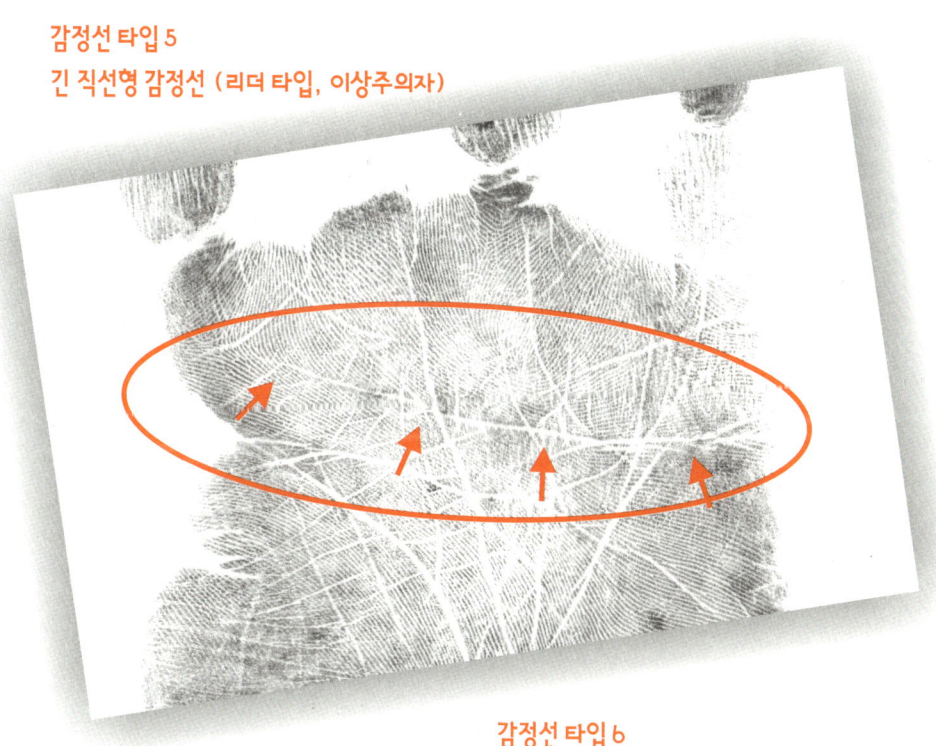

감정선 타입 7
길고 많이 휘어진 곡선형 감정선 (연애지상주의자)

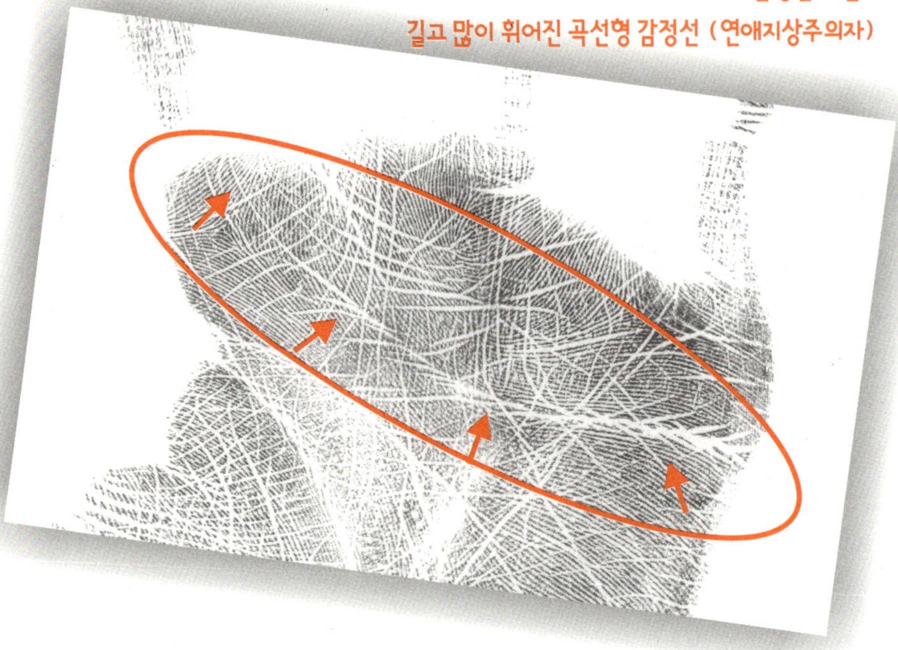

감정선 타입 8
짧은 직선형 감정선 (냉정소심)

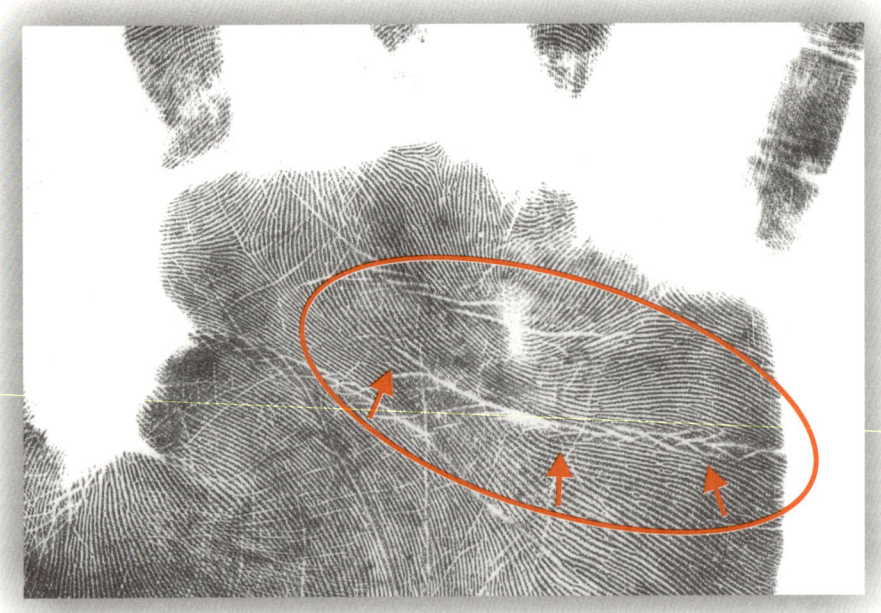

감정선 타입 9
중지로 올라가는 많이 휘어진 곡선형 감정선 (감정급변형)

감정선 타입 10
두뇌선으로 하향하는 감정선 (인간관계에서 상처를 잘 받는 타입)

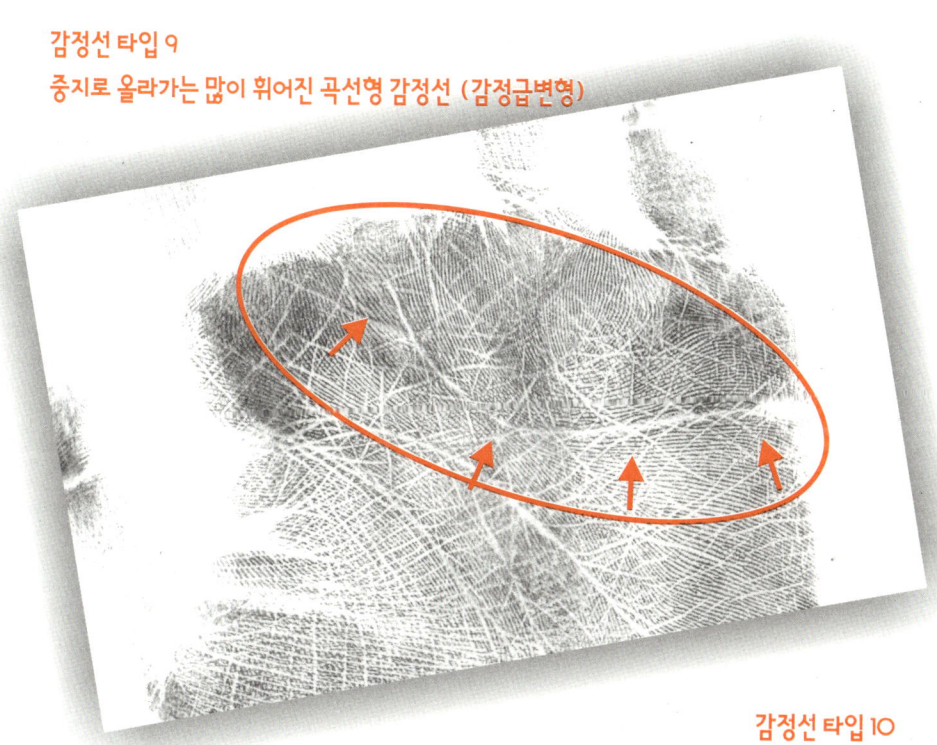

다. 감정선 시작지점

표준형보다 높은 시작지점
(수성구와 태양구가 좁아지고 화성구가 넓어짐)

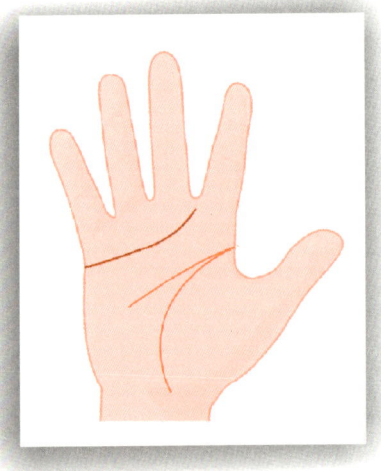

감정선이 표준보다 높게 시작하면 수성구와 태양구가 좁아지고 제2화성구와 화성평원은 넓어지게 되는데, 화성구의 투쟁적인 기질이 강해지는 반면, 지혜를 나타내는 수성구와 밝고 낙천적인 기질을 나타내는 태양구는 좁아지게 되므로 의사결정에 있어 표준형 보다 좀 더 감정적이 되기 쉽고 합리적인 판단력이 결여되기 쉽다. 또한, 수성구가 좁은 탓에 수성구의 특질이 나쁘게 발현되기 쉬워서 물욕이나 색욕이 강해져서 가지고 싶은 것은 수단과 방법을 가리지 않고 손에 넣고자 하는 일면을 보일 수도 있다.

감정선 위쪽 부위는 정신세계 또는 마음의 크기를 나타낸다고도 보는데, 이럴 경우 속이 좁고 인격적 성숙미가 열악한 사람이 되기 쉽다고 하겠다. 귀가 얇아 남의 말에 잘 속아넘어가는 사람이 자주 관찰되기도 한다.

감정선이 두뇌선에서 멀어지는 모습이기도 하므로, 이성적인 냉정한 판단력이 약해진다는 의미를 적용할 수도 있겠다. 그런데 이중감정선의 구성에서도 이렇게 감정선의 시작지점이 높은 타입이 있을수 있는데, 이런 이중감정선은 별개로 취급하여야 할 것이다.

표준형보다 낮은 시작지점

(수성구와 태양구가 넓어지고 화성구가 좁아짐)

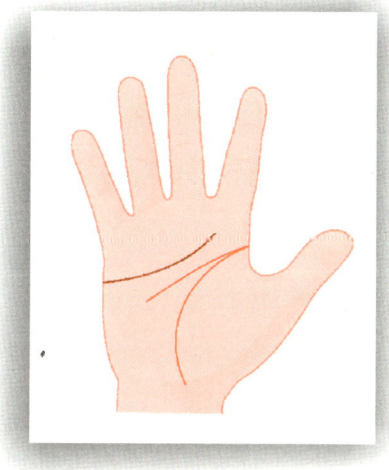

감정선이 표준보다 아래쪽에서 시작하면 수성구와 태양구는 넓어지고 제2화성구와 화성평원은 좁아지게 되는데, 수성구의 지혜와 냉철한 판단력과 더불어 태양구의 밝은 기질, 낙천적 성품, 사교성은 강해지는 반면, 화성구의 투쟁적인 기질은 약해지게 된다.

감정선 위쪽 부위가 넓어지게 되므로 이런 타입의 손금의 소유자 중에 통이 크고 마음이 넓고 너그러우며 인격적으로 성숙한 사람을 발견하기가 쉽겠다. 감정선이 두뇌선에 가까워지는 모습이기도 하므로 이성에 의해 감정이 조절되는 측면이 강해지는데, 이성적인 냉정한 판단력은 강해지지만 가슴으로 대해야할 애정문제에 있어선 표준형 보다 다소 독립성이 약하여 감정표현력이 결여되기 쉽다.

라. 감정선 끝의 가닥들

감정선 끝의 가닥들은 어떤 감정적 반응의 대상을 이해하는 촉수와 같은 역할을 한다. 감정선 끝이 나뉘어지지 않고 한가닥 그대로라면 어떤 대상에 대해 단순한 한가지 방향에서의 감정 반응이 나오는 타입이라 신속하고 단순명쾌하지만 다소 좀 거치른 면이 많게 되며, 이게 여러갈래로 나뉘어져 있다면 그만큼 다양한 각도에서 대상을 느끼고 관찰하고 반응하게 되므로 세심하고 이해심이 깊은 반면 반응속도는 느려지게 된다. 감정선 주선의 모습이 주된 감정성향을 나타낸다면, 감정선 끝의 가닥들은 부가적인 감정성향을 나타내게 된다. 또한 감정선 끝의 가닥이 굵고 진할수록 특정 감정적 패턴이 성격적으로 굳어진 것을 나타내며, 연하고 가늘수록 아직 감정적 패턴이 자리잡지 못한 유연한 상태를 말한다.

(1) 곡선형 감정선 끝이 두갈래

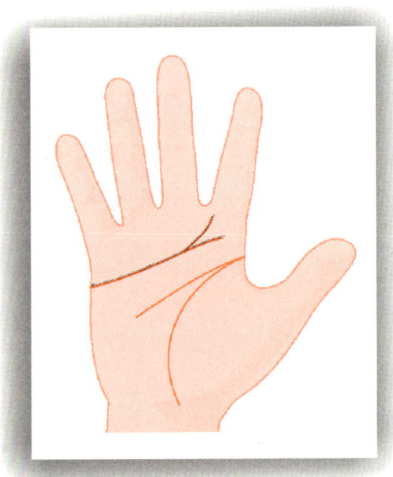

감정선 끝이 두갈래로 갈라져 한가닥은 검지와 중지 사이로 올라가고 한가닥은 검지 밑으로 뻗는 경우엔, 직선형 감정선과 곡선형 감정선의 각각의 특성이 복합되어 나타난다고 보면 된다. 여기서 곡선형이 주된 모습인지 직선형이 주된 모습인지에 따라 주된 성향과 부수적인 성향이 나타나게 된다.

보통 곡선형 감정선은 현실주의자를 상징하며 직선형 감정선은 이상주의자를 나타내므로 이 두가지 성향이 어울러져 현실과 이상을 동시에 중요시하는 성향이 나타나게 된다.

감정선 끝이 두갈래로 나뉜 타입은 의리심이 강해서 배신을 할 줄 모르며 상대방의 배신행위도 결코 용납치 않는 타입으로, 명분과 신념을 중요시하므로 눈앞의 이익에 잘 현혹되지 않고 일단 결혼을 하고나면 평생 신의를 지키며 살지만 배우자가 배신을 한다면 아무 미련없이 헤어질 수 있는 타입이라고 하겠다. 일반적으로 이런 성향은 직업적 측면에서도 그대로 나타나게 되어 명분과 실리를 동시에 중요하게 여기는 타입이 되기 쉽다.

(2) 곡선형 감정선 끝이 세갈래

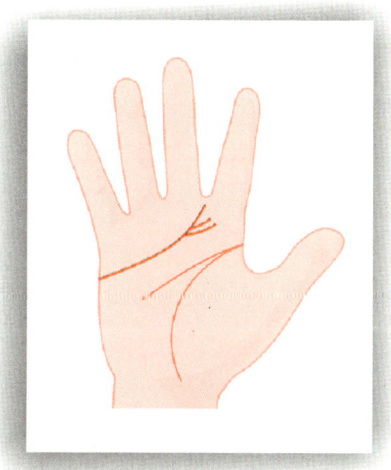

감정선 끝의 지선들은 다양한 종류의 사람들에 대한 감정적 이해력과 포용력을 나타내는데 그 가닥수가 많아질수록 이해심은 많아지며 감정적으로 우유부단해지게 된다.

이 감정선이 세가닥으로 갈라진 경우엔, 감정적으로 다소 우유부단한 편인데 동정심이 많고 다른 사람을 잘 이해해 주며 책임감이 강한 사람이 많다.

이렇게 휘어진 곡선형 감정선은 목성구를 향한 지선이 두세가닥 나오기 쉬운데 지선의 가닥수가 많아지는 만큼 다양한 종류의 사람들에 대한 이해심과 동정심의 폭이 넓어지며, 주요한 의사결정에 있어 감정적인 문제가 개입되어 있을 경우엔 곧바로 의사결정을 못하며 우유부단해지기 쉬워진다.

보통 이것을 장남 장녀 또는 맏며느리타입의 손금이라고 부르는데, 자신의 이익 보다는 타인을 먼저 생각하고 배려하며, 분쟁을 싫어하고 상대방의 말에 귀를 기울이는 타입이라서 성격적 특성이 집안의 맏이 역할을 하기 적합하기 때문이다. 실제로도 장남 장녀 또는 맏며느리 역할을 하고 있는 사람에게 이 손금이 많은게 특색이라고 하겠다.

이런 타입은 성격적으로 세심하고 치밀하므로 그런 장점을 살릴 수 있는 직업군에 소질이 있다고 하겠다.

(3) 감정선 끝부위 지선이 상향

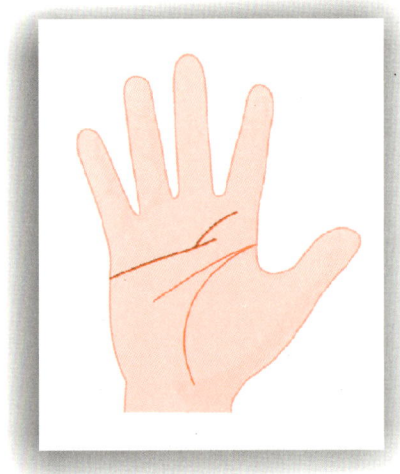

감정선 끝에 나온 가닥 중 상향하는 지선이 나온 경우엔, 해당 지선이 뻗어 간 부위가 검지 아래의 목성구인지, 검지와 중지 사이인지 등과 해당 구의 상단부인지 중간쯤인지 하단부인지를 살펴봐야한다. 이런 상향지선은 앞에서 설명한 감정선의 유형별 특성이 주된 감정선의 특성에 부가하여 있다고 보면 된다.

예를 들어, 검지와 중지 사이까지 뻗은 표준형 길이의 직선형 감정선이 주된 감정선이면서 검지 바로 아래로 상향하는 감정선 지선이 있을 경우를 살펴보자. 이럴 경우, 주된 표준형 직선형 감정선이 가지는 '합리적이고 이성적이며 다소 냉철한 타입으로 주관이 분명하며 감정이나 온정에 얽매이지 않고 자신의 본분을 다하는' 성향에 더해서, 목성구 상단으로 향한 상향지선이 가지는 '이상이 높고 마음이 넓으며 인품이 고상하고 타인을 배려하는 따뜻한 마음이 많아 매력적이고 지도자적인' 성격적 특성이 함께 나타나게 되는 것이다.

(4) 감정선 끝부위 지선이 하향 :

상처와 눈물자국

감정선 끝에 나온 가닥 중 하향하는 지선이 나온 경우엔, 인생사가 자신의 뜻대로 잘 되어가지 않아 의기소침해지고 어두워진 심적인 특성이 반영된 것으로 이게 장기간에 걸쳐 성격적으로 패턴화된 것을 나타낸다.

감정선 끝 하향지선은 감정선이 나타내는 주의신호 중 하나

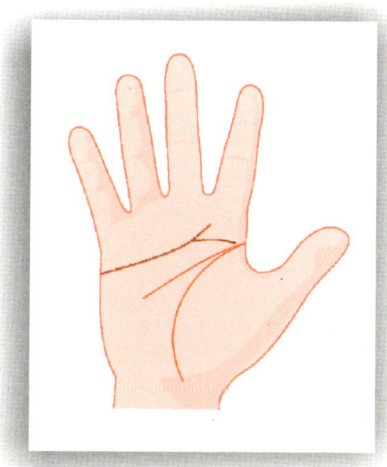

인데, 이런 부정적인 감정패턴이 굳어지지 않도록 미연에 방지할 필요가 있다고 하겠다. 특히, 어린아이들이나 청소년들의 경우, 이런 감정선 하향지선이 엿보이면 향후 성인이 되어서도 이런 좋지 않은 성격이 마음속에 웅크리고 있기 쉬우므로 일찍 발견하여 충분한 대응조치를 취할 필요가 있다고 하겠다.

마. 특이감정선

감정선의 모습은 생명선이나 두뇌선 보다 더 다양하고 특이 형태도 많을 수 밖에 없는데, 인종이나 생활환경, 문화적 차이에 따라 성격적 특성이 매우 다를 수 있기 때문이다.

실전에 있어서도 매한가지여서, 형태가 비슷한 두뇌선을 가진 사람은 찾아볼 수 있어도 비슷한 감정선을 가진 사람은 무척 찾기가 어렵다.

특이감정선으로는 이중감정선, 두줄의 평행한 감정선, 막쥔손금, 막쥔손금 아류 등을 들수 있겠다. 막쥔손금이나 막쥔손금 아류에 대해선 두뇌선 편에서 설명이 되었으므로 여기선 생략하도록 하겠다.

(1) 이중감정선

이중감정선은 약지 아래 또는 소지 아래에서 감정선이 두가닥으로 떨어져 구성된 것을 말한다. 그런데 실전에 있어선 이중감정선의 모습이 아주 다양한 종류를 보이고 있는데, 약지 아래에서 끊어진 형태가 제일 많은 편이다.

이중감정선의 해석에 있어선, 두가닥의 감정선을 떼어서 각각

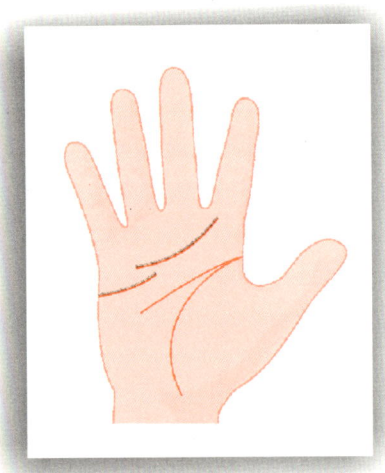

의 성향을 함께 가지고 있는 것으로 해석하는게 적합하다.

즉, 원래의 감정선이 시작되는 소지아래의 부위에 나온 짧은 감정선의 성향과 그 위에 나온 길다란 감정선의 두가지 성향을 함께 가지고 있는 것이라고 해석하는 것이다.

그림처럼 직선형 짧은 가닥과 검지 아래의 목성구 상단부로 올라간 긴 감정선의 경우를 살펴보면, 짧은 직선형의 감정선은 직선적이고 급한 성격에 냉정 소심하고 이기적이며 물질욕이 강한 특성을 나타내고 있으며, 길다랗게 검지 아래로 올라간 감정선은 이상이 높고 마음이 넓으며 인품이 고상하고 타인을 배려하는 따뜻한 심성이 많은 성격적 특성을 나타내고 있다고 하겠다. 두개의 감정선을 합하여 보면 감정선 자체가 선 한가닥일 때 보다 길어지므로, 인정이 많고 눈물도 많으며 감성이 더욱 풍부하여 지게 된다.

이중감정선이 왼손에만 있을 때엔, 이런 특성이 내면적으로 숨어있는 것으로 볼수 있으며, 오른손에 나와있으면 외부적으로도 표출되는 성향으로 볼수 있다.

그런데, 이중감정선은 결혼이나 애정문제에 있어 좀 주의가 필요한 타입인데, 이혼을 하게 되는 사람이 통계적으로 보아 상당히 많기 때문이다. 이것은 이중감정선이 가지는 이중적인 감정특성에도 원인이 있는데, 애정문제에 있어서 서로의 사이가 나빠져서 트러블이 심해질 때, 이중감정선의 짧은 가닥의 특성이 표출되어 갑자기 성격이 급변한듯이 아주 냉정하고 소심하며 이기적이고 직선적으로 쏘아붙이는 그런 성향이 나올수 있기 때문이다.

그런데 상대방 입장에선 이런 이중적 성격적 특성에 대해 이해가 부족하거나 심적인 대비가 없을 경우가 많기 때문에 서로 간의 관계가 극단적인 파국에 이르기 쉬운 것이다.

이중감정선은 약지 아래쪽에서 감정선이 끊어지는 형태가 많은데, 일반적으로 심장혈관계통이 약한 특성을 가지며, 나이가 들어 50대 이후가 되면 심장기능이 급격히 약해지기 쉬워 주의가 필요하다.

그런데 위쪽의 이중감정선 구성과 같이 소지 아래에서 갈라진 이중감정선의 경우에는 심장혈관계통 이외에도 간장기능도 약한 사람이 많다. 또한 떨어진 두가닥 사이의 간격이 멀어지면 질수록 심장기능에 주의해야 할 것이다.

사례 3이나 사례 4같이 감정선의 위쪽 가닥만 가지고도 일반적인 감정선과 유사한 모습을 하고 있는 경우, 감정선 아랫가닥을 반항선으로 혼동할 수도 있는데, 실제로도 감정선 아랫가닥이 반항선으로도 작용하는 경우가 있으니 분석시 주의해야한다.

심장혈관기능이 차츰 나빠지게 되면 감정선이 약지와 소지 사이쯤에서 갈라져서 옆그림처럼 아랫쪽 가닥이 두뇌선을 향해 내려오기 시작하게된다. 약지 아래는 심장의 중심부를 나타

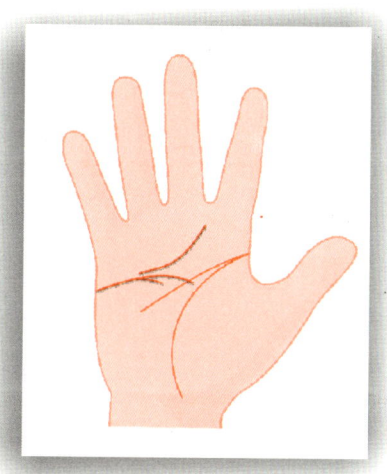

내므로 심장기능의 이상증세를 나타내는 것이기도 하니 심장발작이나 동맥경화, 심장병 등을 주의해야할 것이다. 이렇게 하향하는 감정선 가닥이 두뇌선을 자르는 형태가 되면 심장신경이 뇌신경을 치는 모습이 되어서 큰 정신적 충격을 주는 사건사고나 뇌졸증증세나 정신질환과 같은 이상증세가 생길 우려도 커지게 되므로 각별한 주의가 필요하다고 하겠다.

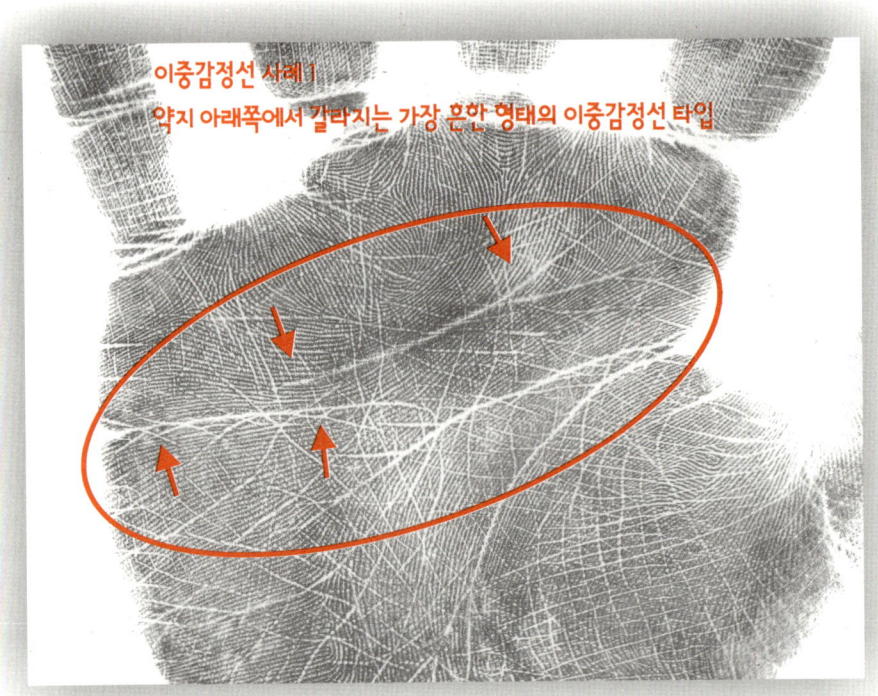

이중감정선 사례 1
약지 아래쪽에서 갈라지는 가장 흔한 형태의 이중감정선 타입

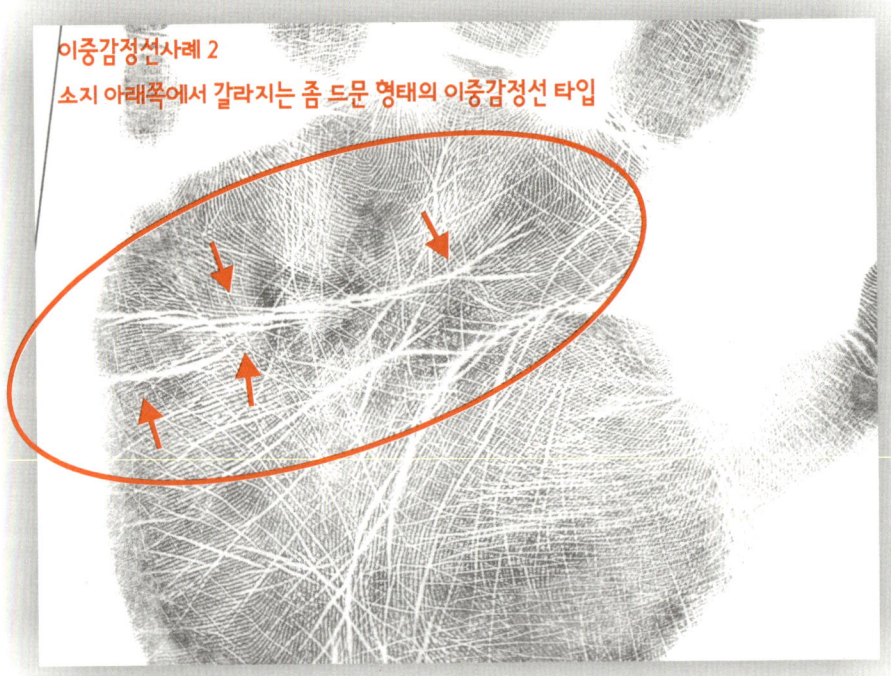

이중감정선 사례 2
소지 아래쪽에서 갈라지는 좀 드문 형태의 이중감정선 타입

이중감정선 사례 3
이중감정선 형태인데 윗쪽 가닥은 소지 아래까지 이어져 있고,
아랫쪽 가닥은 두뇌선을 약간 끊는듯한 모습을 하고 있어서 막쥔금으로 착각하기 쉽다

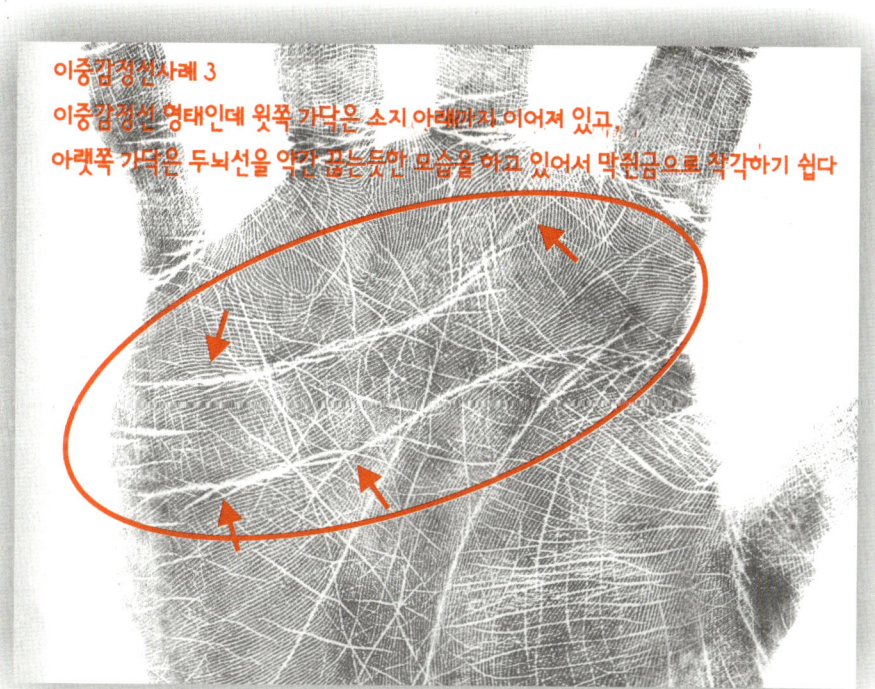

이중감정선 사례 4
이중감정선의 아랫가닥이 두뇌선을 건드리는 모습인데 막쥔금으로 착각하기 쉽다

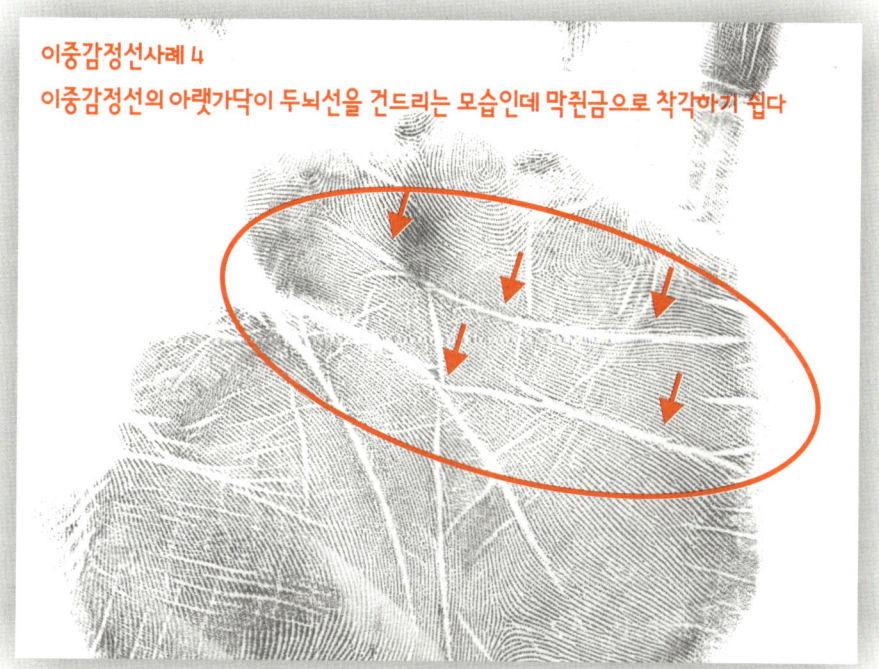

(2) 두줄의 평행한 감정선

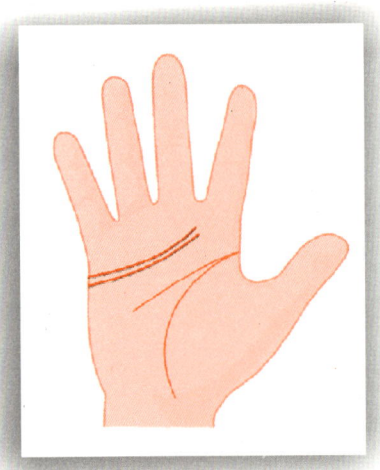

굵은 감정선이 길게 두줄로 평행하게 흘러가는 경우엔 감정선의 특성이 과하게 작용하고 있는 것을 나타낸다.

감성적인 성향이 너무 강하게 발현되므로 두뇌선이 잘 견제해주지 않는다면 극단적으로 감정에 치우쳐서 살아가기 쉬울 것이다. 한편으로는 감성이 강하므로 문필적 재능이나 예능적 재능이 나타날 수 있고, 다른 한편으로는 이성을 압도하는 감정적 성향으로 술만 마시면 사람이 이상하게 변한다든지 하는 등의 특이성격을 가지기 쉽다.

따라서 이런 두줄의 감정선을 가진 경우엔 평탄한 인간관계와 직업활동, 평온한 결혼생활이 어려울 수 있는데, 직업적으로 본다면 외따로 떨어진 조용한 환경에서 혼자 작업을 하거나 연구를 하는 쪽이 어울린다고 하겠다.

3. 감정선에 나타나는 장해선, 하향지선, 섬문양 등

기본삼대선 중에서 감정선의 변화가 제일 빠른 편이며 현 시점의 감정상태를 많이 반영하게 된다. 감정선에는 성격적 특성뿐만 아니라 마음속에 느끼는 희로애락이 녹아들어가 있고, 감정선 자체가 심장혈관으로 대표되는 순환기 계통을 대표하고 있으므로 건강상태와 관련한 중요한 변화도 감정선에 나타나게 된다.

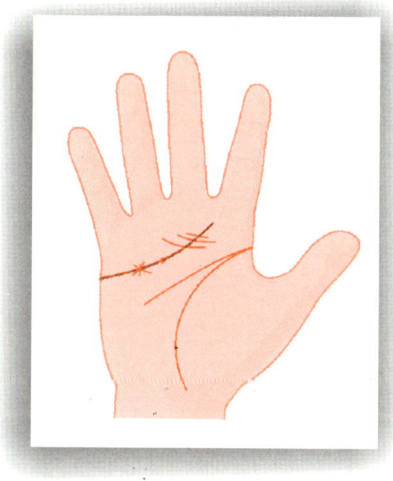
감정선에 하향지선이나 섬문양, 장해선이 생기는 것은 현 상태나 앞길에 대한 전망에 있어서 어두운 그늘을 드리우는 것으로 전반적인 운세의 쇠퇴와 우환발생의 조짐, 건강상태의 퇴보, 인간관계의 문제 등에 있어서의 이상징후나 주의신호라고 할 수 있다.

　감정선은 심장기능을 함께 나타내는 선으로 심장기능과 관련해서는 약지 아래와 중지 아래의 감정선 부위가 중요하니 그 부위상의 이상증세를 눈여겨 살펴보아야 한다.

감정선의 섬문양

　감정선의 섬문양은 감정선의 에너지를 감퇴시키는 이상증세에 해당하는 것으로 감정선이 나타내는 왕성한 심장기능이나 밝고 활기찬 마음상태에 이상증세가 발생하는 것을 말한다. 특히 심장기능의 중심부위에 해당하는 약지와 소지 중간의 감정선 부위에 섬문양이 생기거나 감정선이 갈라지면서 한가닥이 두가닥으로 떨어지게 되는 이상증세가 생기기 쉽다.

　섬문양이 생기면 일단 심장혈관 기능이 많이 나빠진 것을 나타내는데, 동시에 유년법으로 살펴보아 해당 유년대에 감정적인 시련과 무기력감, 인간관계 문제 등의 심적인 고통이 따르기 쉬운 것을 나타낸다.

　사슬모양은 섬문양이 여러 개 잇달아 생기는 것을 말하는데

감정선의 섬문양 – 약지 아래부위는 심장기능의 상태를 한눈에 살필수 있는 곳이다.
이 부위의 감정선에 섬문양이 생기거나 끊어지는 경우가 많은데 건강상 주의해야 한다.

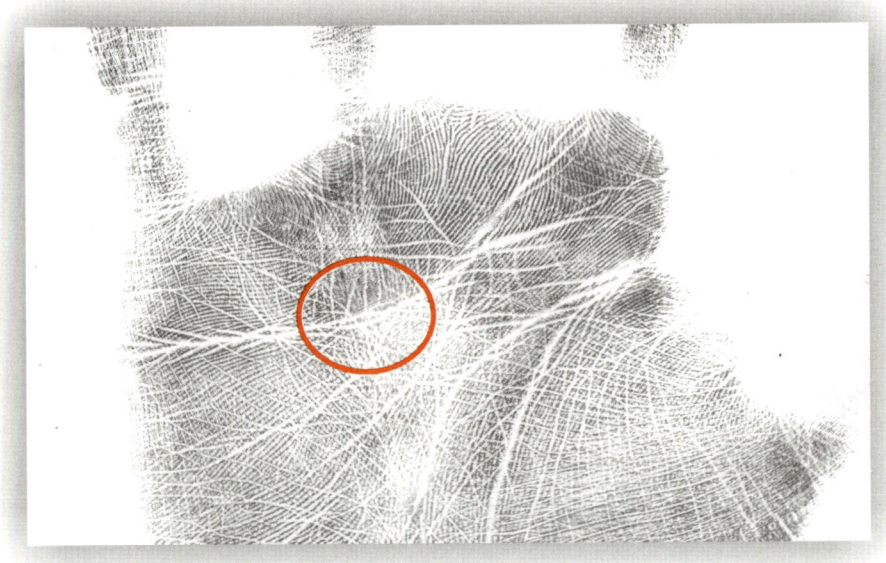

감정선 섬문양과 마찬가지 의미이지만 건강상태나 체질이 섬문양의 경우 보다 좀더 좋지 않은 것을 나타낸다.

감정선의 긴 하향지선

감정선 중간에 생기는 하향지선은 그 길이가 짧은지 긴지 여부가 중요한데, 길이가 짧게 5mm 이내 정도인 선들이 여러가닥 나와있는 것은 사교성, 붙임성, 애교 등 인간관계를 원활하게 하기 위한 노력이나 사교적인 성격적 특성을 나타낸다.

그런데 좀 길다란 하향지선들이 나오는 것은 감정선의 이상증세에 해당하는 것으로 감정기복이 심하고 마음에 우울함이 많으며 인생길이나 인간관계 등에 대해 고통과 슬픔을 많이 느끼는 내면적인 모습의 반영이라고 할 수 있다. 이런 긴 하향지

감정선의 긴 하향지선 - 감정선 중간부위에 10가닥 정도의 긴 하향지선이 내려오고 있다

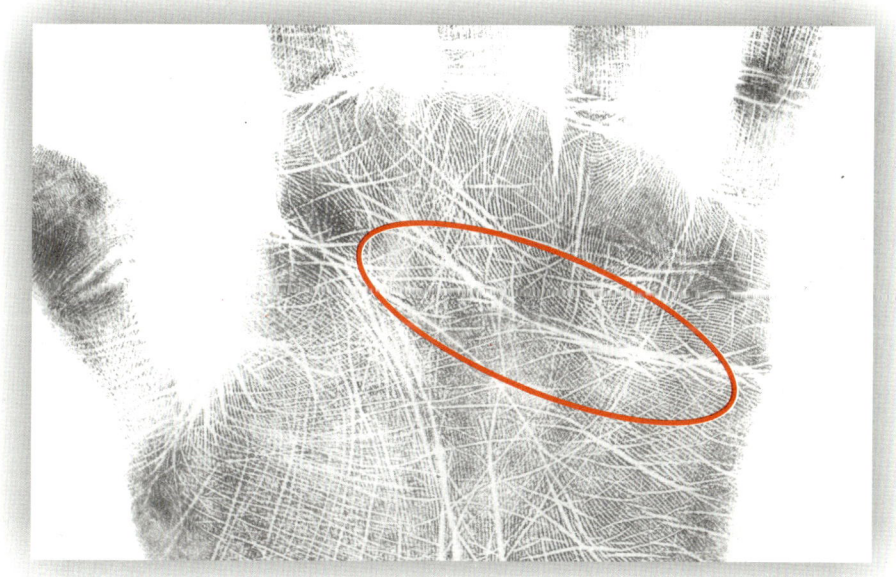

선은 어느날 갑자기 만들어지지는 않으며, 처음에는 짧은 하향지선이 나오다가 심적으로 우울하고 불행한 시기를 지나면서 하향지선이 점차 길어지면서 형성된다고 하겠다. 일단 한번 긴 하향지선이 만들어지고 나면 이것을 지워 없애기는 무척 어려운 일인데, 이미 성격적 특성이나 체질적 특성으로 굳어져 있는 경우가 많아서 성격개선과 함께 건강체질 회복이 수반되지 않으면 어렵기 때문이다.

감정선을 끊는 장해선, 별문양, 점

감정선을 끊는 장해선에 있어선 장해선의 출발지점이 감정선 위쪽인지 아니면 감정선 아래쪽인지를 잘 살펴봐야한다. 감정선의 위쪽 부위에서 비스듬히 감정선을 끊고 내려가는 형태는 매우 좋지 않은데, 특히 운명선과 감정선이 만나는 부위 근처를 끊고 내려가는 모습은 인생길과 직업운에 좋지 않은 나쁜 영향의 파장이 많을 수 있음을 암시하고 있어 주의를 요한다.

이런 모습은 감정선의 장해선이 남아있는 한 계속적 영향이 미치는 것으로 보면 된다.

감정선의 별문양은 급작스런 심장발작이나 놀랄 일, 심적 충격을 암시하며, 감정선 상에 붉은색 점이 생기는 것은 심장에 열이 나는 것을 나타내므로 역시 건강상 주의신호나 심적인 충격을 암시한다고 하겠다.

약지 아래의 감정선 주변으로 작고 딱딱한 혹 같은게 나오면 심장발작이나 동맥경화 등의 이상증세가 임박한 것을 나타내므로 혈압이나 심장기능 이상증세가 있는 사람들은 주의할 일이다.

감정선 이상증세 1
약지와 소지 사이쯤의 감정선이 떨어지면서 감정선이 위 아래로 떨어지려고 하고 있는데 건강관리에 힘써줘야 할 것이다

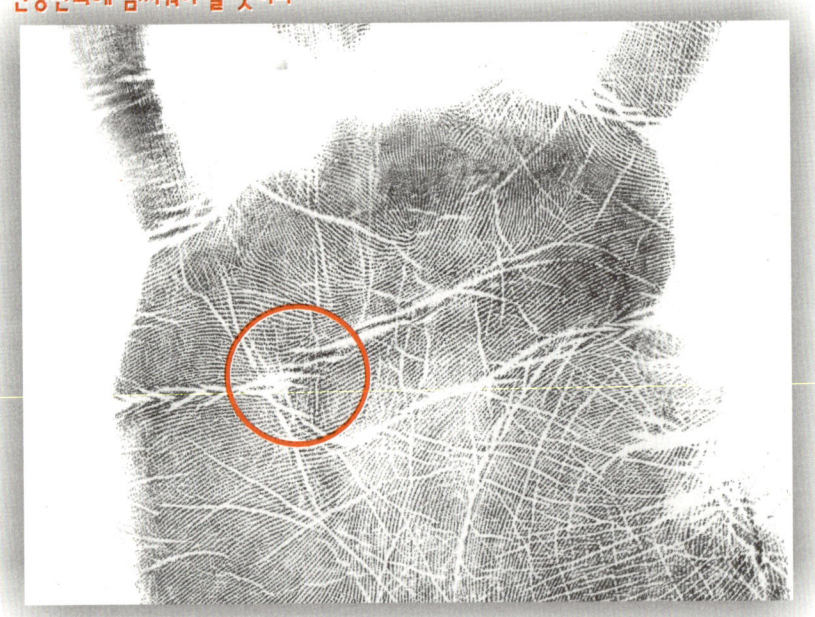

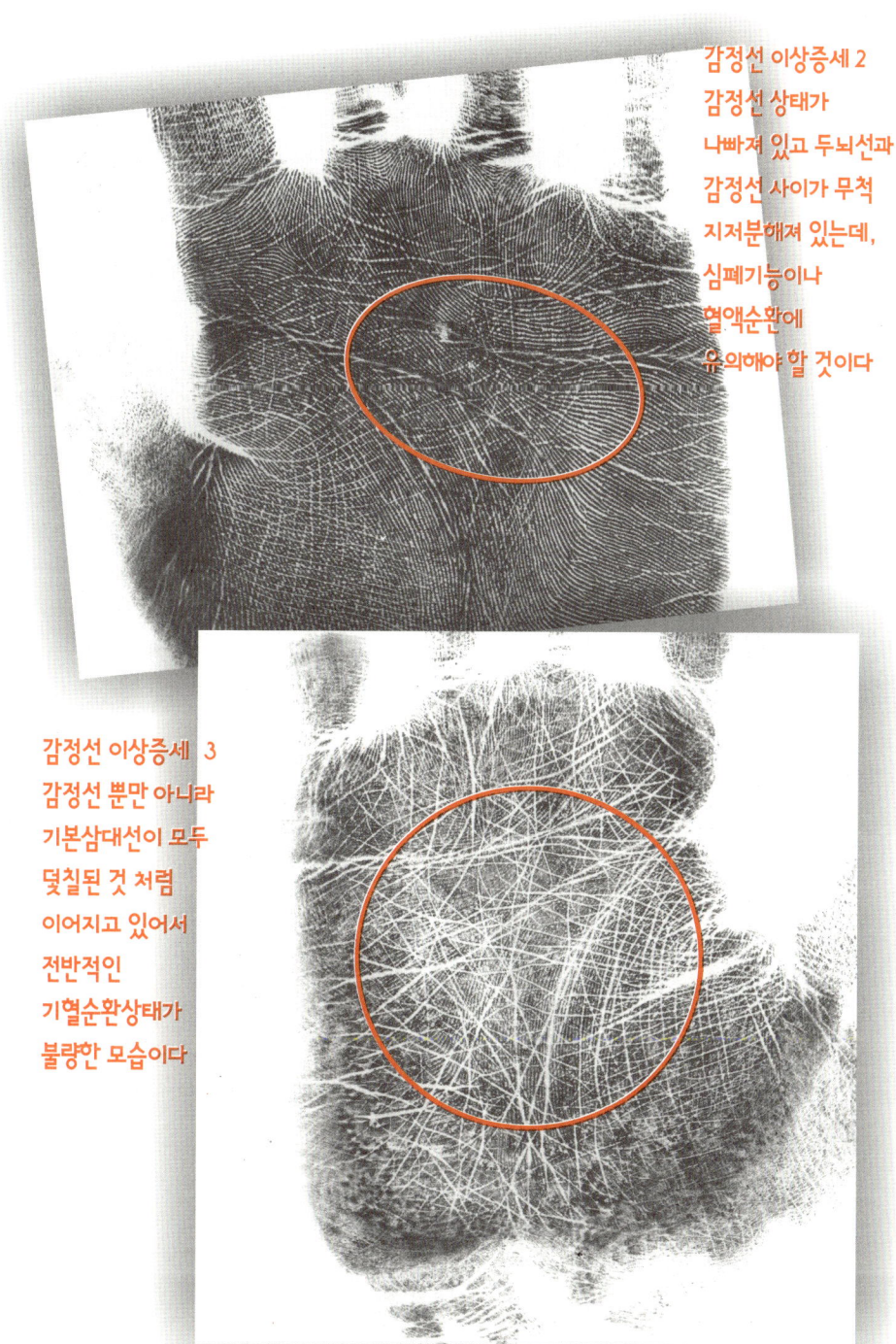

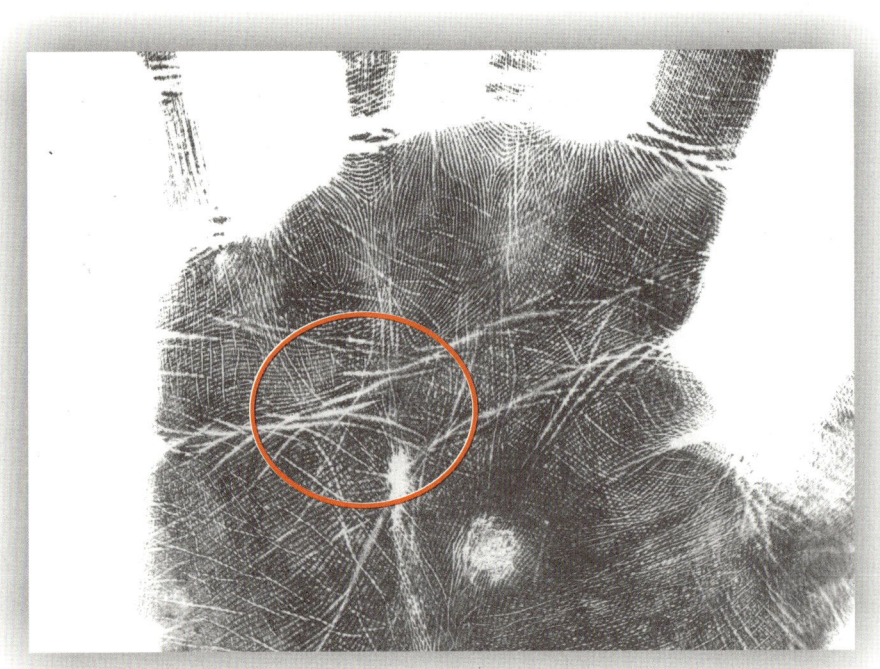

감정선 이상증세 4
심장의 중심부를 나타내는 약지와 소지 사이쯤의 감정선이 위 아래로 떨어지며
아랫가닥에서 하향지선이 나오고 있다.
뇌졸중, 중풍, 수족마비 등을 특히 주의해야 할 것이다.

4. 감정선의 유년법

감정선의 유년법은 생명선이나 두뇌선에 비해선 유년을 잡아보는 의미가 좀 떨어지는 편이다.

섬문양, 하향지선, 감정선을 끊는 장해선들이 많이 나오는 부위가 어느정도 정해져 있기 때문이기도 하고, 또한 감정선의 끝부위는 감정선의 중간부위 보다 변화의 정도가 더 빠르고 많기 때문이기도 하다. 따라서 감정선 유년법을 통해서 해딩 나이대를 살펴보는 것은 참고 정도는 되겠지만 절대적으로 적용하지는 않는게 좋다. 감정선의 유년법을 통해 감정선의 주요한 변화의 나이대를 파악하게 되면, 생명선, 두뇌선, 운명선의 유년법을 통해서 파악된 인생길의 흐름이나 사건사고 등과 서로 비교하여 연관성을 살펴가야 할 것이다.

유년을 제대로 잡는 비법 공개

감정선 유년법에 대해선 전문가들 사이에서 다양한 견해가 있는데, 필자의 오랜 경험과 연구를 토대로 적용하고 있는 유년법을 다음에 공개하니 손금연구 및 실제적용에 참고하기 바란다.

1. 감정선 유년법은 두뇌선 유년법에서와 같이 10cm~15cm 정도 되는 직선자를 준비하여야 한다.
2. 감정선의 유년은 검지에서 시작하여 소시쪽으로 나이를 먹어간다.
3. 채취된 손금에다 직선자를 대고 소지아래의 손바닥 끝부위 경계선을 80살로 놓는다.
4. 감정선의 흐름을 따라서 1cm (10mm) 단위로 나이를 표시한다. 즉, 직선자의 1cm, 2cm 는 각각 10살, 20살에 해당하는 것이다.
5. 기타 유년법 적용의 일반적인 요령은 두뇌선 유년법을 참고하기 바란다.

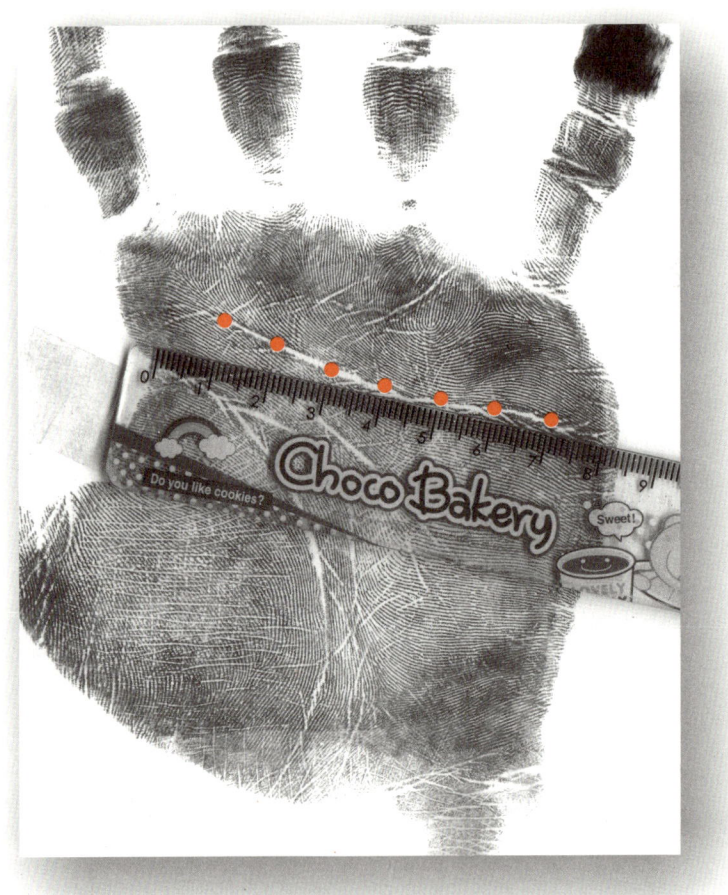

유년법 적용시 참고사항

1. 감정선의 유년법은 80살 지점을 잘못 잡으면 1~3년 정도의 나이차이가 발생하기 쉬운데, 손바닥 옆면이 많이 찍힌 경우도 있고, 경계선이 좀 안쪽으로 찍힐 수도 있기 때문이다.

2. 실전에서는 감정선 상의 섬문양이나 하향지선이 나와있는 나이대와 두뇌선이나 운명선의 이상증세가 발생하는 유년을 서로 비교하여 나이를 조정하면 더욱 정확해진다.

3. 직선자가 없는 상황에서 유년을 잡으려면, 검지와 중지 사이의 아래를 20살,

중지와 약지 아래를 40살, 약지와 소지 아래를 60살로 보아 적용하면 된다.

4. 감정선의 약지나 약지와 소지의 중간 아래 부위에 섬문양이나 하향지선들이 나오기 쉬운데, 대개 나이가 들어 50대 이후가 될수록 심장기능 상태가 더욱 약해져가는 것을 반영한 것으로 볼 수 있다.

5. 신비십자문양은 인생길의 전반에 영향이 크므로 신비십자가 두뇌선에 닿은 나이와 감정선에 닿은 나이가 동일하게 나오는 경우가 많다.

6. 이중감정선에 있어서도 동일한 기준으로 유년법을 적용한다.

7. 박쉰금의 유년법에 있어선 두뇌선 유년법을 우선적으로 적용하고 감정선 유년법은 보조적으로 적용하도록 한다.

재미있는 이야기

소지손가락으로 애정운 살피기

손가락 중 소지손가락은 행복한 결혼생활과 밀접한 관련이 있다. 몇가지 모양의 소지손가락을 통해 애정운이 어떨지 한번 살펴보자.

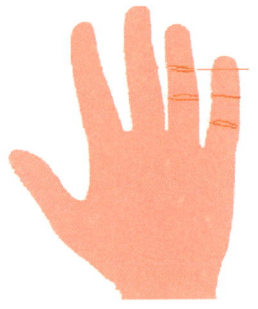

o. 애정운과 자식복이 있는 타입

- 소지손가락은 자식복을 나타내는 부위이다. 자식복 있으려면 당연히 애정운이 좋은게다. 소지손가락 끝이 약지손가락 첫째 마디보다 위로 올라오면 길다고 판단한다.

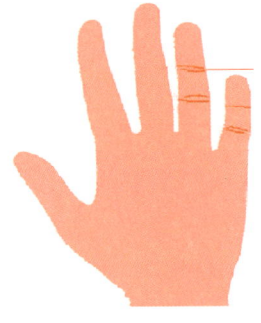

o. 제왕절개 타입

- 소지손가락이 짧으면 자식복이 약하다고 본다. 이런저런 사유로 자식과 떨어져 살게 되는 경우도 많은 편인데, 신체상으로 자궁 생식기가 약하고 발달이 덜되었고 보면 된다. 옛날 같으면 애낳다 죽을지도 모를 타입이겠지만, 지금은 의술이 좋아서 그럴 염려는 없다. 하지만, 자연분만, 그거 맘대로 안되는거다. 이런 타입은 출산시 제왕절개의 확률이 무척 높다.

o. 사랑의 감정 2% 부족한 타입

- 소지손가락의 두번째 마디의 윗부분 안쪽이 벌레가 파먹은듯 홀쭉한데, 이 홀쭉한 정도가 심할수록 그 증세도 심각하다. 뭔가 애

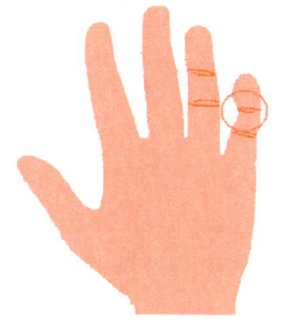

정결핍증세가 있다는 것인데, 불행히도 어떤 사내를 만나도 항상 마음속이 조금 허전하다. 이래서야 어디 결혼까지 되겠나.. 노처녀들 둘 중 하나는 이런 손 타입이다..

○. 버림받을까봐 사랑도 못해보는 타입

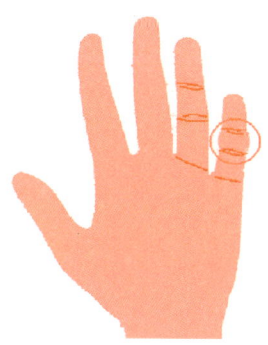

- 그냥 사귀고 만날땐 잘 모르는데, 상대가 나를 먼저 차버리면 완전히 미쳐버리는 타입을 말한다. 한두번 그짓 반복하다 보면 사람 사귀는게 겁난다.. 차일까봐서..

어릴때 기억을 잘 돌이켜보면 엄마나 아빠에게 버림받을 것 같은 공포심을 느낀 적이 있을지도.. 또는 부모가 임신시 낙태를 시킬까말까하고 고민하면 뱃속 아이가 이런 손타입이 되기도 한다.^^;; 손금에선 소지 중간마디가 뚱뚱하고 짤막하면 이 타입에 해당한다.

○. 성(性)적 공포감 타입

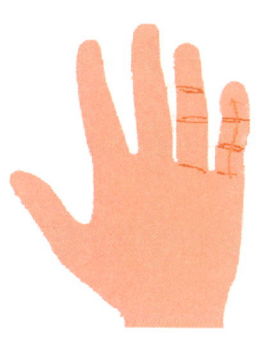

- 아마도 어릴 때 뭔가 성(性)문제와 관련된 좋지 못한 충격을 받았나보다. 밤이 두려운 불감증이거나 성적 억압감에 눌려있기 쉬운 타입이다. 심할 경우 부부클리닉을 다녀야 할 수도 있다.

손금에선 소지가 전체적으로 'S' 자 모양으로 휘어진듯한 모양일 때 이 타입에 해당하는데, 심한 성적 학대를 받고 자란 사람이 종종 발견되기도 한다.

재미있는 이야기
손금의 변화 (20대 -> 60대)

손금은 변해가며 또 변화를 적극적으로 변화시켜갈 수도 있다는 것은 손금학이 가지는 운명개척의 메시지를 강하게 뒷받침해주는 것이다. 다음 사례는 일본 손금학계의 카네히로 쿠로가와 선생이 적은 '수상 행운백과'에 나온 것으로 어떤 사람의 20살때 찍어둔 손금과 60살의 손금을 비교분석하여 실제 손금의 변화모습을 담고 있다. 여기선 양손 손금이 비슷한 모습이라서 오른손만 다루었다.

20살 때의 손금 (오른손)

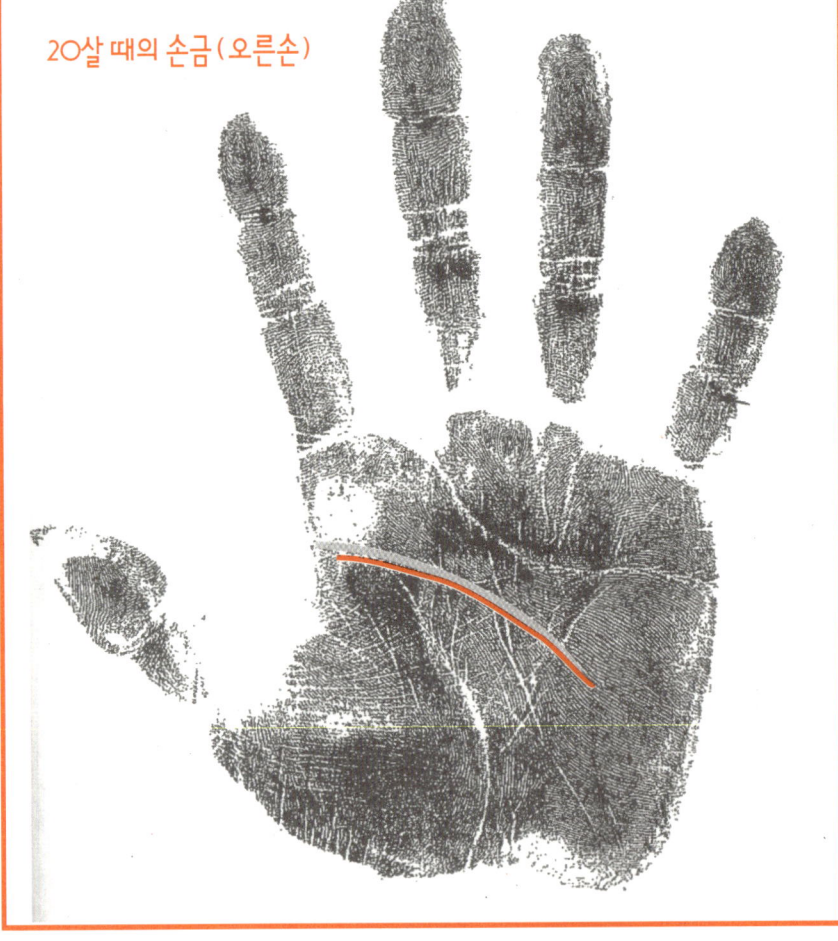

일본 사람들은 손금에 대한 사랑이 유달리 강해서 최고의 권좌에 올랐던 토요토미 히데요시나 토쿠가와 이에야스를 비롯하여 현대의 정치가 중에서도 손금을 찍어서 남기고 있는 사람들이 많다.

이 손금의 소유자에 대한 자세한 신상정보 언급이 없지만 문맥으로 보건대 직장생활을 하면서 중역의 지위에 까지 올랐고, 회사를 다니면서 자신의 사업을 병행하여 준비하다가 독립하여 사업적으로 성공하고 유명세를 타서 TV에도 나오고 강연회도 자주 출연하게 된 사람으로 보인다.

60살 때의 손금(오른손)

❸ (163ページ)
❹ (191ページ)
❺ (211、216ページ)
❼ (286ページ)
❻ (295ページ)
❶ (155ページ)
❷ (135ページ)
❾ (337ページ)
❽ (302ページ)

詳しくは( )内の本文ページ参照

2부 | 기본 삼대선　221

오른손 손금의 변화:

60살 때의 손금 (오른손)

❶ 두뇌선이 20살때 보다 2cm 정도 더 길어지고 월구쪽으로 향하고 있는데, 사고력이 깊어지고 창의력과 상상력이 풍부해졌음을 나타낸다.

❷ 두뇌선이 지선이 새로 생겨 나와서 제2화성구로 향하고 있는데, 이것은 전혀 없던 선이 생겨난 것이다. 직장생활을 하면서 현실적 실행력과 합리적인 사고력이 강해져 갔음을 나타낸다.

❸ 감정선의 상태가 20살 때 보다 선명하고 강해졌으며, 감정선 끝단에 목성구 중심으로 향하는 직선형 지선과 검지쪽으로 향해 올라가는 지선이 생겨났다. 성격적으로 강해졌고 사회적 성공욕구와 자기주장이 분명해졌으며 상대방을 배려하는 마음과 의리심도 강해진 것을 나타낸다.

❹ 운명선이 중지 아래까지 길어졌는데, 강인한 의지로 자신의 운명을 개척해가는 모습과 노년기에도 직업적 활동을 왕성하게 하게 된 것을 나타낸다.

❺ 20살 때는 재물선(태양선)의 발달이 약하였지만, 사회적 성공으로 명성이 높아지며 수입이 안정되어가자 재물선이 길어지고 굵고 선명해졌다. 20살 때는 제2화성구 태양선이 잘 만들어지지 않았는데, 60살의 손금에서는 뚜렷하고 길고 우아하게 올라가는 태양선을 볼 수 있다.

❻ 소지 아래의 수성선이 굵고 선명하고 길어졌는데, 일본에서는 이 선들을 재산선이라고 부르고 있다. 약지쪽 가까이로 올라간 수

성선을 횡재선이라고 부르는데 부동산운을 나타내는 선인데, 재산이 늘고 보유 부동산이 늘어감에 따라 굵고 길게 올라가 있음을 볼 수 있다.

❼ 진하게 찍혀서 잘 식별이 되진 않지만 목성구에 우물정자 문양이 나타나 있다. 목성구 우물정자는 지도자적인 자질과 명예심이 강해진 것을 나타낸다.

❽ 굵고 긴 인기선이 새로 생겨났는데, 이 손금의 소유자가 사회적으로 성공하여 TV에도 나오고 강연회나 신문, 잡지에 원고를 집필하는 등으로 인기가 높아진 것을 반영한 것이다.

❾ 멀리 나가사는 여행선이 새로 생겨 나와있는데 해외로 자주 들락거리고 타향에서 성공하게 된 것을 나타낸다.

 손금의 기본삼대선과 세로삼대선, 문양 등이 모두 현저한 변화를 보이고 있고, 기본선들 중에서도 없는 선이 출현하게 된 경우가 많음을 알 수 있다. 이렇듯 손금은 후천적인 노력과 환경변화에 의해 얼마든지 적극적으로 좋은 변화를 유도해 갈 수 있는 것으로 이른바 '삶의 성적표'라고 할 수 있을 것이다.

 먼 미래에 가서 볼 때, 젊은 날의 내 모습은 어떠했을까? 혹시 자신의 잠재가능성을 제대로 구현하지 못한 것은 아닐까? 나는 정말 성공적 인생을 살아온 것일까? 젊은 날의 가능성에 비해 얼마나 잘 살아온 것일까?...

 나이가 들어서 이런 것이 궁금해질 것 같으면 젊은날 미리 손금을 찍어서 남겨두는게 좋겠다. 손금 하나로 그 사람의 인생이 다 이해될 수 있으니까..

재미있는 이야기

알렉산더대왕의 손금분석

세계 역사상에 있어 알렉산더대왕 만큼 위대한 정복자는 찾기 어려울 것이다. 그가 짧은 기간동안 유럽·아시아·아프리카에 걸친 대제국을 건설하여 그리스 문화와 오리엔트 문화를 융합시킨 새로운 헬레니즘 문화를 이룩하였음은 주지의 사실이다.

서양에서 손금을 최초로 전파한 사람답게 자신의 손금을 남겨두었는데, 누가 그린 것인지는 모르나 알렉산더대왕의 손금이 남아있어 분석을 한번 해보았다.

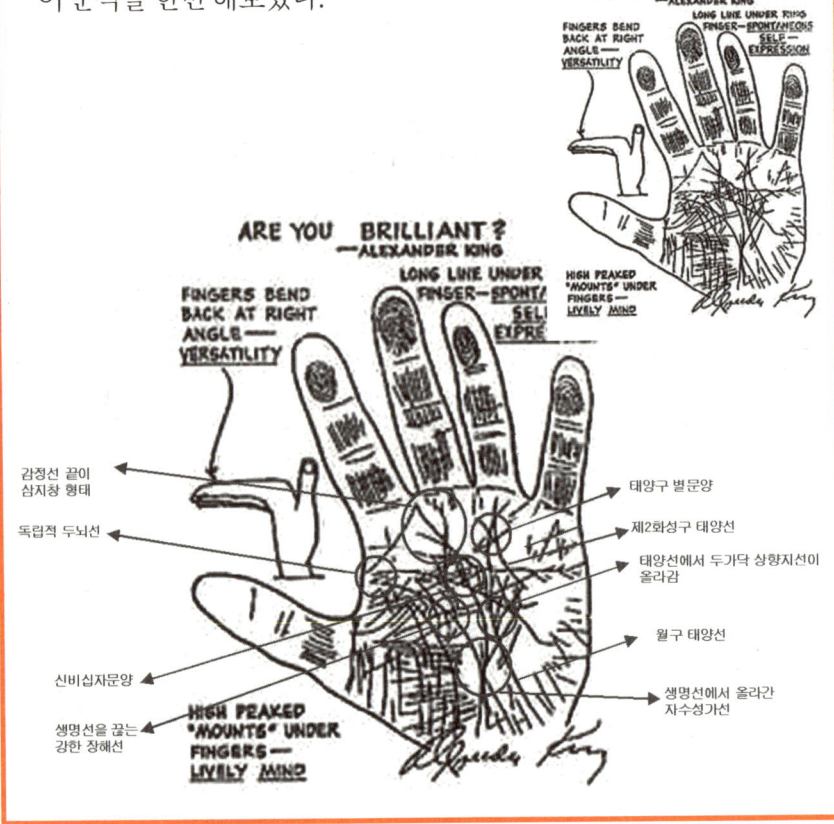

첫째, 감정선 끝이 세갈래로 나뉘어진 형태로 흔히 맏아들, 맏딸, 맏며느리 손금으로 불리는 감정선 모양이다.

타인에 대한 이해심이 깊고 정이 많으며 인간관계에서 곧잘 손해를 잘 보고 다른 사람들을 돕고 살아야 하는 손금이라고 할 수 있다. 차갑고 냉정하며 단호하고 독선적이며 강한 명예욕과 권력욕을 가진 정복자의 이미지와는 전혀 어울리지 않는 손금이다. 역사기록에 전하는 바에 따르면 알렉산더대왕은 정복하는 지역에서 거센 저항을 하거나 정복한 뒤에도 반역을 꾀한 지역은 거의 모든 사람들을 말살시키거나 노예로 팔아버리는 가혹한 처벌을 하였지만, 그렇지 않은 지역의 경우 자비를 베풀고 정복자와 피정복자가 평등한 권리를 가질 수 있도록 애썼음을 알 수 있다.

둘째, 생명선과 약간 떨어져 시작하는 두뇌선이다.

알렉산더대왕의 독립적이고 개척적이며 진취적인 기상을 엿볼 수 있는 곳이다. 두뇌선은 원만하게 화성평원을 횡단하다가 두뇌선 끝자락이 옆으로 휘어져 있다. 고대에 있어서 전통적 가치관과 질서를 넘어서서 새로운 세계를 탐구하고 새로운 사상체계를 수립한다는 것은 무척 어려운 일이었을 것이다. 두뇌선과 생명선의 간격이 그리 넓지 않은 것으로 봐서 그런 독립적 개척적 성향이 아주 독단적으로 흐를 정도로 강하게 드러나지는 않지만 진취적인 리더쉽을 발휘하기에는 적합한 정도가 아니었을까 싶다. 두뇌선 끝자락이 약간 휘어서 제2화성구로 향해 있는 모습에서 합리적이고 현실적이지만 강한 정신력을 바탕으로 어떠한 난관도 돌파해 나가는 불굴의 의지를 엿볼 수 있다.

셋째, 알렉산더대왕도 신비십자종족이었다. 그의 손금엔 신비십자문양, 솔로몬 링, 제2화성구 귀인선이 모두 다 있다.

역사서에 다음과 같은 얘기가 나온다. '… 페르시아를 정복한 이후 이집트를 정복한 뒤 나일강 하구에 자신의 이름을 딴 알렉산드리아시를 건설하고 1,000 km가 넘는 사막을 거쳐 아몬 신전에 참배하였다. 여기서 '신(神)의 아들'이라는 신탁(神託)을 받았는데, 이후로 그는 만인동포관(萬人同胞觀)을 지니게 되었다…'

'신의 아들'이라는 대목도 심상치 않다. 그가 역사에 남을 큰 전쟁만 수십차례 치르면서도 생명에 위협이 될 정도로 크게 다친 적이 없음이 신기하지 않은가? 신비십자의 영향이리라. '신의 가호가 머문다'는 것이니 세계를 정복한 그를 일컬어 '신의 아들'이라고 칭함도 과언이 아닐 것이다.

'만인동포관', 세상의 사람들이 모두 한 형제라는 것. 이런 고귀한 정신적 영적 가치관은 그가 일생을 두고서 추구하던 목표였다. 단지 생각 뿐만 아니라 자신이 정복한 곳에서는 어김없이 그런 사상에 입각한 정책을 펼쳤다. 그의 스승들이 그리스인이 아닌 사람들은 노예처럼 대해야 한다고 가르쳤음에도 불구하고 그는 이런 편협한 인간관, 세계관을 훌쩍 뛰어넘어 버렸다.

신비십자종족은 물질적 가치가 아닌 정신적 가치를 추구하며 살아야 하는데, 그의 이런 고귀한 사상이 물질욕에 어두운 사람들에겐 쉽사리 이해되지 않았을 것이다.

넷째, 그의 운명선은 생명선 하단부에서 시작하여 쭉 올라간 뒤 감정선에 합류하고 있다.

운명선이 감정선에 막힌 모습이 아니라 감정선을 타고서 목성구로 향해가는 모습이다. 엄밀하게 보면 그의 운명선은 생명선에 뿌리를 내리고 시작하고 있는 자수성가선의 일종인데, 그것이 두뇌선 감정선을 거쳐 검지와 중지 사이로 뻗어가고 있는 것이다. 그 당시 그리스는 정국이 불안정해서 비록 왕자의 신분이었지만 왕위승계에 있어선 불확실성이 많았다. 그가 왕위를 계승하여 정국을 평정한 것은 스스로의 지혜와 용맹, 그리고 노력으로 국민들에게 신망을 얻었음에 있다고 볼 수 있다.

운명선이 생명선에서 위로 굵고 진하게 뻗어올라가면서 사업선이 나오는 지점의 나이가 유년법으로 보아 25살 근처에 해당하는데 23살~33살까지 이르는 정복전쟁의 시기 중 페르시아를 격파하여 만천하에 이름을 떨친 때가 24살이었다.

다섯째, 그의 성공을 나타내는 태양선들이 무척 아름답다.

월구에서 시작하여 약지 쪽으로 올라가는 태양선이 무척이나 아름다운 모습이다. 이렇게 월구에서 올라가는 굵은 태양선은 남자들에게선 좀처럼 찾기 어려운 형태로 주변의 시선과 인기를 한 몸에 받는 유명 여자 연예인에게서나 볼 수 있는 손금이라고 할 수 있다. 그만큼 드물다는 얘기다.

제2화성구 태양선(귀인선)도 아름답게 휘어지면서 올라가 있는데, 이 태양선은 '하늘은 스스로 돕는 자를 돕는다'는 의미의 귀인선으로 어떠한 어려움에 처해도 좌절치 않고 노력하면 반드시 성공한다는 의미의 귀인선이다. 세계를 정복하면서 어려운 점이 어디 한두가지였겠는가? 곤경에 처한 순간이 한두번이었겠는가? 그 모든 난관을 강한 의지와 지혜로 스스로 극복하였는 바, 이 제2화성구 태양선과 함께 신비십자문양은 '신의 은총'이라고 할 것이다.

월구에서 올라간 태양선은 두뇌선 아래에서 두가닥의 상향지선을 뽑아내고야 만다. 이 시기가 인생의 황금기가 될 것임은 의심할 여지가 없다. 태양선들은 태양구에서 만나서 폭죽이 터진듯한 모양의 별문양을 만들고 있다. 과히 아름답지 않은가?

여섯째, 생명선 상의 굵은 장해선이 지나가는 시점에 사망하였다.

손금에 있어서 죽음이나 사고, 큰 근심걱정, 질병과 같은 절대절명의 시기를 찾는다면 그것은 바로 생명선을 강하게 끊는 장해선의 시기일 것이다. 특히 그것이 그냥 보통의 장해선이 아니라 주요선들을 모두 끊고 가는 대장해선이라면 아마도 인생길에 중대장해가 발생할 가능성이 크다고 할 수 있다.

알렉산더대왕에 있어선 대장해선이 겹쳐서 두차례 지나가고 있다. 그런데, 여기서 첫번째 대장해선이 지나가고 있는 시기를 바로 위의 생명선 안쪽지선을 기준으로 유년을 살펴보면 대략 34살이 됨을 알 수 있다. 알렉산더대왕이 사망한 나이대다. 새로운 가족이 생기는 의미의 안쪽지선이 함께 나와있으니 죽은지 몇 개월 후에 대왕의 자식이 출생하였던 것이다.

세상에는 이러한 형태의 뛰어난 손금을 가진 사람들이 다수 왔다가 갔지만, 알렉산더대왕 처럼 위대한 영웅은 없었다. 알렉산더대왕, 그는 정말 멋진 사람이다!

재미있는 이야기
인복선과 음덕선

　인복선은 생명선 안쪽의 금성구에서 생명선과 함께 흐르는 영향선들을 말하는데, 그중 특히 손바닥 아랫쪽편, 즉 금성구 하단부에 굵은 선들이 나온 것을 인복선이라고 부른다. 실전에서는 인복선과 영향선을 함께 살펴보면서 인복과 음덕의 많고적음을 판단한다.

　인복선이 잘 발달한 사람은 인생길에 도움이 되는 굵직한 지인이나 친인척들이 많은데, 인복 뿐만 아니라 뭔가 복의 곳간이 있는 것과도 같아서 인생길을 풍요롭게 살아갈 수 있게 된다.

　실제 손금을 감정해보면, 인복선이 잘 발달한 사람은 중요한 고비가 다가왔을 때 미리 그것을 어떻게든 사전에 인식하게 하여서 바른 길로 인도해주는 음덕작용이 분명한 경우가 많은 것을 알 수 있는데, 인생길의 성공과 실패가 바로 이런 점으로 인해 크게 달라지는 것을 자주 볼 수 있다. 그런 의미에서 인복선은 인복의 의미 보다 오히려 음덕작용으로 보는게 더욱 적합한 경우가 많다고 하겠다.

　또한 굵고 진하게 흐르는 인복선은 스스로의 노력에 비해 훨씬 많은 성과를 얻는 의미가 있다. 좋은 운세가 오면 파죽지세로 일어나고 좋은 기회를 놓치지 않으며 적은 노력으로 큰 성과를 이루게 된다. 자고로 인복선이 좋은 사람 치고 팔자 사납게 잘못된 인생길을 가는 사람은 드문 법이다.

"인복선이 약하다구요?"

　금성구 안쪽으로 흐르는 인복선(영향선)이 거의 없으면 고아와 같이 사는 사람으로 사람사이에 별반 정을 느끼지 못하거나, 정에 굶주렸거나, 정에 인색한 타입일 수 있고 인간관계에선 항시 공허함을 느끼기 쉽다. 인복선이 가늘거나 연한 사람은 막상 큰 어려움에 닥쳤을 때 도움이 되는 사람이 없기 쉽다. 이런 사람은 마치 "입술이 없으니 이가 시렵다"는 표현처럼 혼자서 인생길을 악전고투해야할 것인데, 항시 노력에 비해 얻거나 이룰 것은 미흡할 것이다.

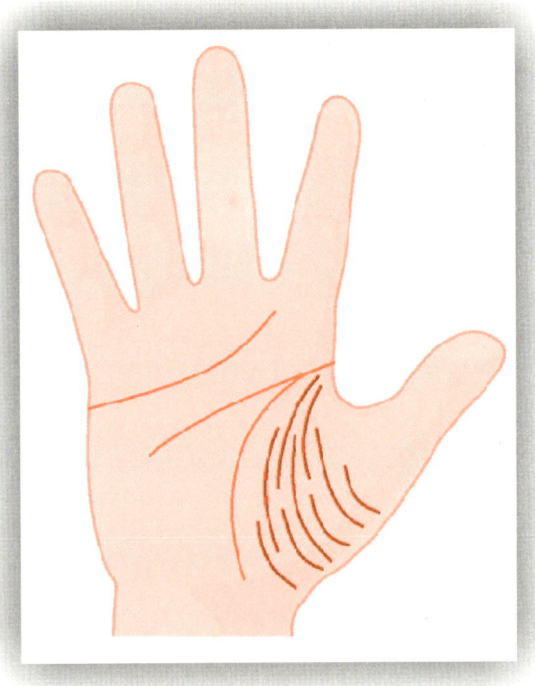

　인복선도 노력하면 좋게 만들수 있는데, 사람들과의 인연을 소중히 여기고 성심을 다하면 될 것인데, 그 출발점은 바로 자신의 가족이나 집안과의 인연을 소중히 여기는데서 부터 시작될 것이다. 또한 길거리 가다가 불쌍한 사람에게 천원짜리 한장 적선하는 것과 같은 것도 음덕을 쌓는 훌륭한 방법이며, 방생이나 식목도 좋은 방법에 해당한다.

　인복선이 아무리 좋아도 그 깊은 의미를 모르고 도외시하고 살아간다면 인복선의 작용이 제한적으로 변해버릴 수 있는데 스스로 이런 행운을 지키고 키워가려는 노력이 필요한 때문이다. 특히, 신비십자문양이 강한 사람은 항상 이런 눈에 보이지 않는 세계를 잘 이해하는 지혜를 가져야 할 것인데, 스스로 음덕을 짓고 살아야 복록의 곳간이 줄어들지 않을 것이다. 이런 이치를 알면 자자손손 번영을 누릴 수 있다.

재미있는 이야기

도요토미 히데요시 손금

우리에겐 두차례의 전쟁을 일으켜 수많은 사람을 죽게 한 철천지 원수이지만, 일본에선 미천한 신분에서 몸을 일으켜 천하통일을 달성한 위대한 무장으로 숭배되고 있는 도요토미 히데요시(豊臣秀吉)의 손금이다.
1537년 태어났고, 1553년(17살)부터 오다 노부나가를 섬겼으며,
1582년(46살) 부터 승승장구를 시작하여 1591년(55살)에 일본을 재패했다.
1592년과 1597년의 두차례의 조선침략에 실패한 후
1599년 62살의 나이로 병사하였다.

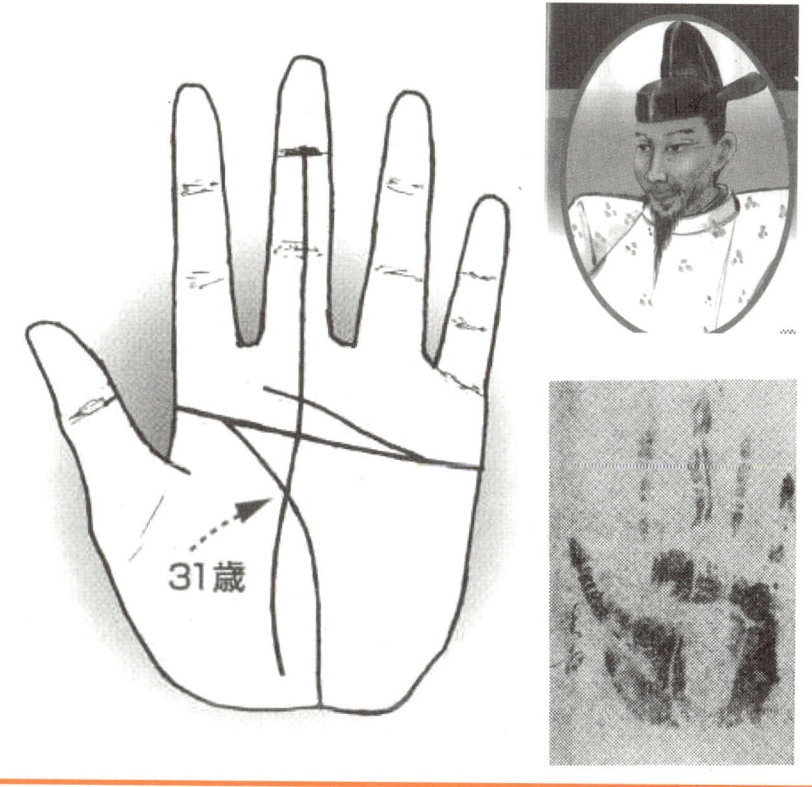

도요토미 히데요시의 손금은 막쥔손금에 감정선 한가닥이 살아있는 모습이다. 생명선 안쪽에서 중지 첫째마디까지 올라가는 운명선이 아주 독특한 구성이다.

도요토미 자신이 어려서 부터 손금에 아주 관심이 많았는데, 본래 운명선이 중지 둘째마디까지만 올라와 있는 것에 만족치 못하여 스스로 손가락 끝까지 운명선이 타고 올라오도록 칼로 그었다고 한다.

손금의 나이에서 31살은 도요토미가 오다 노부나가로 부터 무장으로 탁월한 능력을 인정을 받기 시작한 때로 보인다.

막쥔손금에 있어선 바로 이 막쥔금이 인생길에 있어 가장 넘기 힘든 장벽이나 시험대로 작용하는데, 오다 노부나가가 죽고 도요토미가 그의 권력을 이어받기 위한 치열한 전투를 벌인 시기가 바로 46살부터 48살까지로 막쥔금을 넘어가는 나이에 해당한다.

그 다음의 장벽은 감정선이었을테니 그게 55살 근처다. 이때 모든 지역을 굴복시켜 천하를 통일하고 자신을 태합으로 불렀다. 임진왜란을 일으킨 1592년은 56살이 되는 나이인데 16만 대군으로 상국(上國)인 조선과 명나라를 침공하기 위해 군사를 출병시켰다.

운명선이 감정선을 훌쩍 넘어서 손가락까지 올라가고 있으니 그 기세가 하늘을 찌른다. 일본 황족의 뿌리인 하늘 같은 나라 조선을 침범하여 갖은 업보를 쌓았는데, 그가 죽고난 후 처와 자식들의 최후가 비참하였다.

예전에 일본에 통신사로 갔던 인물들이 손금을 조금이라도 볼줄 알았다면 이렇게 예사롭지 못한 인물을 가볍게 여기진 않았을텐데..
일국의 군주의 지위에 오른 자가 손금에 관심이 많아 이렇게 손도장까지 남겼다니..
손금..!! 정말 흥미롭다..
(손금이미지 자료출처: 西谷泰人 적중수상술)

실전분석 연습
우리아이 손금분석

Chapter 01

우리아이 손금분석

1. 우리아이 손금분석 연습

 간혹 아이들 때엔 손금이 없는 것이 아닌가하는 잘못된 생각을 가지고 있는 사람도 있는데, 생후 몇 개월 되지 않은 아이의 경우에도 이미 상당한 정도의 손금이 나와있는 경우가 많으며, 최소한 기본삼대선이라도 제대로 나와 있지 않은 경우는 없다.
 손금분석은 아이들의 적성, 성격분석 및 진로설정에 많은 도움을 준다. 그리고 육아문제에 있어 중요한 건강이나 체질에 대한 부분도 손금에서 많은 도움을 받을 수 있는 부분 중 하나이다. 대개 초등학교에 들어갈 정도가 되면, 이미 손금의 기본삼대선과 세로삼대선 등이 잘 나와있는 경우가 많은데, 손금의 발달이 늦어지더라도 대개 중학교에 들어갈 정도가 되면 웬만한 손금선은 다 나와있게 된다. 고교생이 되었는데도 손금선이 제대로 발달치 않았다면 성장이나 교육과정상 어떤 문제요소가 있다고 보아야 할 것이다.

아이들의 손금은 부모들의 관심과 노력, 올바른 육아방식과 식사 및 습관형성 훈련 등에 따라 현저히 개선되거나, 또는 더욱 나빠져 갈 수 있다. 손금이 좋은 아이라면, 많은 잠재가능성을 가지고 있을 것이지만, 실제에 있어선 부모의 무관심으로 자신의 재능을 개발해 볼 기회를 제대로 가지지 못한 채 성년이 되어버리는 사례가 무척 많다. 또한 손금상 이런저런 문제점이 엿보여도 이를 교정하려는 부모의 성실하고 진지한 노력여하에 따라 손금상의 문제요소가 빠른 시일내에 개선 및 복구되어 현서한 차이를 만들어내는 사례 또한 무척 많은 것이다.

좋은 손금을 가지고도 자신의 재능을 제대로 인식하지 못하거나, 제대로 된 교육을 받지 못한다든지, 잘못된 진로나 직업 선택을 하여 일평생을 후회하며 지낸다든지 하는 경우가 비일비재한 실정인데, 최소한 이 손금책을 접하는 분들은 그러한 우를 범하지 않았으면 한다.

아이들의 손금을 볼 때엔 재능 및 적성, 성격, 체질 및 건강 등을 위주로 살피며, 아이들의 육아교육에 있어 도움이 될 부분늘을 찾아내는데 힘쓴다. 또한 아이들에 대한 부모들의 애정이 각별하므로 말 한마디에도 신경을 써주고 아이의 미래를 위해서 도움이 될 수 있는 손금분석이 되도록 노력해야 할 것이다.

사례분석 실제   사례1 : 9살 남자아이

사례분석 실제

사례분석 실제   사례 1 : 9살 남자아이

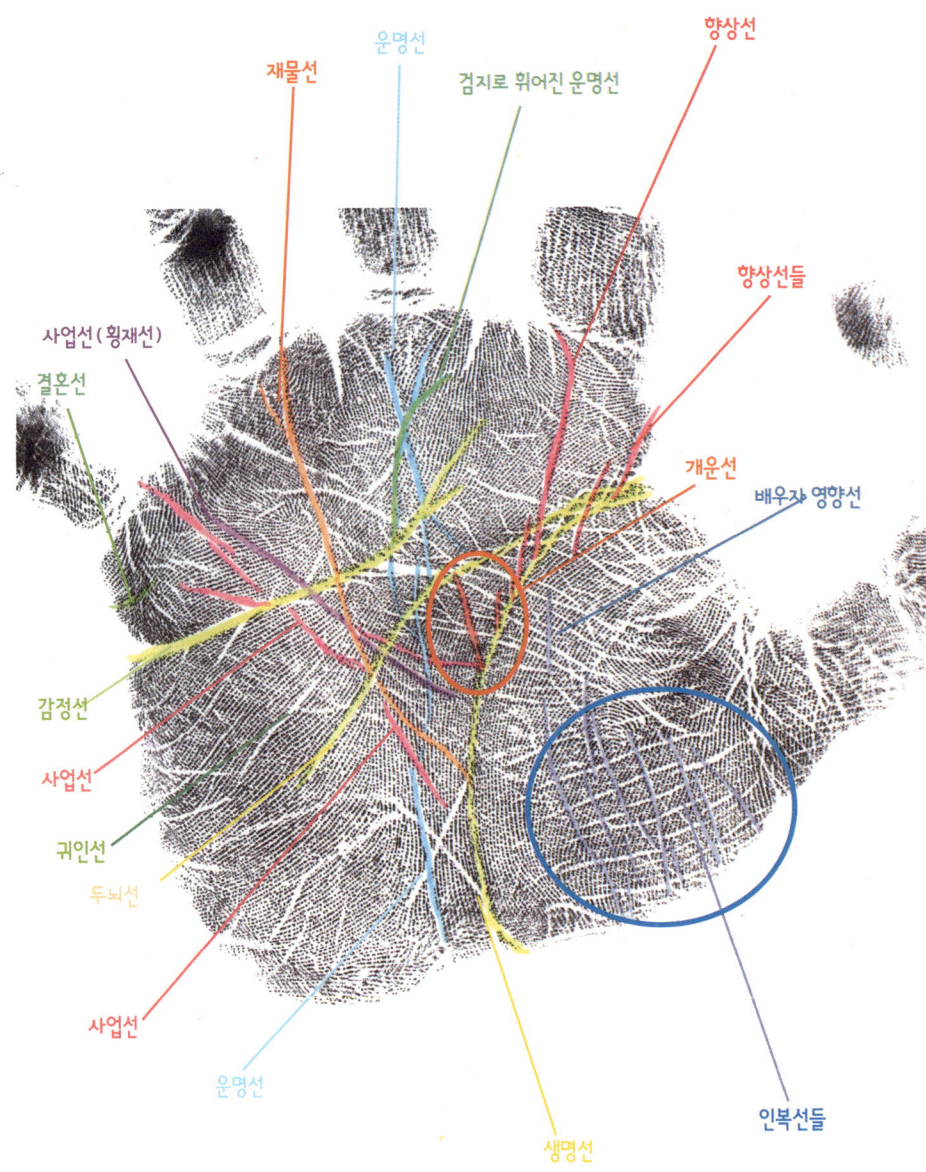

사례분석 실제

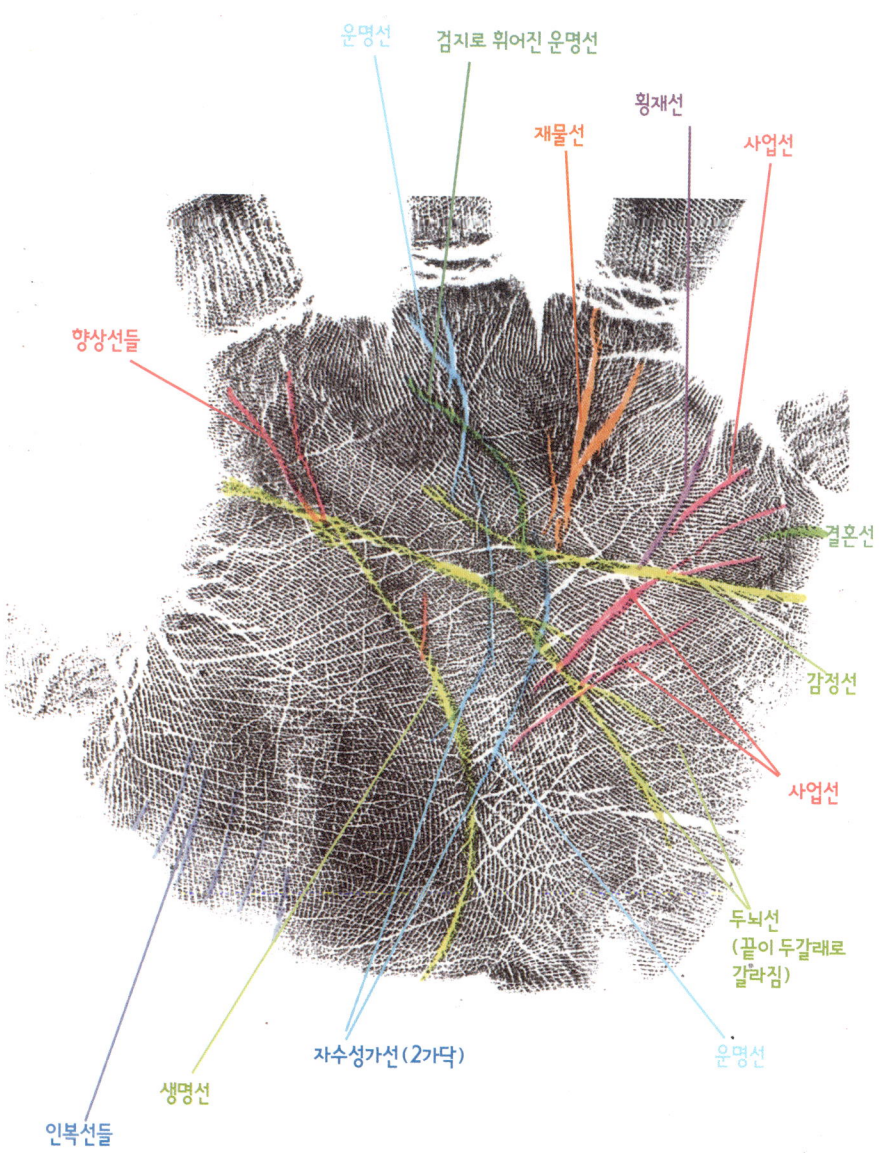

사례분석 실제　　　　　사례 1 : 9살 남자아이

[손금상 특징]

- 기본삼대선이 뚜렷하게 잘 발달
- 양손 두뇌선이 긴 편이며 선명. 오른손 두뇌선은 두갈래로 나뉨
- 재물선이 선명하고 생명선에서 출발하여 약지 아래로 길게 뻗어 있음
- 오른손에 자수성가선, 왼손엔 향상선이 길고 뚜렷함

[손금분석]

이 아이의 손금은 구성이 상당히 좋은 편인데, 기본삼대선이 모두 선명하고 헝클어짐이 없으며, 세로삼대선도 나이에 비해 잘 발달한 편이라 활기차고 볼게 많은 멋진 인생길이 기대된다고 하겠다.

- 생명선은 양손 모두 굵고 선명하게 손바닥을 잘 감아 돌고 있어서 후천적인 노력만 뒷받침 된다면 건강장수할 타입이라고 하겠다.
- 두뇌선은 왼손은 길게 제2화성구와 월구 경계선으로 뻗었는데 S자형 커브를 그리고 있어서 사고력과 기획력이 뛰어나고 사업적 수완이 좋을 타입이다. 오른손 두뇌선은 월구로 휘어지고 있어 창의적 재능과 손재주, 글재주, 말재주 등이 좋을 모습인데, 두뇌선이 두갈래로 나뉘어지고 있어서 기억력이 좋고, 어학적 재능이 많으며, 관심분야가 넓은 것을 나타낸다.
- 감정선은 왼손의 경우 착하고 이해심이 많은 것을 나타내며, 오

사례분석 실제

른손은 좀 내성적이지만 온건하고 합리적인 타입으로 성장하여 비즈니스적인 면에서 뛰어남을 보일 모습이라고 하겠다.

o. 오른손 생명선 하단부에 자수성가선이 두가닥 올라가고 있는데, 그중 한가닥은 아직 생명선에서 나온 선과 합류되지 못한 모습이다. 이런 형태는 부모들의 교육방향에 따라 자수성가선으로 발전할 수도 있지만, 그냥 손바닥 중앙에서 시작하는 운명선으로 굳어져 버릴 수도 있다. 운명선이 감정선을 넘어가면서 검지 쪽으로 휘어지는 것은 목성구의 지도자적인 자질이 강한 것을 나타내며, 사회적으로 존경을 받을 직업군에서 활동하는게 좋음을 나타낸다.

o. 왼손에는 재물선이 생명선에서 시작하여 약지까지 굵게 올라가고 있는데, 이런 재물선 형태는 상당히 드물며, 아이가 성공적이고 행복한 인생길을 살아갈 수 있는 가능성을 높여주고 있다.

o. 양손에 사업선이 잘 발달하여 있고, 향상선이 길고 뚜렷하여 자신의 미래를 위해 스스로 열심히 공부하고 노력하는 타입임을 나타내고 있다.

o. 아이라고 하지만, 벌써 배우자를 나타내는 영향선도 보이고 있고 결혼선도 나와있음을 알 수 있다.

o. 여러가닥의 개운선과 횡재선, 인복선, 귀인선, 신비십자 등은 많은 행운찬스와 주변의 도움, 음덕 등을 나타내고 있다.

사례분석 실제　　　　　사례 2 : 2살 남자아이

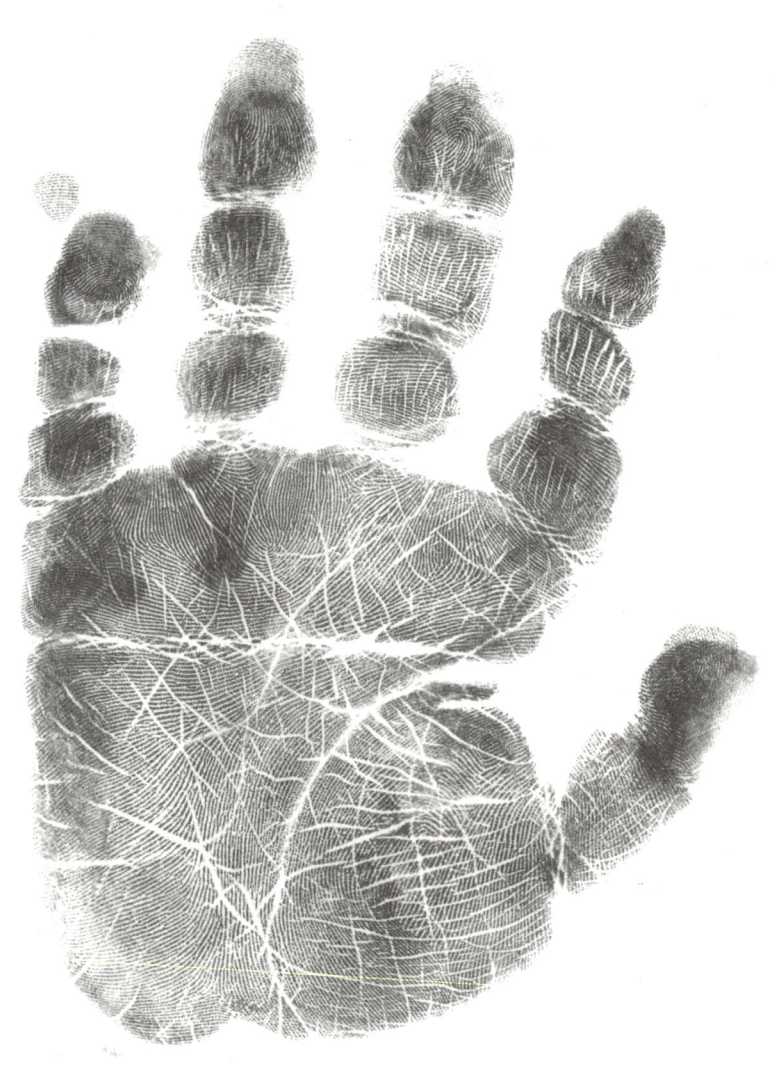

사례분석 실제

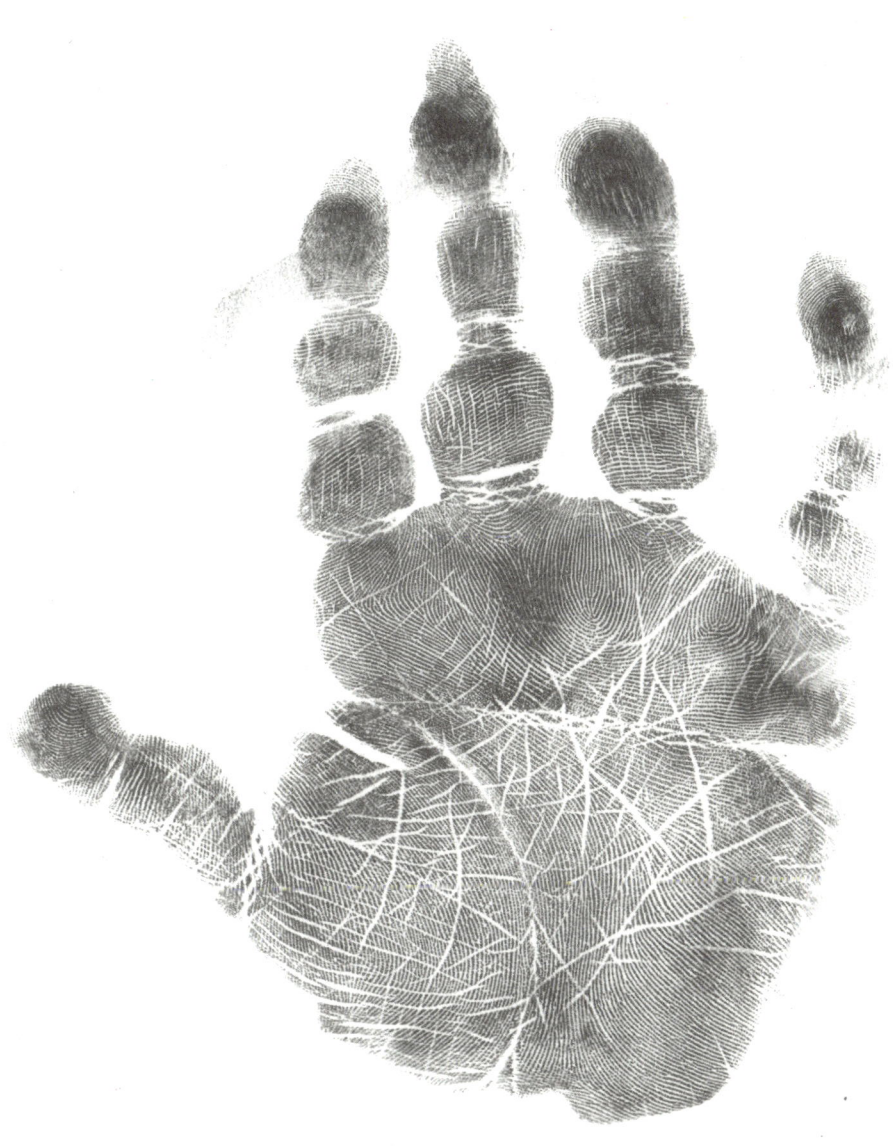

사례분석 실제 사례 2 : 2살 남자아이

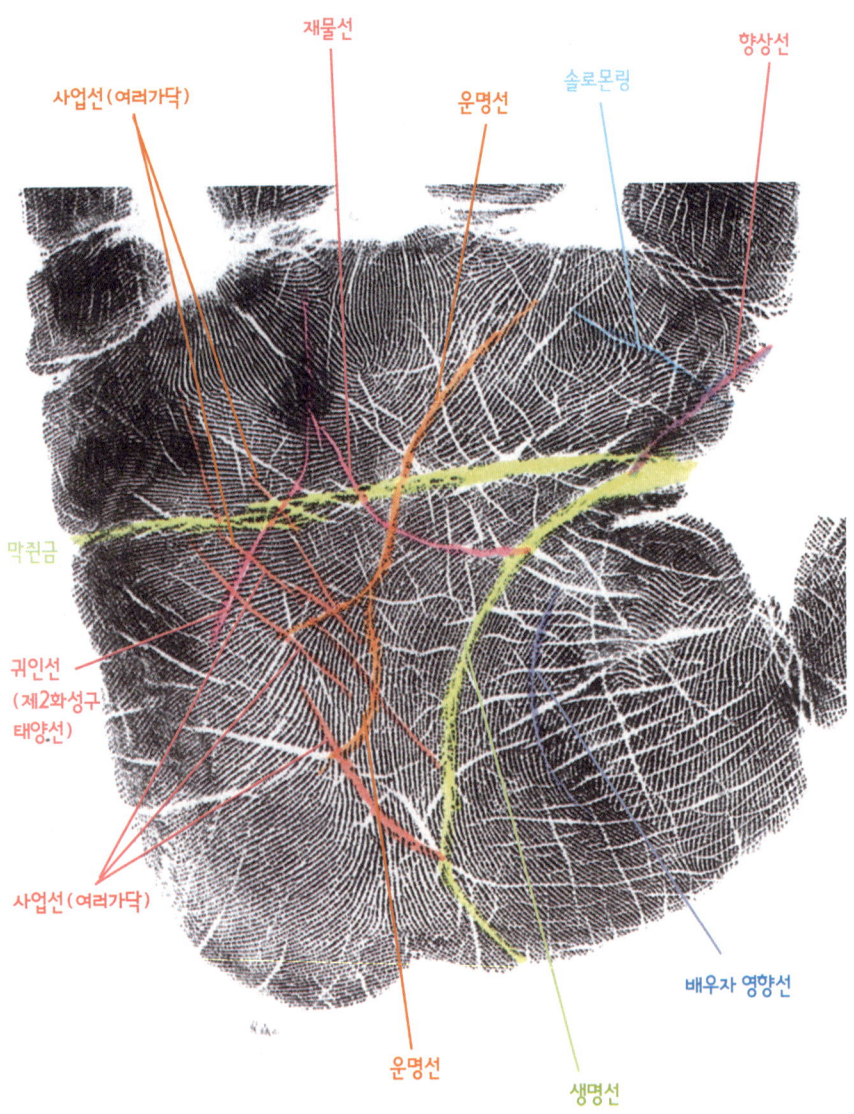

사례분석 실제

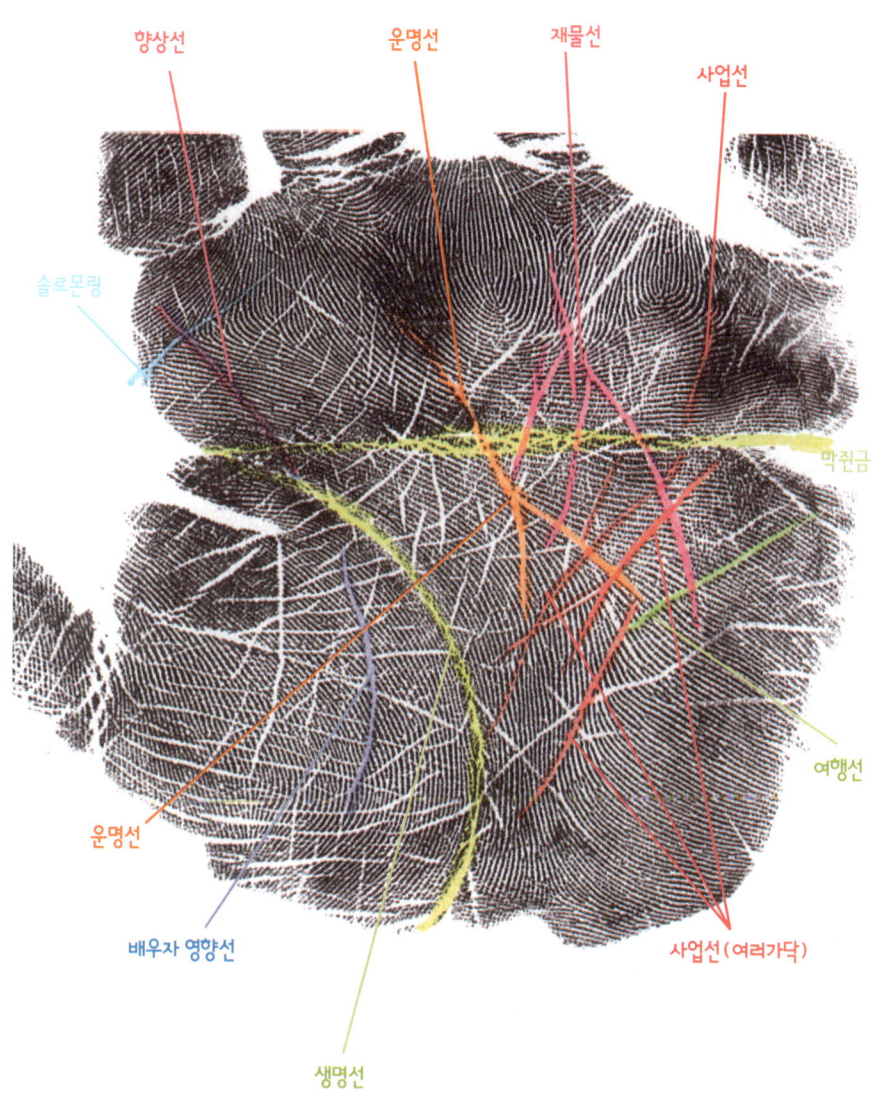

부록 | 실전분석 연습

사례분석 실제　　　　　　　　사례 2 : 2살 남자아이

[손금상 특징]

о.양손 모두 막쥔손금 구성

о.생명선이 굵고 선명하며 길게 잘 발달

о.운명선이 막쥔금을 넘어서 뻗어 올라가고 있음

о.왼손에 생명선에서 나온 재물선이 있음

о.사업선이 여러가닥 발달

[손금분석]

이 아이는 양손 모두 막쥔손금으로 손금구성이 상당히 잘 되어 있어, 사회적으로 큰 일을 하는 인물이 되거나 남다른 비범한 인생길을 살아갈 수 있어 보이는데, 부모들이 아이의 교육 및 육아에 신경을 많이 써주어야 할 것이다.

- о.이 아이의 손금은 양손 모두 막쥔손금 구성이다. 막쥔손금 구성이 좋으냐 아니냐의 판단에 있어선 생명선 상태가 관건인데, 이 손금은 양손 모두 생명선이 굵고 선명하며 손목쪽으로 잘 돌아가고 있다. 또한 2살 밖에 안된 아이인데도 불구하고 운명선이 막쥔금을 넘어서 올라가고 있다.
- о.이렇게 막쥔손금이 갖추어야 할 요소를 모두 잘 갖추고 있어서, 그 구성이 아주 잘되어 있는데, 이런 아이를 둔 부모는 정말 아이 키우는 보람을 느낄 수 있을 것이다. 향후 부모들의 육아교육이나 관심의 정도에 따라 큰 발전과 성공이 기대되는 아이라고 하

사례분석 실제

겠다.

o. 검지아래의 목성구에 향상선이 길게 뻗어 있고, 솔로몬링도 나와있으며, 운명선이 올라가다가 검지쪽으로 휘어지고 있으며 사업선도 잘 발달한 편이다. 이런 타입은 자신의 인생길의 목표와 성공을 위해 죽기살기로 매진하여 반드시 좋은 성과를 이루고야 마는 강렬한 집념과 승부욕을 보이게 되는데, 너무 자기주장이 강하고 자기중심적으로 흘러 주변사람들과 화합치 못하는 독불장군이 되기 쉬우니 건전한 인성훈련, 인간관계 훈련이 필수적이라고 하겠다.

o. 이런 막쥔손금의 아이들은 부모의 후천적인 노력과 교육, 인성훈련, 건전한 식습관 훈련이 아주 중요한데, 막쥔손금을 가진 아이 하나 키우는데는 부모의 공덕이 많이 들어가는 때문이다. 막쥔금 구성이 이렇게 양호한 경우, 보통 조상의 음덕이 크게 자리하고 있다고 보는데, 막쥔금은 부모들이나 조부모의 유전적 기질을 많이 물려받기 때문이기도 하다.

o. 흥미로운 점은, 이 아이의 손금의 경우 뿐만 아니라 대부분의 아이들에게 자신의 배우자를 나타내는 영향선이 어려서 부터 나와 있다는 점인데, 천생배필이 있다는 의미가 아닐까.

사례분석 실제 　　　　　사례 3 : 4살 남자아이

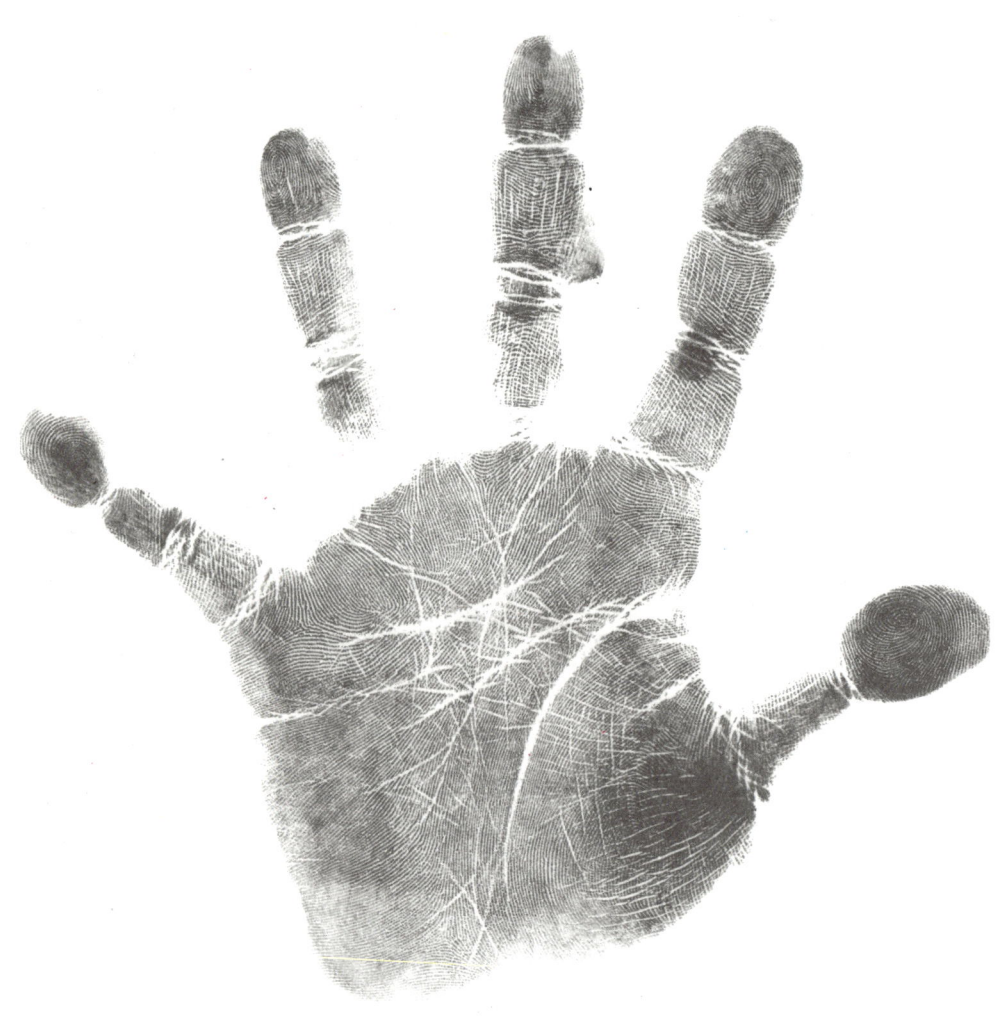

사례분석 실제

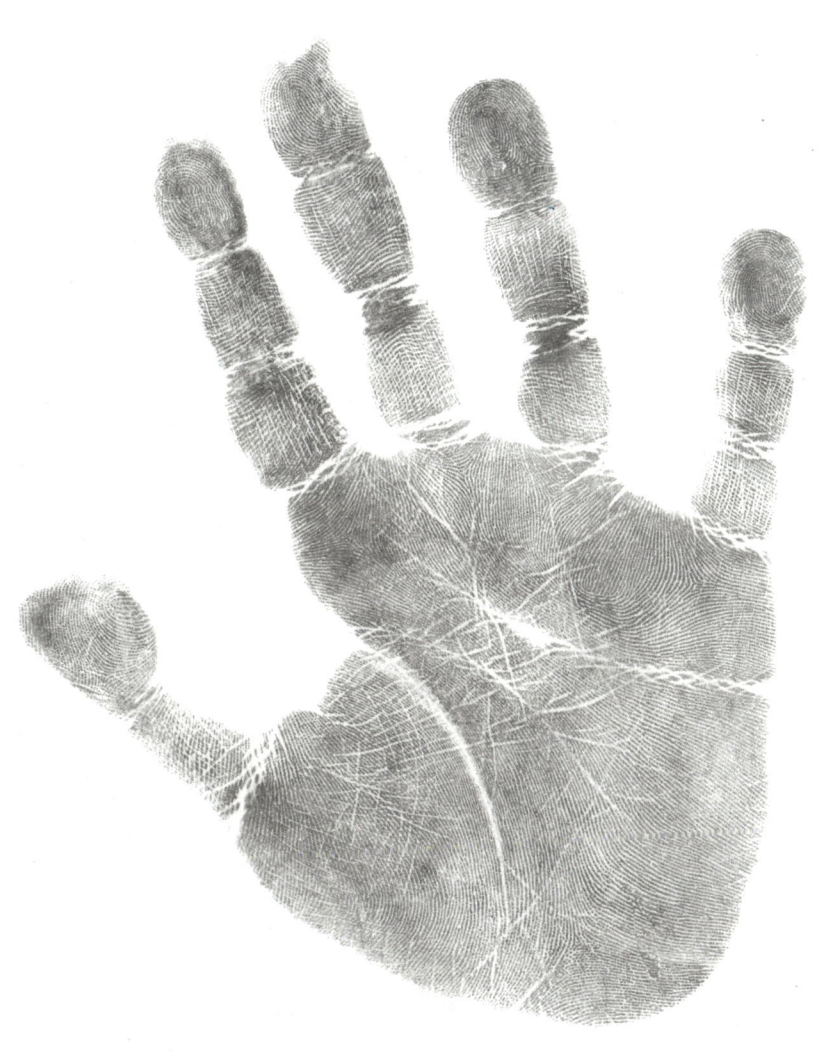

사례분석 실제　　　　사례 3 : 4살 남자아이

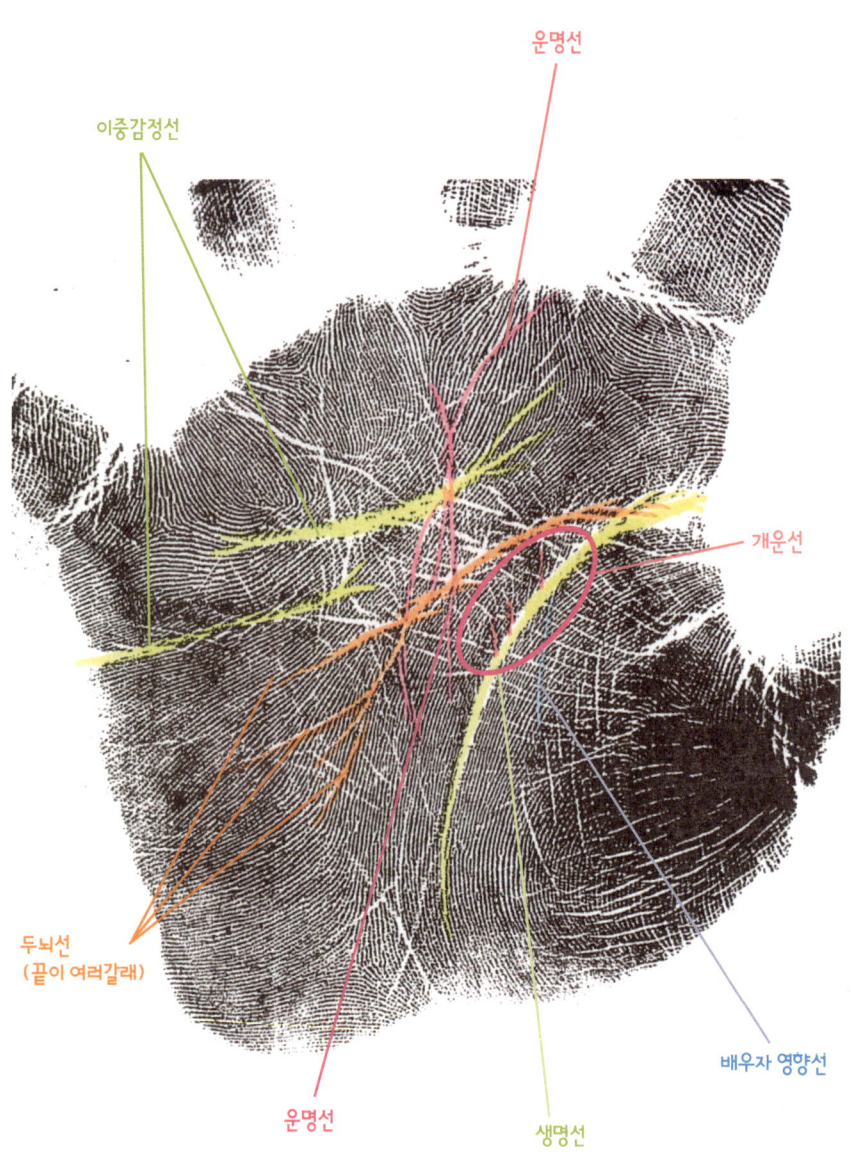

사례분석 실제

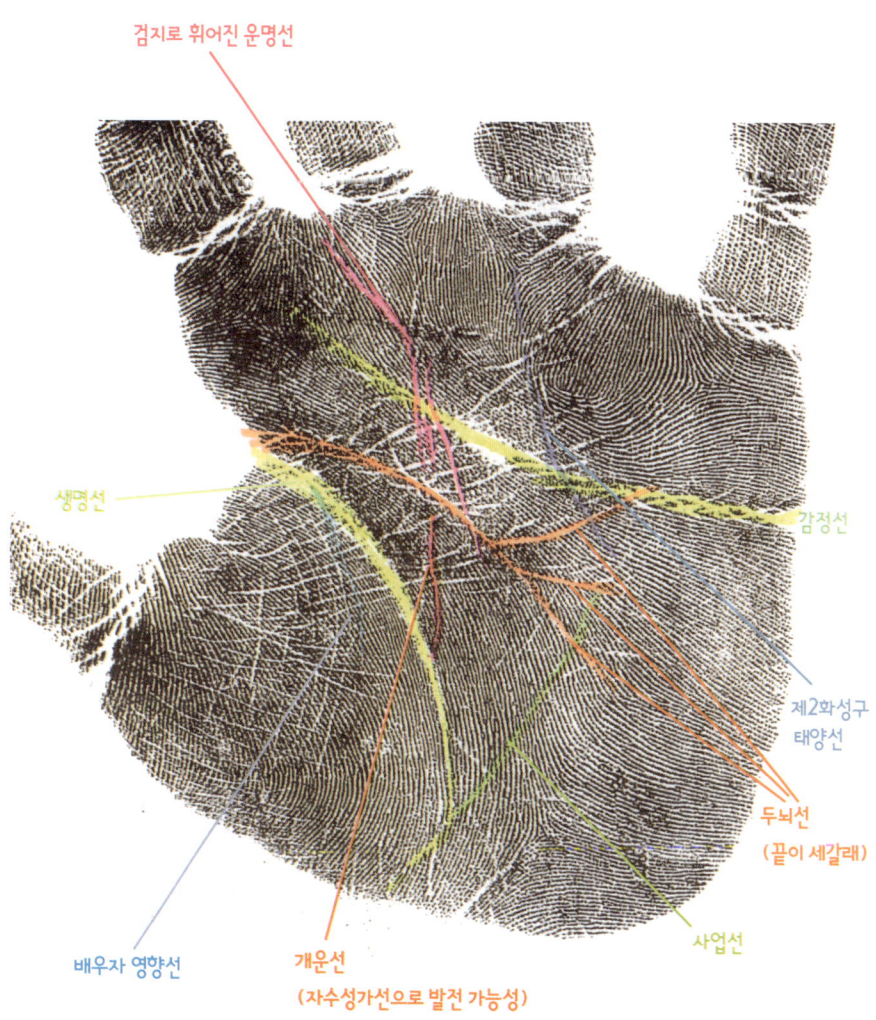

- 검지로 휘어진 운명선
- 생명선
- 감정선
- 제2화성구 태양선
- 두뇌선 (끝이 세갈래)
- 사업선
- 개운선 (자수성가선으로 발전 가능성)
- 배우자 영향선

사례분석 실제　　　　　　　　사례 3 : 4살 남자아이

[손금상 특징]

о.왼손이 이중감정선 구성

о.생명선이 굵고 선명하지만 조금 짧은 편이며, 하단부로 갈수록 약해지고 있음

о.두뇌선 끝이 두세가닥으로 나뉘어 있는데, 두뇌선을 끊는 장해선들이 많은 편임

о.자수성가선으로 발전할 듯한 모습의 운명선과 개운선이 나와있음

о.운명선이 감정선과 합해져서 검지쪽으로 향하는 모습임

[손금분석]

두뇌선이 잘 발달하여서 재능이 많을듯하며 생명선 근처에 자수성가선이 자리잡을 소지가 많지만, 왼손이 이중감정선 형태라서 건강상 심혈관계통을 다소 주의해서 키워가야할 아이라고 하겠다.

о.왼손의 감정선은 심장기능을 대표하는데 이게 이중감정선이다. 보통 남자들은 이중감정선이 드문 편인데, 아마 모계쪽의 유전적 영향이 아닌가싶다. 당연히 심혈관계통을 주의해서 키워야할 아이라고 하겠다. 자라면서 심장기능이 좋지 않게 되면 두뇌선쪽으로 하향지선들이 내려와 끊는다든지, 두뇌선이나 생명선에 섬문양이 생기거나 선의 상태 자체가 나빠지기 쉬우니 주의해야 한다.

о.두뇌선은 양손 모두 길게 잘 발달한 편인데 끝이 두세가닥 나뉘

사례분석 실제

고 있으니 재능이 많고 관심분야가 넓어질 모습이다. 그런데 두뇌선에 장해선이 다소 많이 나와있는 편이라서, 지금 현재의 모습은 다소 집중력이 부족하고 산만하여 보인다. 두뇌선 지선들이 대체로 제2화성구쪽으로 뻗고 있으니 현실적 실용적인 분야 쪽으로 관심을 집중시켜주며 어학적 재능을 살려주면 좋겠다.

o. 오른손은 두뇌선의 시작부위가 생명선에서 약간 떨어진 독립적 두뇌선 타입이다. 자라나면서 구속, 속박을 싫어하는 독립적 성향과 모험심, 개척정신이 강해질 것으로 보이는데, 어려서는 다소 부주의하여 잘 다치거나 엉뚱한 일을 잘 저지를 수 있으니 주의해서 키워가야 할 것이다.

o. 두뇌선을 끊는 장해선들은 커가면서 점차 가늘어지고 옅어지면서 없어져야 할 것이다. 이 선들이 더 굵어지면서 자리를 잡게 되면 두뇌선이 약해지게 되어 선들이 헝클어지거나 섬문양이 생기는 등으로 학습능률도 떨어지고 예민하며 정신적 스트레스에 약한 타입이 될 수 있으니 주의해야 한다.

o. 운명선과 감정선이 합쳐지면서 검지쪽으로 올라가는 모습을 보이고 있고, 오른손 감정선도 매끈하게 검지 아래쪽으로 올라가고 있으니 사회적으로 존경을 받거나 리더십 자질이 필요한 분야에서 활동하는 것이 좋을 것인데, 치료, 교육, 봉사, 헌신 등의 의미가 들어간 직업군이 좋아보인다.

o. 오른손 생명선에서 개운선이 길게 올라가고 있고, 왼손에는 생명선 근처에서 위로 곧게 올라가는 운명선이 나와있다. 이 선들은 향후 부모의 육아 및 교육지도에 따라선 자수성가선으로 발전할 가능성이 있는 선이다. 이런 아이들은 전문직종쪽의 직업에 대한 관심을 자꾸 들여주는게 좋을 듯 하다.

사례분석 실제 　　　　　　　　　사례 4 : 7살 여자아이

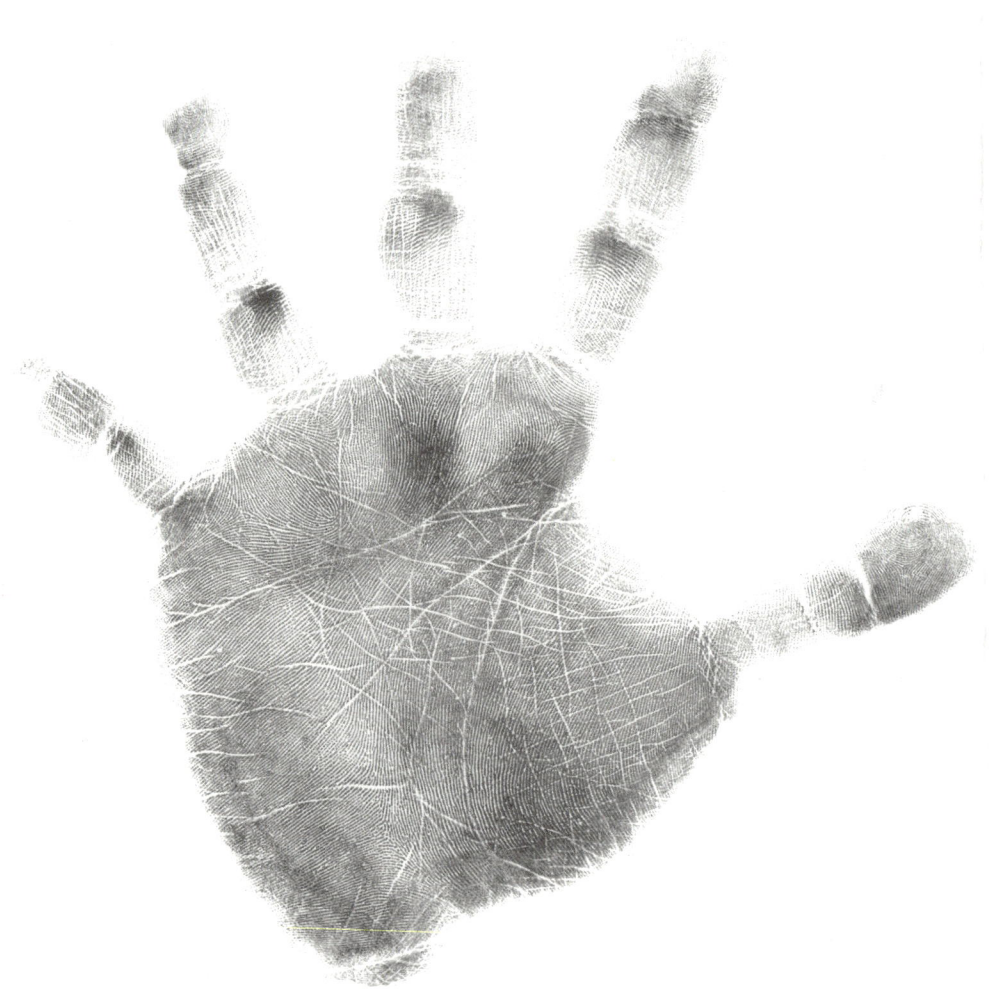

사례분석 실제

사례분석 실제 　　　　　사례 4 : 7살 여자아이

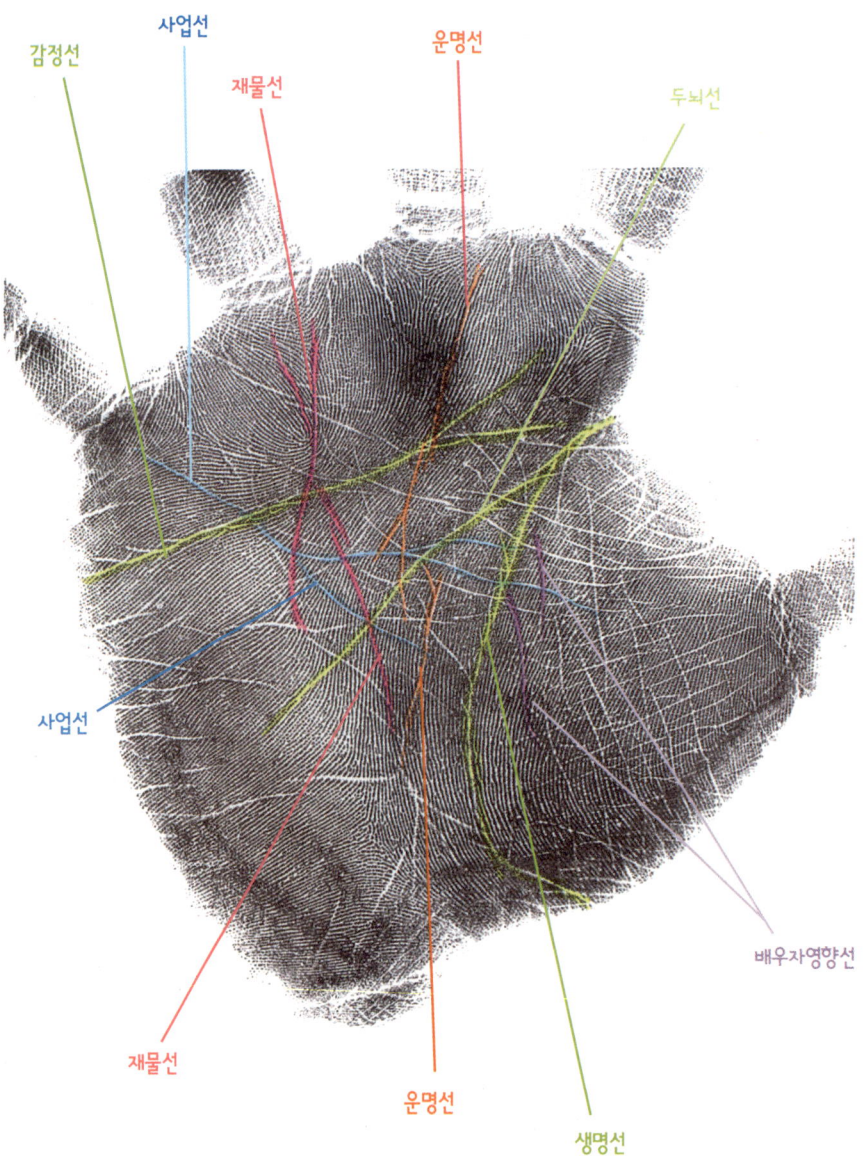

사례분석 실제

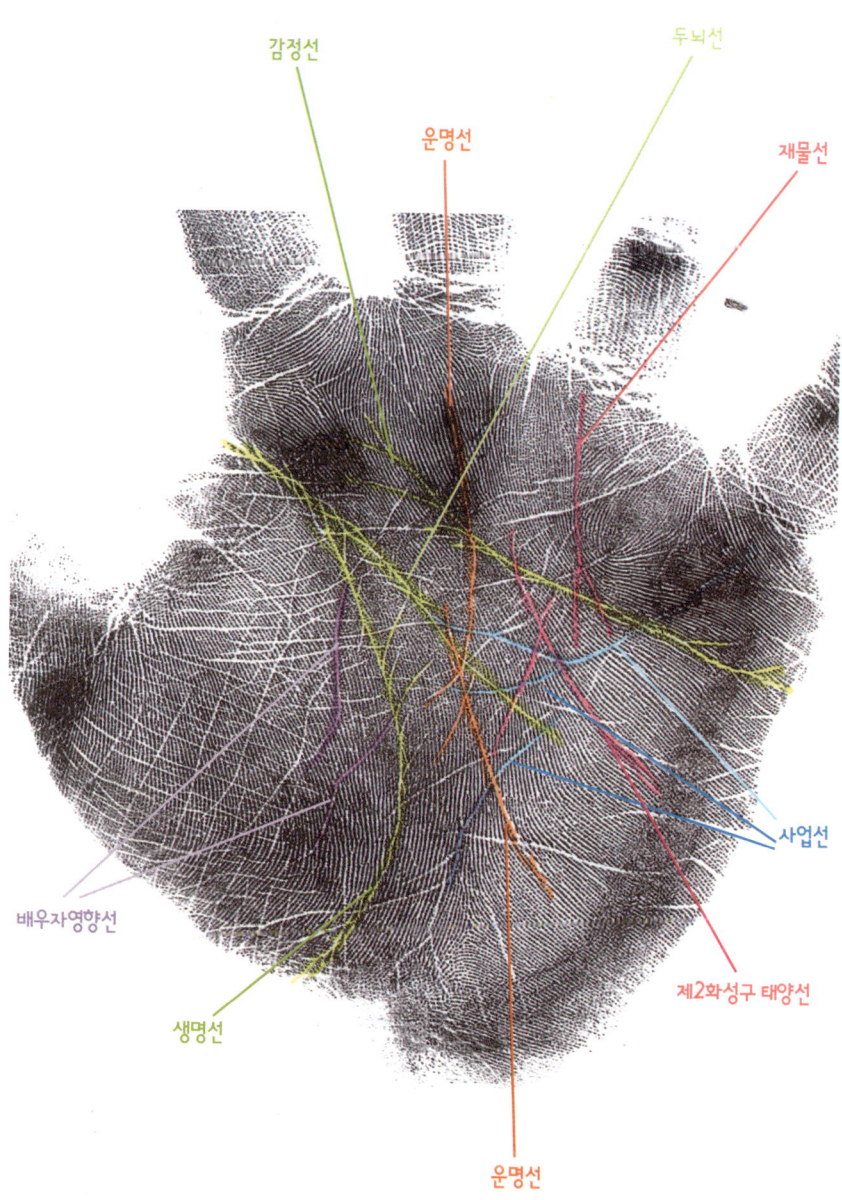

부록 | 실전분석 연습

사례분석 실제 사례 4 : 7살 여자아이

[손금상 특징]

o. 기본삼대선의 구성이 잘되어 있음

o. 양손다 길고 굵은 직선형 두뇌선

o. 길게 목성구 중심부로 약간 휘어지면서 뻗어가는 감정선

o. 감정선을 넘어서 길게 중지 아래로 뻗은 운명선

o. 제2화성구 태양선과 비스듬히 올라가는 재물선

[손금분석]

이 아이는 두뇌선이 긴 직선형이고 감정선도 검지 아래로 뻗어 있어서 적극적이고 활동적이며 자기실현욕구가 강할 타입인데, 재능이 뛰어난데다 성공에 대한 욕심도 많아보이며, 제2화성구 태양선과 더불어 개운선이 여러가닥 나와있어서 많은 발전이 기대된다고 하겠다.

o. 기본삼대선이 모두 굵고 선명하며 잘 발달하여 있다. 생명선이 굵고 선명하여 건강장수할 타입이라고 하겠다.

o. 두뇌선이 양손 모두 예리한 직선형이라서 머리가 뛰어나고 분석력, 논리력이 강하며 현실적 실용적 분야에 대한 관심이 많을 모습이다. 적성으로 보아 이과 연구계통도 좋고, 법률이나 경영경제의 다양한 분야에도 잘 어울릴 모습이라고 하겠다.

o. 감정선이 길게 검지 아래의 목성구로 뻗고 있는데, 자라나면서 감정선이 더욱 길어질 가능성이 많아 보인다. 긴 감정선은 자아

사례분석 실제

실현욕구가 강하며, 명예욕과 리더십이 강해서 직업적으로 볼 때 남의 밑에서 일하기가 좀 어려운 타입인데, 일찍 이런 성향을 진로결정이나 직업선택에 고려할 필요가 있을 것이다. 사회생활에서 리더가 되기를 지향하는 타입이므로 일찍부터 리더십 사실을 개발해주는 훈련과 인간관계 훈련을 병행해주면 좋겠다.

o. 운명선이 중간에 크게 변화를 보이고 있다. 30대 중반쯤 되어 보이는데, 직업적 또는 인생길의 큰 변화를 예상할 수 있겠다. 이런 모습에선 직업진로의 설정이나 결혼상대의 결정에 신중을 기해야 할 것인데, 부모들이 일찍부터 아이의 적성개발과 진로선택에 신경을 써주어야 하겠다.

o. 오른손에 두뇌선에서 올라간 사업선이 보이는데, 개운선들도 여러가닥이어서 스스로의 재능으로 재산을 늘여갈 수 있어 보이니 일찍부터 재테크나 부동산, 금융에 대한 지식을 접하게 해주는 것이 좋겠다.

o. 비록 아이이긴 하지만, 결혼선이 진하고 길게 두가닥 나와있고, 생명선 안쪽에 배우자를 나타내는 선도 두가닥 나와있으니, 나중에 커서 결혼을 결정함에 있어선 신중을 기하는게 좋겠다.

사례분석 실제   사례 5 : 8살 남자아이

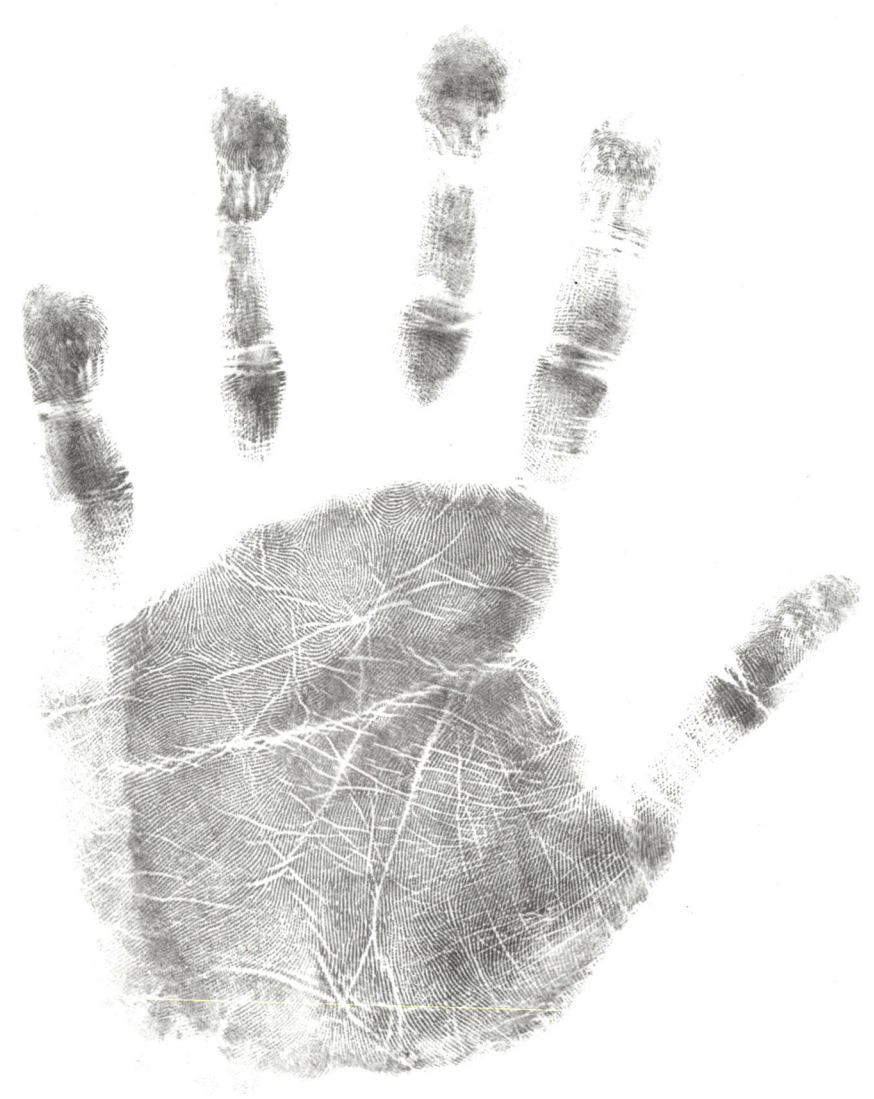

사례분석 실제

사례분석 실제　　　사례 5 : 8살 남자아이

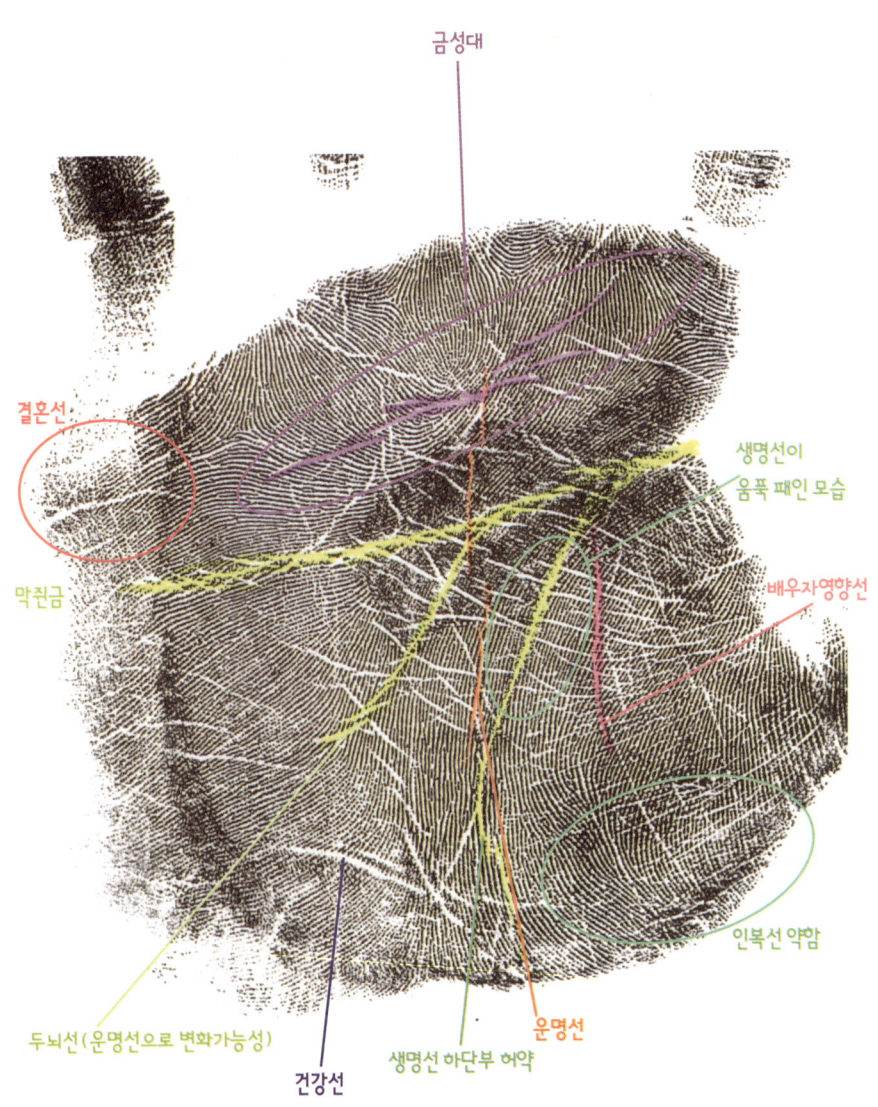

사례분석 실제

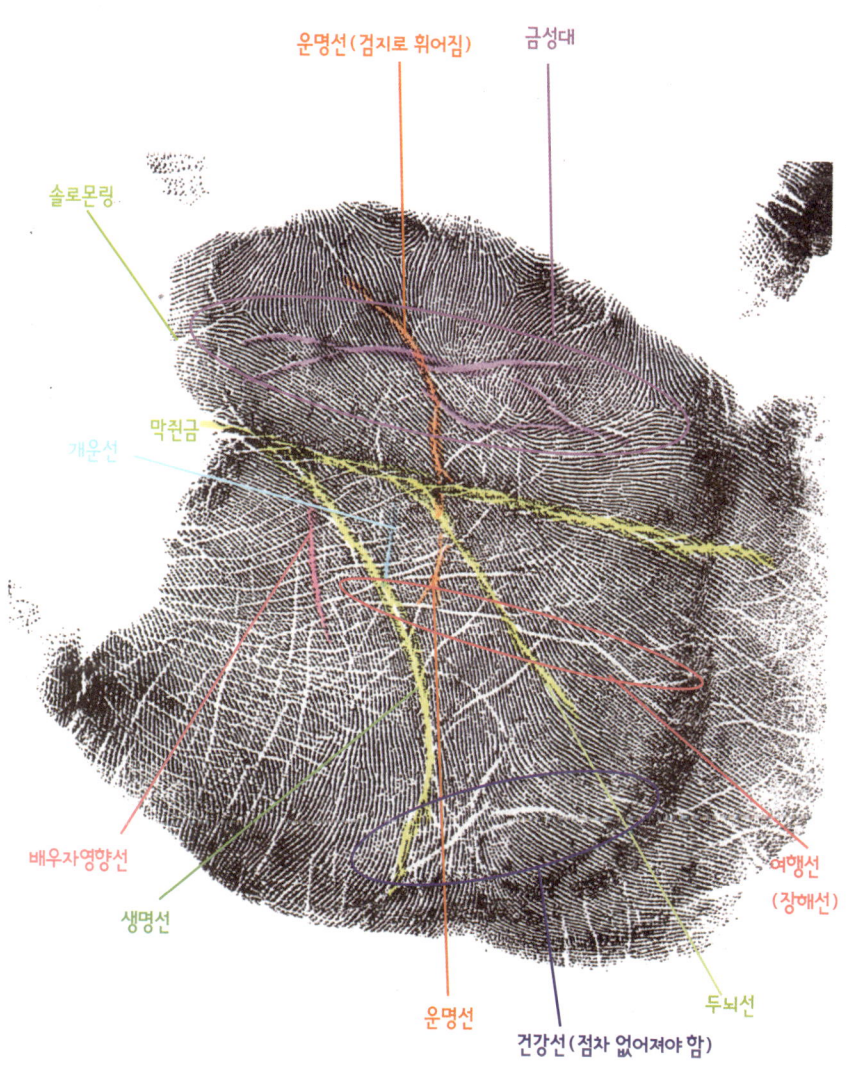

사례분석 실제　　　　　　　사례 5 : 8살 남자아이

[손금상 특징]

o. 양손 막쥔손금 구성에 두뇌선이 각각 한가닥씩 더 나와있음

o. 오른손 운명선은 검지쪽으로 휘어지고 있는데, 자수성가선으로 발전할 가능성 있음

o. 생명선이 좀 약한 편이며, 하단부가 헝클어지는 모습임

o. 금성대가 양손 모두 두세가닥 정도 나와있는데 굵고 진한 편임

o. 재물선, 사업선 등의 발달이 약함

[손금분석]

　양손 막쥔손금에다 두뇌선이 한가닥씩 나와있으며, 운명선도 자수성가선 형태를 띠며 검지쪽으로 휘어지고 있어서 상당한 발전이 기대되는 아이의 손금이다. 다만, 막쥔금이 사슬형으로 구성되고 있고 생명선이 다소 약한 구성이며 금성대가 강한 편인데, 부모의 관심과 노력여하에 따라 인생길이 많이 달라질 수도 있는 모습이라고 하겠다.

o. 양손 막쥔손금 구성인데 두뇌선이 월구쪽으로 한가닥씩 더 나와있어 뛰어난 두뇌와 재능을 엿볼 수 있는데 앞으로 많은 발전이 기대된다고 하겠다.

o. 그런데, 막쥔금의 구성이 사슬형처럼 되어 있고, 생명선이 좀 약하고 하단부가 헝클어져 있으며, 금성대도 길고 굵어서 기혈순환이 잘 안되는 모습이다. 어려서부터 식사습관, 운동습관, 호흡

사례분석 실제

법을 잘 들여주어야 할 것인데, 체질적인 특성을 개선하지 않고 그냥 방치해둘 경우 막쥔손금이 가진 재능이나 장점을 잘 살려가지 못할 우려가 있다.

- 운명선이 생명선 근저에서 출발하여 올라가고 있는데, 아직 자수성가선으로 자리잡은 모습은 아니지만 노력여하에 따라 충분히 자수성가선이 될 가능성이 있다. 부모들의 관심과 노력이 필요할 것인데, 자수성가선의 의미에 걸맞게 어려운 자격시험을 통해 전문직종에서 직업적인 활약을 하도록 이끌어주는게 좋겠다. 검지로 휘어져 올라가는 운명선은 사회적으로 존경을 받는 위치에 오르거나 치료, 교육, 봉사, 헌신 등의 의미가 있는 직업군에서 활동하는게 좋아 보인다.

- 금성대가 다소 강한 편이라 예능적인 재능도 남들 보다 많겠지만, 예능쪽 보다는 뛰어난 두뇌를 쓰는 전문직종에서 성장함이 좋을 모습이라고하겠다.

- 재물선이나 사업선의 발달은 아직 미약한 편인데, 아직까지는 학업에 있어서나 교우관계에 있어 뛰어남을 보이지는 못할 듯 하다.

- 이런 손금은 막쥔금 구성이 아직 안정되지는 못한 상태이므로 부모의 지속적 관심 및 노력여하에 따라 향후 아이의 직업진로와 인생길 선택에 있어 상당한 편차를 만들어내게 될 것이다.

손금닷컴 웹사이트가 오픈된 것이 2003년5월이니 벌써 만 6년이 지났네요. 사주를 봐주는 사이트는 많지만 아직도 손금 전문감정서비스를 제공하는 곳은 전무한 실정이죠. 생년월일시만 넣으면 볼수 있는 사주와 달리 손금은 손금을 직접 채취해서 늘여다봐아히는 어려움 때문에 온라인에서는 아직도 틈새로 남아있지만, 오프라인에서는 손금감정을 해주고 있는 분들이 지난 5년간 엄청나게 늘어났답니다.

손금닷컴은 상담결과에 대해 피상담자로 부터 직접 평가를 받아오고 있는데요. 최초 사이트 개설시 부터 상담결과에 대한 냉정한 평가를 받아왔으며 어떠한 사유로든지 손금상담서비스가 만족스럽지 않았다면 전액환불을 해주는 제도를 시행해왔습니다. 그것은 본 저자가 인생길의 고민에 대한 조언을 구하면서 철학관을 찾을 때 전혀 만족스럽지 못하더라도 비싼 상담료를 지불해야한다는게 정말 싫었던 경험탓이구요.

그간 인터넷으로만 1300명이 넘는 분들이 상담을 했었는데 환불을 해준 케이스는 10건 내외에 불과하며, 별로 평점을 매겨준 분들의 평균점수는 별 다섯개 만점에 4개반 정도에 해당하니 스스로 뿌듯할 때가 많습니다.

손금닷컴은 초기엔 상담서비스만 제공하였는데, 2004년4월부터는 동영상 손금강의를 서비스하기 시작했고, 본 저자가 케이블TV에 손금강의를 시작한 2005년 3월 이후로는 TV손금강의물을 추가하여 상당한 분량의 손금학습자료들로 채워진 공부방을 운영하고 있습니다. 손금학 연구의 진척도와 손금공부를 하고싶어하는 사람들의 욕구에 맞춰 계속적으로 학습자료를 보완해서 올릴 예정이며, 손금학에 대한 노하우를 독식하지 않고 많은 사람들과 나누어 가져 손금학이 많은 다양한 사람들의 연구로 풍성해지길 소원하고 있습니다.

손금닷컴은 손금을 통해 국내 뿐만 아니라 해외에 까지 서비스를 확장하여 전세계 다수인종의 사람들의 손금을 모두 연구분석하여 손금학 연구분야에 있어 메카가 되려고 하는데, 본 저자가 지은 손금책이 하늘의 도움으로 일본이나 중국, 또는 미국에 진출하게 되는 시점부터가 그러한 야심찬 계획이 가능해지지 않을까 생각되네요.

손금닷컴을 그간 성원해주고 서비스를 애용해주신 모든 분들께 감사의 말씀을 드리며, 앞으로 더욱 심도깊은 손금연구를 통해 양질의 서비스를 제공해 드리겠다는 약속을 드립니다.

www.sonkum.com

사용기간 : 2016년 12월 말까지

할인쿠폰 이용방법

손금할인쿠폰
- 방문상담 1만원 할인

■ **방문상담시 사용**
  ○ 방문상담 할인쿠폰은 1인1매만 사용가능
  ○ 위치: 경기도 안양시 동안구 관양동 1502번지 나야빌딩 1106호
    -지하철 4호선 인덕원역 4번출구옆 롯데리아 11층 (홈피 참조)
  ○ 사무실 위치가 변경될 수 있으니 방문전 홈피 확인요망

■ 상담예약문의: ☎ 031-425-8848
■ E-mail: sonkumcafe@hanmail.net

손금닷컴

---

www.sonkum.com

사용기간 : 2016년 12월 말까지

할인쿠폰 이용방법

손금할인쿠폰
- 방문상담 1만원 할인

■ **방문상담시 사용**
  ○ 방문상담 할인쿠폰은 1인1매만 사용가능
  ○ 위치: 경기도 안양시 동안구 관양동 1502번지 나야빌딩 1106호
    -지하철 4호선 인덕원역 4번출구옆 롯데리아 11층 (홈피 참조)
  ○ 사무실 위치가 변경될 수 있으니 방문전 홈피 확인요망

■ 상담예약문의: ☎ 031-425-8848
■ E-mail: sonkumcafe@hanmail.net

손금닷컴

---

www.sonkum.com

사용기간 : 2016년 12월 말까지

손금머니 무료충전쿠폰 이용방법

손금머니 무료충전쿠폰
- 손금머니 6천원 충전권

■ **손금머니 무료충전**
  ○ 손금닷컴 회원가입후 쿠폰을 잘라 우편으로 보내주시면 아래에 기재된 회원아이디로 손금머니 6천원 무료충전
  ○ 손금닷컴 회원아이디명: _____

■ **손금머니 사용법**
  ○ 손금머니는 손금닷컴 사이트에서 현금처럼 사용가능
  ○ 온라인 손금상담, 손금공부방, 손금박사 이용시 사용가능
  ○ 현금으로 교환불가. 충전후 1년이상 미사용시 자동소멸

손금닷컴

www.sonkum.com

사용기간 : 2016년 12월 말까지

할인쿠폰 이용방법

손금할인쿠폰
- 방문상담 1만원 할인

■ **방문상담시 사용**
  ○ 방문상담 할인쿠폰은 1인1매만 사용가능
  ○ 위치: 경기도 안양시 동안구 관양동 1502번지 나야빌딩 1106호
   -지하철 4호선 인덕원역 4번출구옆 롯데리아 11층 (홈피 참조)
  ○ 사무실 위치가 변경될 수 있으니 방문전 홈피 확인요망

■ 상담예약문의: ☎ 031-425-8848
■ E-mail: sonkumcafe@hanmail.net

손금닷컴

---

www.sonkum.com

사용기간 : 2016년 12월 말까지

할인쿠폰 이용방법

손금할인쿠폰
- 방문상담 1만원 할인

■ **방문상담시 사용**
  ○ 방문상담 할인쿠폰은 1인1매만 사용가능
  ○ 위치: 경기도 안양시 동안구 관양동 1502번지 나야빌딩 1106호
   -지하철 4호선 인덕원역 4번출구옆 롯데리아 11층 (홈피 참조)
  ○ 사무실 위치가 변경될 수 있으니 방문전 홈피 확인요망

■ 상담예약문의: ☎ 031-425-8848
■ E-mail: sonkumcafe@hanmail.net

손금닷컴

---

www.sonkum.com

사용기간 : 2016년 12월 말까지

손금머니 무료충전쿠폰 이용방법

손금머니 무료충전쿠폰
- 손금머니 6천원 충전권

■ **손금머니 무료충전**
  ○ 손금닷컴 회원가입후 쿠폰을 잘라 우편으로 보내주시면 아래에 기재된 회원아이디로 손금머니 6천원 무료충전
  ○ 손금닷컴 회원아이디명:_____

■ **손금머니 사용법**
  ○ 손금머니는 손금닷컴 사이트에서 현금처럼 사용가능
  ○ 온라인 손금상담, 손금공부방, 손금박사 이용시 사용가능
  ○ 현금으로 교환불가. 충전후 1년이상 미사용시 자동소멸

손금닷컴